职业教育·城市轨道交通类专业教材

城市轨道交通机械基础

杨翠青　王　婷　**主　编**
吴　奇　陈宏涛　张程光　**副主编**
　　　　　　　金福来　**主　审**

人民交通出版社股份有限公司
北京

内 容 提 要

本书为职业教育城市轨道交通类专业教材。全书共分 7 个模块，主要内容包括机械制图、力学基础知识、金属材料、平面机构、机械传动、连接、支承零部件。

本书将企业岗位需求、人才培养方案对接融入教学实践，精心设计了课堂元素，增加了思考讨论、知识拓展和案例分析模块，在每个模块的末尾设置分组讨论和相关训练，以巩固知识的习得。同时，在版式设计上进行了创新，设置侧边栏，将知识拓展、思考讨论提示纳入，并与相应的知识构造相呼应；其余空间设置成随堂笔记，可供学生课上、课下记录笔记和心得。

本书可供职业院校城市轨道交通车辆应用技术专业及相关专业教学选用，也可供城市轨道交通行业相关培训使用。

本书配套丰富的助教助学资源，其中电子教案、课程标准、电子课件仅向授课教师提供。请有需求的任课教师通过加入"职教轨道教学研讨群（QQ 群 129327355）"获取。

图书在版编目（CIP）数据

城市轨道交通机械基础 / 杨翠青，王婷主编. —— 北京：人民交通出版社股份有限公司，2022.2（2025.1 重印）
ISBN 978-7-114-17664-7

Ⅰ.①城… Ⅱ.①杨… ②王… Ⅲ.①城市铁路—机械设备—高等职业教育—教材　Ⅳ.① U239.5

中国版本图书馆 CIP 数据核字(2021)第 210301 号

职业教育·城市轨道交通类专业教材
Chengshi Guidao Jiaotong Jixie Jichu

书　　名：	城市轨道交通机械基础
著 作 者：	杨翠青　王　婷
责任编辑：	杨　思　周　凯
责任校对：	孙国靖　宋佳时
责任印制：	刘高彤
出版发行：	人民交通出版社股份有限公司
地　　址：	（100011）北京市朝阳区安定门外外馆斜街3号
网　　址：	http://www.ccpcl.com.cn
销售电话：	（010）85285911
总 经 销：	人民交通出版社股份有限公司发行部
经　　销：	各地新华书店
印　　刷：	北京武英文博科技有限公司
开　　本：	787×1092　1/16
印　　张：	18.25
字　　数：	390千
版　　次：	2022年2月　第 1 版
印　　次：	2025年1月　第 4 次印刷
书　　号：	ISBN 978-7-114-17664-7
定　　价：	49.00元

（有印刷、装订质量问题的图书，由本公司负责调换）

前　言

编写背景

为满足城市轨道交通建设对人才培养的迫切需要，依据《职业教育教材管理办法》《国家职业教育改革实施方案》(国发〔2019〕4号) 及教育部《"十四五"职业教育规划教材建设实施方案》等文件精神，并通过对城市轨道交通行业岗位的充分调研、分析和整合，优化已经取得的教育教学成果，基于过程教学法等多种先进教学方法，结合高等职业教育的特点编写了本教材。

教材定位

本教材旨在培养具备扎实机械基础专业知识、符合就业岗位群的任职标准及要求的高素质应用型人才，在教材编写上引入企业人员，通过校企合作提高了教材的通用性和适用性。

本教材可作为职业教育城市轨道交通车辆应用技术专业的专业基础教材，也可为城市轨道交通运营企业车辆驾驶和检修岗位培训提供参考。

特色创新

1. 基于工学结合，深化产教融合

在教材设计上遵循校企合作的理念，在重点叙述基础专业知识的基础上，注重实际应用能力的培养，且层次分明、图文并茂，便于读者掌握和实际运用。

2. 围绕城市轨道交通车辆特点，提供相关实例

在通用版的机械基础内容上层，构建城市轨道车辆相关案例，贴近工作实际，针对性更强。

3. 知识的表现和提炼形式多元化

在每个模块的知识讲述前设置了展示本模块知识点的思维导图和课程导学，增强知识点间的联系，强化学生的认知能力；讲述模块知识时引入课堂

元素：思考讨论、知识拓展、案例分析等，增强教材的课堂适用性；在每个模块的末尾设置分组讨论和相关练习，以巩固知识的习得（分组训练，采用活页形式放于书后，便于学生提交，教师评价）。

设置侧边栏，将上述的思考讨论、知识拓展等内容设置入内，并与相应的知识构造相呼应；其余空间设置成随堂笔记，可供学生课上、课下记录笔记和心得。

配套资源

本教材配套资源丰富，呈现形式灵活，除了教材配套的教案、课程标准、PPT、图片、题库、课程思政案例等资源，还有丰富的动画和微课等资源，供教学者使用。

编写分工

本教材由辽宁省交通高等专科学校杨翠青、辽宁铁道职业技术学院王婷担任主编，辽宁铁道职业技术学院吴奇、辽宁省交通高等专科学校陈宏涛、张程光担任副主编，辽宁省交通高等专科学校关文博参与联合编写。具体分工为：模块一单元一至单元四由王婷编写；模块一单元五、单元六由张程光编写；模块三、模块四由杨翠青编写；模块二、模块五由吴奇编写；模块六、模块七由陈宏涛编写。杨翠青负责编写教材提纲和全书的统稿工作，刘国军同期参与修订工作。本教材由沈阳地铁集团有限公司金福来担任主审。

致 谢

本教材在编写的过程中，参考、引用了机械行业专家、学者的相关著作和成果，在书末列出了主要参考文献，在此表示衷心的感谢。同时，我们对所有为本教材的完成和出版给予支持和帮助的相关人员表示最衷心的感谢。

编写团队对本教材的编写力求全面、细致，但因水平和经验所限，书中难免存在疏漏和不足之处，恳请各位专家、读者批评指正，以便修订完善。

编 者

2021 年 10 月

目 录

配套资源使用说明 　　　　　　　　　　　　I

模块一　机械制图　　　　　　　　　　**001**
　　单元一　制图基础知识　　　　　　　003
　　单元二　三视图　　　　　　　　　　019
　　单元三　机件的表达方法　　　　　　041
　　单元四　零件图与装配图　　　　　　056
　　单元五　极限与配合　　　　　　　　069
　　单元六　几何公差　　　　　　　　　080

模块二　力学基础知识　　　　　　　　**097**
　　单元一　静力分析　　　　　　　　　099
　　单元二　应力分析　　　　　　　　　115

模块三　金属材料　　　　　　　　　　**127**
　　单元一　金属的力学性能　　　　　　129
　　单元二　常用金属材料　　　　　　　141
　　单元三　热处理　　　　　　　　　　160

模块四　平面机构　　　　　　　　　　**167**
　　单元一　平面机构的自由度　　　　　169
　　单元二　平面连杆机构　　　　　　　179
　　单元三　凸轮机构　　　　　　　　　187

模块五　机械传动　　　　　　　　　**193**

　　单元一　带传动　　　　　　　　　195

　　单元二　链传动　　　　　　　　　202

　　单元三　齿轮传动　　　　　　　　206

模块六　连接　　　　　　　　　　　**231**

　　单元一　螺纹连接　　　　　　　　233

　　单元二　键连接、销连接　　　　　240

模块七　支承零部件　　　　　　　　**247**

　　单元一　轴、轴承　　　　　　　　249

　　单元二　联轴器和离合器　　　　　254

参考文献　　　　　　　　　　　　　**265**

分组训练活页

　　❶ 城市轨道交通车辆识图与标注　　267

　　❷ 城市轨道交通车辆受力分析　　　273

　　❸ 城市轨道交通车辆金属材料辨析　275

　　❹ 城市轨道交通车辆平面机构辨析　277

　　❺ 城市轨道交通车辆机械传动辨析　279

　　❻ 城市轨道交通车辆机械连接辨析　281

　　❼ 城市轨道交通车辆支承零部件辨析　283

配套资源使用说明

各位同学,为便于你们更好地学习并掌握城市轨道交通机械基础相关知识,本书配套了相关视频,对应书中相应的教学内容。可以采用移动端(手机、PAD等)微信进入观看视频,也可以采用PC端(电脑)进入观看视频。由于移动端显示屏幕相对较小,为达到观看清晰,建议采用PC端登录,以达到最优学习效果。

1. 移动端。打开微信—扫一扫下方的二维码—关注公众号—注册登录后需要再次扫描下方二维码进行激活—点击"我的"—在"我的阅读"点击本书—根据学习的内容找到对应编号的视频—点击观看。

2. PC端。打开微信—扫一扫下方的二维码—关注公众号—注册登录后需要再次扫描下方二维码进行激活—在浏览器输入 www.yuetong.cn —第三方微信登录—点击"个人中心"—在"我的书架"点击本书—根据学习的内容找到对应编号的视频—点击观看。

本教材配套配套资源丰富、呈现形式灵活,更多动画视频可通过城市轨道交通专业数字化教学资源库(网址 https://rail.tonesung.com/)平台查看。

本教材配有单元测试题、课程思政案例、课件、教案、课程标准等电子版资源,便于教师根据课程需要灵活使用(如调换位置、变更内容、收交作业等)。有需要的任课老师可联系出版社获取。

欢迎各位同学使用,如有相关问题,
可打技术服务电话:010-59757817。

配套资源列表

章序号 - 资源名称	页码	章序号 - 资源名称	页码
1- 图纸基本规格——图幅	P3	1- 制图工具的使用	P17
1- 图纸基本规格——总体	P3	1- 分规	P18
1- 图纸基本规格——比例	P4	1- 铅笔动画	P18
1- 图纸基本规格——字体	P5	1- 圆规	P18
1- 图纸基本规格——线型	P6		
1- 图纸基本规格——尺寸标注	P7	3- 积聚性	P20
1- 丁字尺	P17	3- 类似性	P20

续上表

配　套　资　源　列　表

章序号－资源名称	页码	章序号－资源名称	页码
3-三面投影	P23	6-形体分析法	P32
3-三面投影（一个投影不能确定形体的空间形状）	P23	6-读图的注意事项	P59
3-平行性	P40		
		8-半剖	P47
5-棱柱的投影	P24	8-半剖面图	P47
5-棱柱的形成	P24	8-剖视图的形成	P47
5-棱锥的投影	P24	8-全剖	P47
5-棱锥的形成	P24	8-全剖视图	P47
5-圆柱投影	P26	8-局部剖视图	P49
5-圆柱形成	P26	8-旋转剖	P49
5-圆锥投影	P27	8-阶梯剖	P50
5-圆锥形成	P27	8-断面的实例	P51
5-截交线的几何特性	P30	8-断面图的分类	P51
5-截交线的形成	P30	8-断面图的形成	P51
5-求两正交圆柱的相贯线	P30	8-移出断面	P52
5-曲面立体与曲面立体相交	P30	8-重合断面	P52
5-相贯线的概述	P30		

模块一

机械制图

📋 模块描述

　　城市轨道交通车辆是由多个子系统组成的复杂装置，其中包含若干个机械零件和机械装置，识读常见零部件的图样是城市轨道交通车辆应用技术专业学生的必备技能之一。这些零部件在生产制造的过程中必须遵循统一的技术要求、标准，满足预定的使用要求，并且同一规格的零部件不需要挑选和附加修理就可相互替换。机械零件的精度是保障零部件互换性和整台机器质量的基础。

　　本模块主要介绍常见平面图形、组合体、常见零件的表达方法、零件图和装配图的相关知识以及极限与配合相关的概念与标准、几何公差（形状公差与位置公差）相关的概念及应用。

◎ 知识目标

1. 了解机械制图国家标准的相关规定；
2. 了解极限与配合的相关概念与运算；
3. 了解几何公差的基本概念以及几何公差特征符号的意义；
4. 掌握平面图形、组合体、常见零件的表达方法；
5. 掌握零件图和装配图的识读方法。

⚙ 能力目标

1. 能够依据国家标准正确绘制常见的、简单的机械图样；
2. 能够识读城市轨道交通车辆常见零件图和装配图；
3. 能够通过查表求孔、轴的极限偏差值；
4. 能够根据孔与轴的公差带判断配合类型。

素质目标

1. 培养空间思维能力；
2. 树立严谨认真的学习态度和工作作风。

重点知识架构

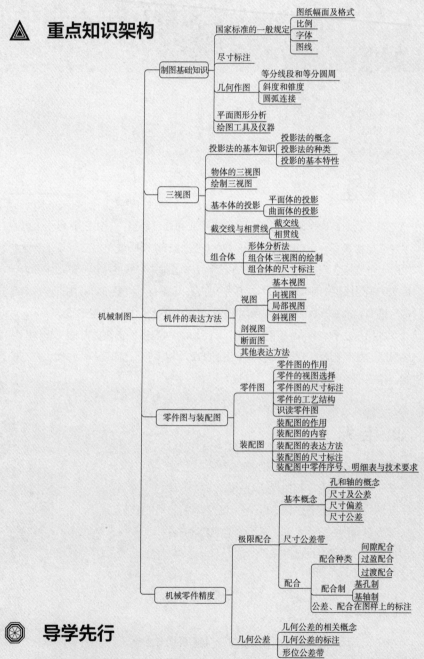

导学先行

模块一
课程导读

同学们可扫描二维码，观看本模块导学讲解，完成课前自主预习。

制图基础知识 单元一

一、国家标准的一般规定

要正确绘制和阅读机械图样,必须熟悉国家标准的相关规定。

1. 图纸幅面及格式

(1) 图纸幅面

为了使图纸幅面统一,便于装订和管理,并符合缩微复制原件的要求,绘制机械图样时应按照表1-1中的规定选用图纸幅面,表中字母的含义参见图1-1。必要时,允许选用加长幅面的图纸,加长幅面的尺寸必须是由基本幅面的短边成整数倍增加后得出。

图纸幅面规定(单位:mm) 表1-1

幅面代号	A0	A1	A2	A3	A4
$B \times L$	841×1189	594×841	420×594	297×420	210×297
e	20	20	10	10	10
c	10	10	10	5	5
a	25	25	25	25	25

(2) 图框格式

图纸上限定绘图区域的线框称为图框。在图纸上,必须用粗实线(粗实线是机械制图中的一种线型,下文中会作出解释)画出图框,图样绘制在图框内,其格式分为保留装订边和不保留装订边两种,如图1-1所示。同一产品的图样只能采用一种格式,装订时通常采用A3横装或者A4竖装。

(3) 标题栏

绘图时必须在每张图纸的右下角画出标题栏。标题栏的内容、格式及尺寸应遵循国家标准的有关规定,标题栏的格式如图1-2所示,学生制图时一般采用简化标题栏。

分析:
A3幅面和A4幅面的关系是什么?

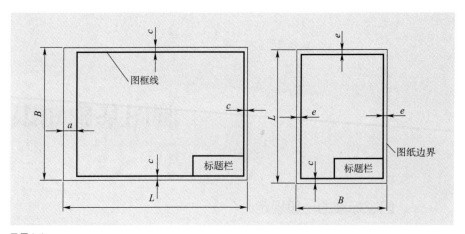

■ 图 1-1
图框格式

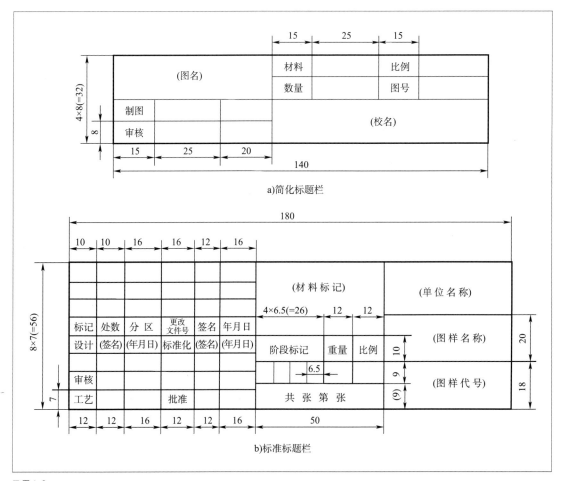

■ 图 1-2
标题栏的格式

2. 比例

机械图样的比例是指图样中图形与其实物相应要素的线性尺寸之比。绘图时按照国家标准在表 1-2 规定的系列中选取比例,并尽量采用 1∶1 的原值比例。

常用比例　　　　　表 1-2

种　类	比　例				
原值比例	1∶1				
放大比例	2∶1	2.5∶1	4∶1	5∶1	10∶1
缩小比例	1∶1.5	1∶2	1∶2.5	1∶3	1∶4	1∶5

选用比例的原则是有利于图形的清晰表达和图纸幅面的有效利用。同一张图样上的各视图应采用相同的比例,并标注在标题栏中"比例"栏内。

* 注：不论采用何种比例，图形中所标注的尺寸数值均应为真实尺寸，与绘制图形的比例无关。

3. 字体

字体是指图样中文字、字母和数字的书写形式,用来标注尺寸和说明零部件在设计、制造、装配时的各项要求。书写时应做到字体工整、笔画清楚、间隔均匀、排列整齐。字体高度(用 h 表示)的标准尺寸系列为 1.8mm、2.5mm、3.5mm、5mm、7mm、10mm、14mm、20mm,字体的高度就是字号,例如 5 号字代表字体高度为 5mm。

国家标准规定,图样中的汉字应书写成长仿宋体,数字和字母书写成直体或斜体,斜体字的字头向右倾斜,与水平线成 75°,如图 1-3 所示。

■ 图 1-3
字体书写示例

4. 图线

（1）图线的线型

国家标准规定了绘制各种机械图样的 15 种基本线型,图线分为粗细两种,线型的宽度为 d,粗细线宽的比例为 2∶1。图线的宽度应按照图样的类型和尺寸大小,在以下系列中选取:0.13mm、0.18mm、0.25mm、0.35mm、0.5mm、

0.7mm、1.0mm、1.4mm、2mm。粗线宽度通常采用 0.5mm 或 0.7mm。图线名称、样式、宽度和用途见表 1-3、图 1-4。

图 线 线 型　　　　　　表 1-3

图线名称	图线样式	图线宽度	主要用途
粗实线	———————	粗线	可见轮廓线、相贯线、剖切符号用线
细实线	———————	细线	尺寸线、尺寸界线、剖面线、过渡线、重合断面的轮廓线、引出线、辅助线
细虚线	- - - - - - -	细线	不可见轮廓线
粗虚线	- - - - - - -	粗线	允许表面处理的表示线
细点画线	—·—·—·—	细线	轴线、对称中心线、分度圆
粗点画线	—·—·—·—	粗线	限定范围表示线
波浪线	～～～～	细线	断裂处边界线、视图与剖视图的分界线
双折线	—/\—/\—	细线	断裂处边界线
细双点画线	—··—··—	细线	可动零件的极限位置的轮廓线、相邻辅助零件的轮廓线、轨迹线、中断线

（2）图线的画法

国家标准规定，在绘制图线时，应遵循以下原则：

①同一图样中同类图线的宽度应基本保持一致。

②虚线、点画线及双点画线的线段长度和间隔应大致相等。

③图线之间相交、相切都应以线段形式相交或相切。

④虚线为粗实线的延长线时，不得以点画线相接，应留有空隙，以表示两种图线的分界线。

⑤点画线和双点画线的首尾应是线段，而不是点画线。

⑥若各种图线重合，应按粗实线、虚线、点画线的先后顺序选用线型。

⑦绘制圆的对称中心线时，圆心应在线段与线段的相交处，细点画线应超出圆的轮廓线 3~5mm。当所绘圆的直径较小、绘制点画线有困难时，可用细实线代替细点画线。

各类线型的应用参见图 1-4。

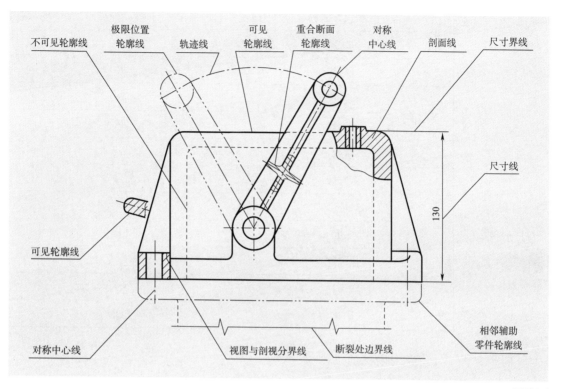

■ 图 1-4
图线的应用

二、尺寸标注

图样中的图形只能表示物体的结构形状，而物体的大小和相对位置关系是由图样中标准的各类尺寸确定的。因此，尺寸是图样中的重要内容之一，是制造、检验零部件的依据，尺寸标注应符合国家标准的有关规定。

1. 尺寸标注的基本原则

（1）机件的真实大小应以图样上所注的尺寸数值为依据，与图形的大小及绘图的准确度无关。

（2）图样中的尺寸，一般以毫米为单位。以毫米为单位时，不注计量单位的代号或名称，如采用其他单位，则必须注明相应的计量单位的代号或名称。

（3）图样中所标注的尺寸，为该图样所表示机件的最后完工尺寸，否则应另加说明。

（4）机件的每一尺寸，一般只标注一次，并应标注在反映该结构最清晰的图形上。

（5）标注尺寸时，应尽量使用符号和缩写词。常见符号和缩写词见表 1-4。

尺寸标注常见符号和缩写词　　　　　表1-4

名　　称	符号、缩写词
直径	ϕ
半径	R
球直径	$S\phi$
球半径	SR
厚度	t
正方形	□
45°倒角	C
深度	↧
沉孔或锪平	⊔
埋头孔	∨
均布	EQS

2. 尺寸标注的组成

尺寸标注主要由尺寸界线、尺寸线和尺寸数字三部分组成,如图 1-5 所示。尺寸界线和尺寸线应用细实线表示,尺寸线的两端有箭头和斜线两种形式,如图 1-6 所示。通常情况下,机械图样的尺寸线终端使用箭头,土建图样的尺寸线终端使用斜线。当尺寸线的终端采用斜线形式时,尺寸界线和尺寸线必须相互垂直。当没有足够空间绘制箭头时,可使用小圆点代替箭头。尺寸线与尺寸线之间或尺寸线与尺寸界线之间应尽量避免相互交叉,为此,在标

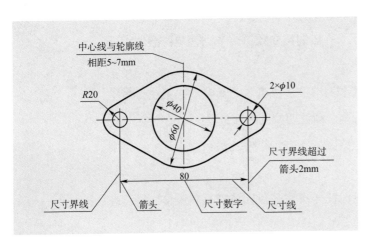

■ 图 1-5
尺寸标注的组成

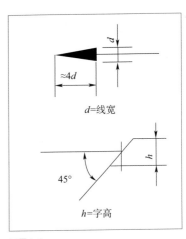

■ 图 1-6
尺寸线的终端形式

注并列尺寸时，应将小尺寸放在里面，大尺寸放在外面。水平尺寸的数字一般书写在尺寸线的上方，竖直尺寸的数字书写在尺寸线的左侧，字头朝左，倾斜尺寸的数字书写在尺寸线的上方，字头保持朝上的趋势。任何图线均不能穿过尺寸数字，否则必须将图线断开。标注圆和圆弧时，整圆及大半圆标注直径，半圆及小半圆标注半径，标注球面时，在直径或半径符号前加注 S。

常见尺寸标注见表 1-5。

常见尺寸标注　　　　　　　　　　　　　　　　表 1-5

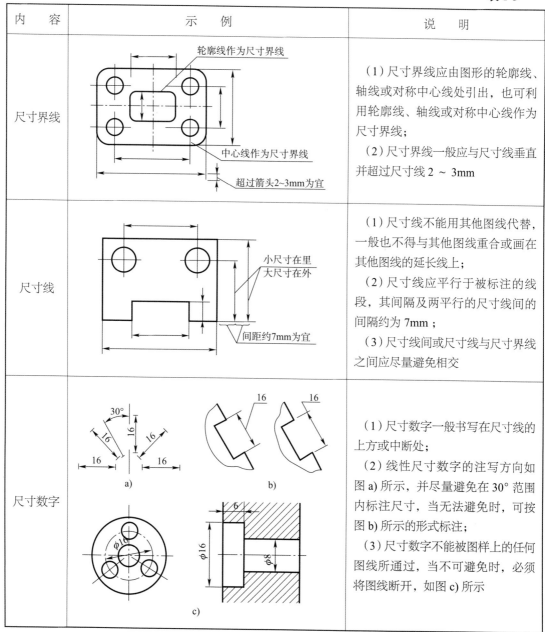

续上表

内容	示例	说明
直径和半径	(图a: R6, 2×φ6, φ10, 40; 图b: R100)	（1）标注直径时，在尺寸数字前加注符号"ϕ"，标注半径时，在尺寸数字前加注符号"R"，其尺寸线应通过圆心，尺寸线终端应画成箭头，见图a）； （2）当圆弧半径过大或在图纸范围内无法标出其圆心位置时，可按图b)的形式标注
角度	(60°, 55°, 5°, 30°, 75°, 45°, 90°; 60°)	标注角度尺寸的尺寸界线应沿径向引出，尺寸线是以角度顶点为圆心的圆弧线，角度的数字应水平注写，角度较小时也可用指引线引出标注

三、几何作图

零部件的轮廓多种多样，但其图样基本上都是由直线、圆、圆弧或者其他常见的曲线构成的，因此，学会几何图形作图的原理和方法是绘制机械图样的基本技能。

1. 等分线段和等分圆周

（1）等分线段

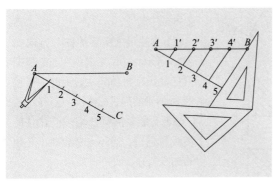

■ 图1-7
等分线段 AB

例1-1：将图1-7所示的线段 AB 五等分。

解析：

过端点 A 任意作一直线 AC，用分规以任意相等的距离在 AC 上量得 1、2、3、4、5 五个等分点。

连接点 5 和点 B，并过 1、2、3、4 等分点作线段 5B 的平行线，与 AB 相交即得到等分点 1′、2′、3′、4′。

（2）等分圆周

①四等分、八等分圆周

用丁字尺和三角板作图，如图1-8所示。

②三等分、六等分圆周

用圆规或三角板和丁字尺作图，如图1-9所示。

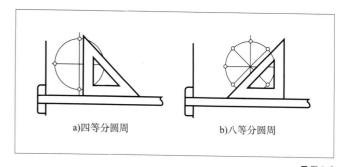

图1-8
四等分、八等分圆周

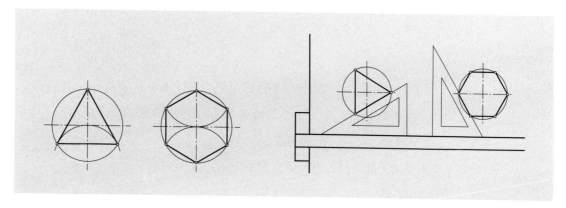

图1-9
三等分、六等分圆周

③五等分圆周

如图1-10所示，作图方法如下：

第一步：找出半径 OB 的中点 M。

第二步：以 M 点为圆心，MC 为半径画弧，交直径于 N 点。

第三步：CN 弦长即为内接正五边形的边长，用其等分圆周得五等分点。

第四步：连接各圆周等分点即得内接正五边形。

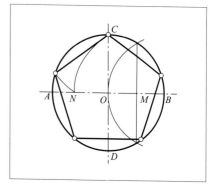

图1-10
五等分圆周

2. 斜度和锥度

（1）斜度

斜度是指一直线或平面对另一直线或另一平面的倾斜程度。其大小用两条直线或两平面夹角的正切来表示。如图1-11a)所示，斜度 $S = (H-h)/L = \tan\alpha$。一般习惯把比例前项化为1，写成 $1:n$ 的形式。标注斜度时，在比值前用符号∠表示，符号的倾斜方向应与斜度的方向一致，如图1-11b)所示。斜度符号的画法如图1-11c)所示。

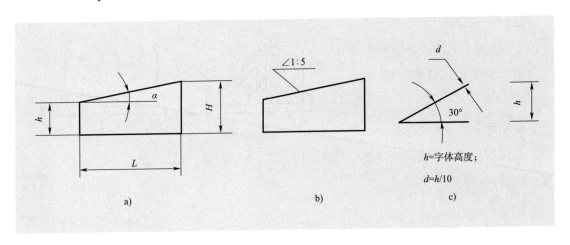

■ 图 1-11
斜度的标注及画法

如图 1-12 所示,绘制一定斜度的图形,应按照如下方法:

作水平线 60mm 及竖直线 20mm,在竖直线和水平线上分别量取 1 个单位长和 6 个单位长的两个辅助点。

连接两个辅助点,得到斜度为 1∶6 的辅助线。

作平行线,完成作图并标注尺寸。

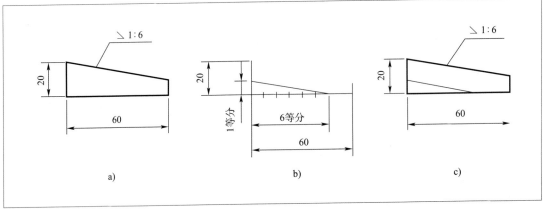

■ 图 1-12
斜度图形的画法

(2)锥度

锥度是指正圆锥体的底圆直径 d 与其高度 H 之比 [对于圆台,则为底圆与顶圆的直径差与圆台高度之比 $(D-d)/H$],通常用 1∶n 的形式表示。锥度符号如图 1-13a) 所示,其配置在基准线上,基准线与圆锥(圆台)的轴线平行并通过引出线与圆锥(圆台)的轮廓素线相连,锥度符号的方向应与锥度方向一致,如图 1-13b)、c) 所示。

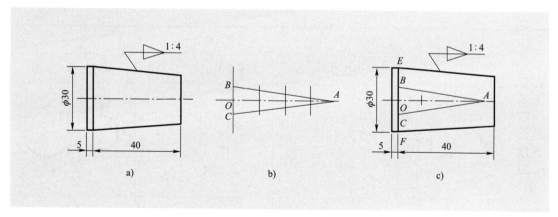

图 1-13 锥度的画法

3. 圆弧连接

圆弧连接就是用一段已知半径的圆弧与另外两条已知线段（直线或圆弧）光滑连接（相切）的作图方法。

两个切点称为连接点，要连接光滑必须准确地作出连接圆弧的圆心和切点，圆弧连接的作图步骤是：

（1）求连接弧的圆心。

（2）找出连接点即切点的位置。

（3）在两切点之间画连接圆弧。

具体作图方法见表 1-6。

圆弧连接作图方法 表 1-6

项目	已知条件	作图方法		
		求连接弧圆心 O	求连接点（切点）A、B	画连接弧并加深
圆弧连接两已知直线段				
圆弧连接已知直线和圆弧				

续上表

项目	已知条件	作图方法		
		求连接弧圆心 O	求连接点(切点) A、B	画连接弧并加深
圆弧外切连接两已知圆弧	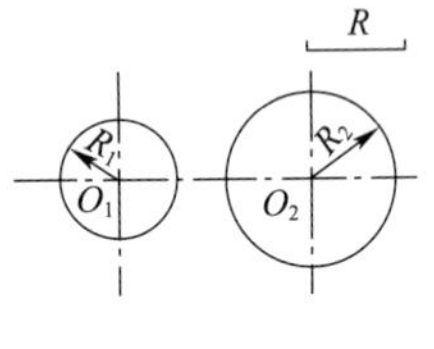	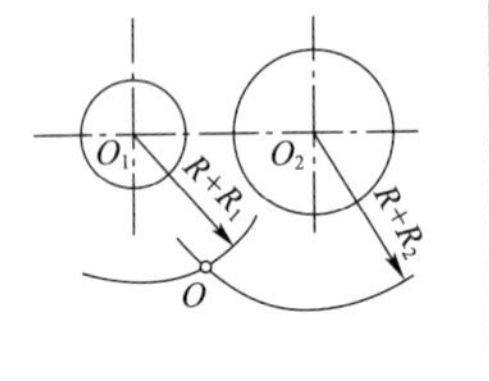	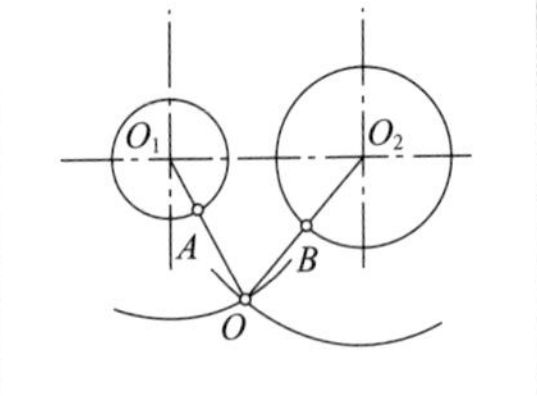	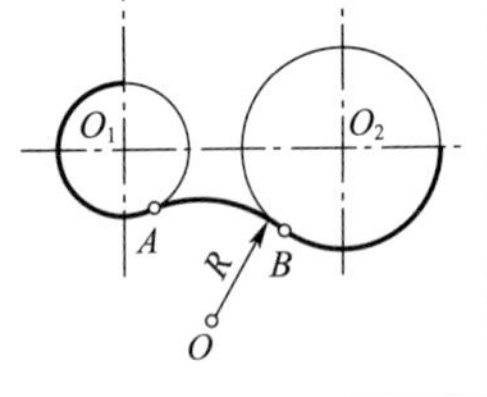
圆弧内切连接两已知圆弧	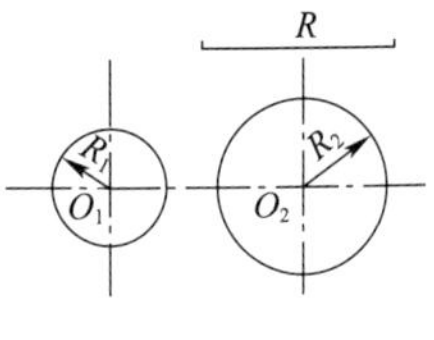	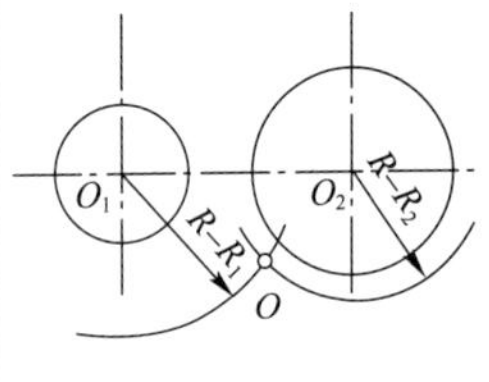	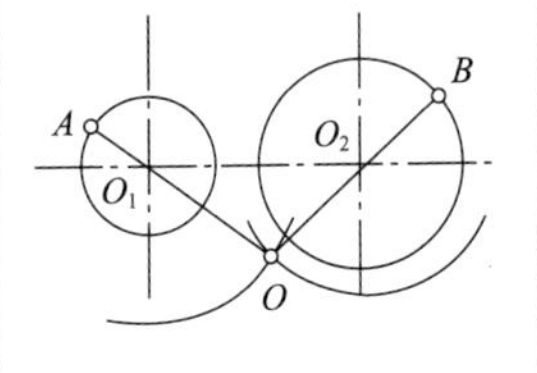	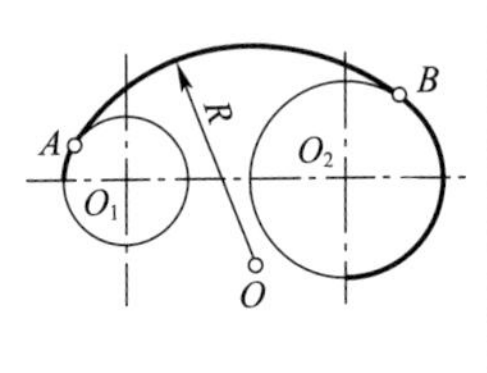
圆弧分别内外切连接两已知圆弧	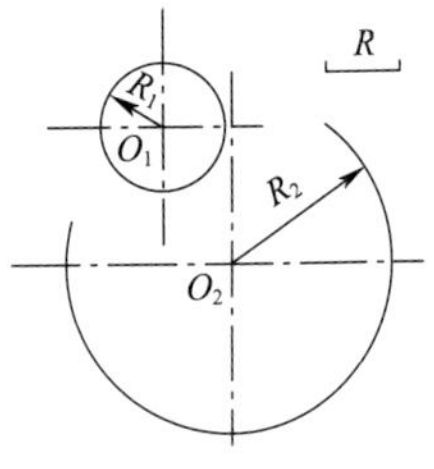	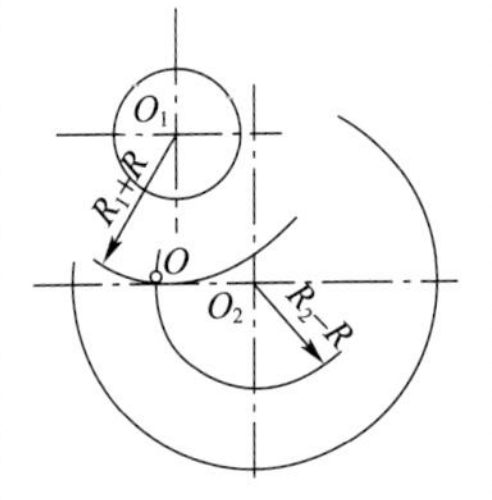	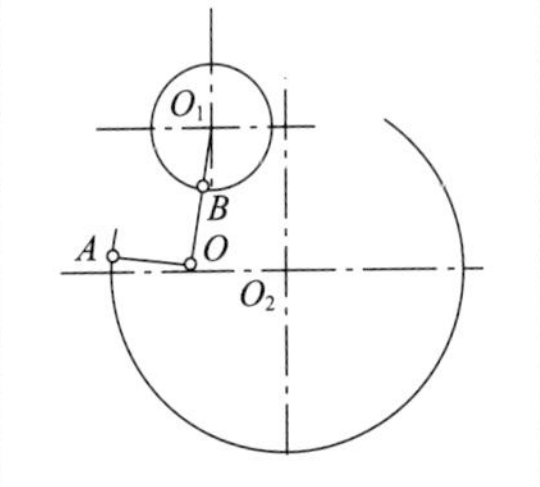	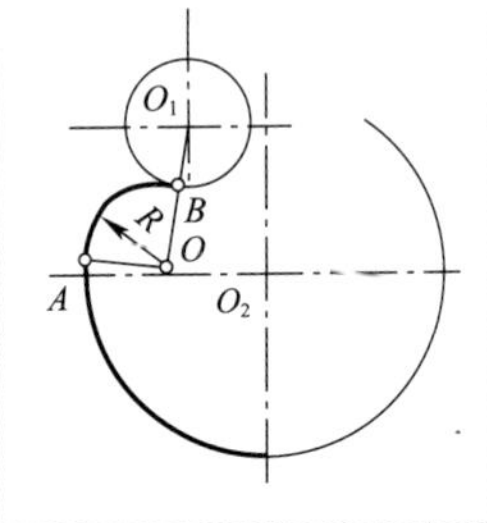

四、平面图形分析

平面图形是由各种线段（直线或圆弧）连接而成的。平面图形的分析就是分析平面图形中所注尺寸的作用和各线段所注尺寸的数量，确定组成平面图形的各几何图形的形状、大小、相互位置及各线段的性质和相应画法。通过对平面图形的分析，就能够确定该平面图形的作图步骤和尺寸注法。

1. 尺寸分析

平面图形中所注尺寸按其作用可分为定形尺寸和定位尺寸两类。

（1）定形尺寸

确定平面图形中各个几何图形的形状和大小的尺寸称为定形尺寸，如线段的长度、圆弧的半径、圆的直径和角度大小等尺寸。图 1-14 中的尺寸 $R12$、$R15$、$\phi 10$、16 等都是定形尺寸。

（2）定位尺寸

确定平面图形中各个几何图形间相对位置的尺寸称为定位尺寸，如圆心线段的位置尺寸。图 1-14 中的尺寸 8、45、74 都是定位尺寸。

（3）尺寸基准

标注尺寸的起点即尺寸基准。一个平面图形应有长度（左右）和宽度（垂直）两个方向的尺寸基准，通常以图形的对称线、圆的中心线、较长的轮廓线等作为尺寸基准。图 1-15a）所示为长度方向和宽度方向的尺寸基准。

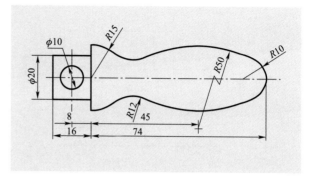

■ 图 1-14
平面图形的尺寸与线段分析

标注尺寸时，应首先确定几何图形左右方向和垂直方向的尺寸基准，再依次标注出各线段的定形、定位尺寸。

2. 线段分析

确定平面图形中的任何一个几何图形一般需要三个尺寸：两个定位尺寸和一个定形尺寸。凡已具备以上三个尺寸的线段可直接画出，否则只能利用线段连接关系找出潜在的补充尺寸才能画出。

（1）已知线段

有两个定位尺寸和一个定形尺寸的线段称为已知线段。它是根据所给尺寸能够直接画出的线段，如图 1-14 所示的 $\phi10$ 圆，$R10$、$R15$ 圆弧等。

（2）中间线段

只有一个定位尺寸和一个定形尺寸的线段称为中间线段。它必须根据与相邻已知线段的相互关系才能画出，如图 1-14 所示的 $R50$ 圆弧。

（3）连接线段

只有定形尺寸而无定位尺寸的线段称为连接线段。它必须根据与相邻中间线段或已知线段的相互关系，用几何作图的方法画出，如图 1-14 所示的 $R12$ 圆弧。

3. 画图步骤

画图前，先分析图形的基准、尺寸、线段。画图时，首先画基准线，再画已知线段、中间线段，最后画连接线段。图 1-15 所示为画平面图的步骤。

平面图形的绘图方法和步骤如下：

（1）第一步：绘图前的准备工作

准备绘图场所、绘图工具和图纸。

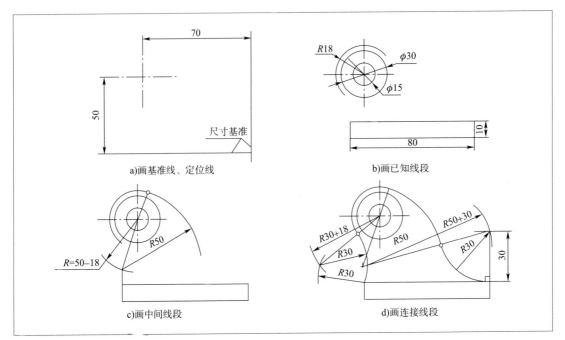

■ 图 1-15
平面图形绘制步骤

分析图形的线段和尺寸，拟定画图顺序。

确定比例，选用图幅，固定图纸。

画出图框和标题栏。

（2）第二步：画底稿

底稿要求位置适当，所有图线轻细一致、准确清晰、整洁干净。画底稿的步骤如下：

画出基准线、定位线，确定画图位置。

依顺序画出已知线段、中间线段和连接线段。

检查底稿，改正错误，擦去不必要的图线和污迹。

画出尺寸界线和尺寸线。

（3）第三步：描深

描深不同类型的图线应使用不同型号的铅笔。尽可能将同类型、同粗细的图线一起描深。尽量保持双手和三角板及丁字尺的清洁。尽量避免画错，因为描深后的图线不容易擦净。描深底稿的步骤如下：

先粗后细、先实后虚。这样既可提高绘图效率，又可保证同一线型在全图中粗细致一致。

先曲后直。描多个同心圆或大小同弧连接时要先小后大。在描深同一线型时，先圆和圆弧，然后直线，以确保连接光滑。

先水平后垂斜。首先，自上而下画出相同线型的水平线；其次，自左向右画出相同线型的垂直线；最后，画出倾斜的直线。

画箭头，正确填写尺寸数字、标题栏等。

图线全部描深后还需检查有无错漏，确定无误后完成图样。

五、绘图工具及仪器

1. 图板

图板是用来铺放、固定图纸的矩形薄板，如图 1-16 所示。板面要求平整光滑，左侧为工作边也叫导边，必须光滑平直。使用时，要注意保持图板的整洁完好，两短边不能损坏，要防止受热受潮，由于图板中间是空心的，故不能用来堆放东西或受压。

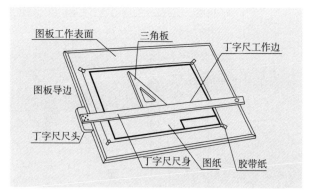

■ 图 1-16
图板

2. 丁字尺

丁字尺由尺头和尺身构成，主要用来画水平线。使用时，尺头内侧必须紧靠图板的导边，用左手推动丁字尺上、下移动到画线位置，沿丁字尺导边自左向右画水平线，如图 1-17 所示。画水平线时，左手一定要按紧丁字尺，确保图线水平。

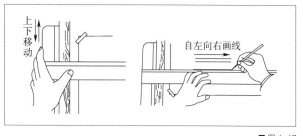

■ 图 1-17
丁字尺

3. 三角板

一副三角板由45°和30°、60°两块组成。三角板与丁字尺配合使用，可绘制垂直线，如图 1-18a) 所示，也可绘制和任意已知直线的平行线或垂直线以及与

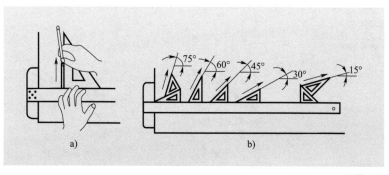

■ 图 1-18
利用三角板、丁字尺绘制垂直线和倾斜直线

水平线成特殊角度(30°、45°、60°、15°、75°、105°等)的倾斜直线,如图1-18b)所示。

4. 圆规与分规

圆规是用来绘制圆和圆弧的。画圆时,应将钢针尖对准圆心(可借用左手食指),并扎入图板,按顺时针方向画圆,并使笔尖与纸面垂直,如图1-19a)所示。

画圆时要用力均匀,确保一次画圆成功,切忌来回重复画圆。

分规是用来截取线段、等分线段或圆周的,以及从尺上量取尺寸的工具。分规的两个针尖并拢时必须对齐,如图1-19b)所示。

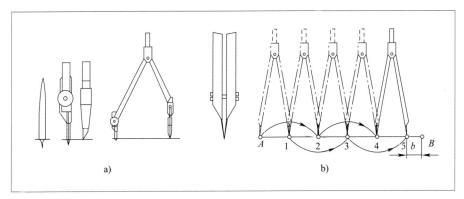

图1-19
圆规与分规的用法

5. 铅笔

绘图铅笔分硬、中、软三种,用标号H、HB、B表示。H表示硬性铅笔,H前面数字越大,铅芯越硬(淡);HB为中等硬度,软硬适中;B表示软性铅笔,B前面数字越大,铅芯越软(黑)。

画底稿时,建议采用2H铅笔并削成尖锐的圆锥形,如图1-20a)所示;描黑底稿时,建议采用2B铅笔并削成扁铲形,如图1-20b)所示;写字建议采用HB或H铅笔,铅笔应从没有标号的一端开始使用,以便保留软硬的标号。

请总结:
国家标准对机械制图的哪些方面进行了规范?

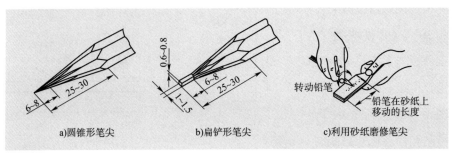

图1-20
铅笔的削法

三视图 单元二

三视图能够分辨物体的方位、准确确定物体各部分的尺寸、正确表达物体的结构，因此，学习三视图是机械制图中十分重要的内容。

一、投影法的基本知识

1. 投影法的概念

在光源照射下，不同的物体会在投影面上产生不同的影子。投影法就是投射线通过物体，投向选定的平面，在该平面上得到图形的方法。用投影法得到的图形称为投影；投影所在的平面称为投影面。

分析：
中心投影法的应用。

2. 投影法的种类

根据投射线的类型，投影法分为中心投影法和平行投影法两类。

（1）中心投影法

要得到投影，必须具备投射线、物体和投影面这三个基本条件。如图1-21所示，有一物体 ABCD 在平面 H（称为投影面）和光源 S 之间。从光源 S 分别向 A、B、C、D 引投射线，并将其延长，与投影面交于 a、b、c、d 四点，那么 abcd 就是物体 ABCD 在投影面 H 上的投影。这种投射线集中从一点出发的投影法称为中心投影法。

中心投影法无法反映物体的真实形状和大小，其投影大小会随投影面、物体、投射中心三者之间距离的变化而改变，因此应用较少。

（2）平行投影法

平行投影法就是用相互平行的投射线

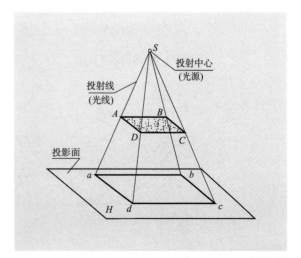

■ 图1-21
中心投影法

对物体进行投影的方法。根据投射线是否垂直于投影面，又可分为正投影法和斜投影法。

①正投影法

正投影法是指投射线垂直于投影面的平行投影法。正投影法所得到的图形称为正投影，如图1-22a)所示。

②斜投影法

斜投影法是指投射线倾斜于投影面的平行投影法。斜投影法所得到的图形称为斜投影，如图1-22b)所示。

正投影法所得到的正投影能够反映物体的真实形状和大小，因此被广泛使用。

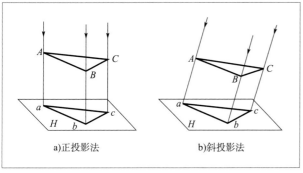

■图1-22
平行投影法

3.投影的基本特性

（1）实形性

当平面图形或直线平行于投影面时，其投影反映平面图形的实形或直线的实长，如图1-23a)所示。

（2）积聚性

当平面图形或直线垂直于投影面时，平面图形或直线的投影积聚成一直线或一点，如图1-23b)所示。

（3）类似性

当平面图形或直线倾斜于投影面时，直线的投影仍为直线且比实长短，平面图形的投影类似于平面图形，且小于真实形状,平面图形的基本特征不变，如图1-23c)所示。

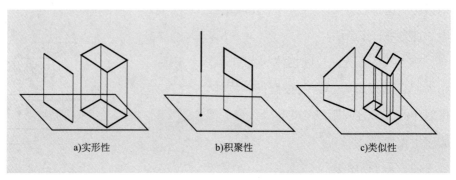

■图1-23
投影的基本特性

二、物体的三视图

用正投影法画出的物体的图形称为视图。一般情况下,物体的一个视图不能确定物体的形状,如图 1-24 所示。因此,必须增加几个由不同投射方向所得到的视图,才能准确表达物体的形状,一般采用三个视图来表达物体的形状,即三视图。

三投影面体系与三视图的形成如下:

1. 三投影面体系的建立

(1) 如图 1-25 所示,三投影面体系由三个互相垂直的投影面所组成,分别为:

① 正立投影面:简称为正面,用 V 表示。

② 水平投影面:简称为水平面,用 H 表示。

③ 侧立投影面:简称为侧面,用 W 表示。

(2) 三个投影面的相互交线,称为投影轴,分别为:

① OX 轴:是 V 面和 H 面的交线,代表长度方向。

② OY 轴:是 H 面和 W 面的交线,代表宽度方向。

③ OZ 轴:是 V 面和 W 面的交线,代表高度方向。

三个投影轴垂直相交的交点 O,称为原点。

2. 三视图的形成

将物体放在三投影面体系中,物体的位置处在人与投影面之间,然后将物体对各个投影面进行投影,得到三个视图,这样才能把物体的长、宽、高三个方向,上下、左右、前后六个方位的形状表达出来,如图 1-26 所示。

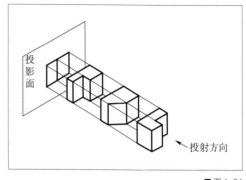

■ 图 1-24 一个视图的投影

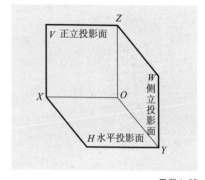

■ 图 1-25 三投影面体系

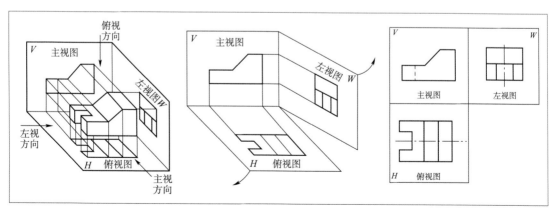

■ 图 1-26 三视图的形成

三个视图分别为：

（1）主视图：从前往后进行投影，在正立投影面（V面）上所得到的视图。

（2）俯视图：从上往下进行投影，在水平投影面（H面）上所得到的视图。

（3）左视图：从前往后进行投影，在侧立投影面（W面）上所得到的视图。

3. 三视图之间的对应关系

把互相垂直的三个投影面上的视图展平在同一个平面上后，各视图有规则地配置，并且相互之间形成了一定的对应关系，如图1-27所示。

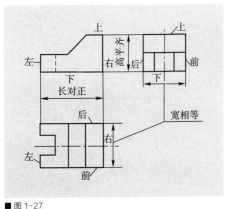

图1-27
三视图之间的对应关系

（1）视图位置关系

以主视图为中心，俯视图在主视图的正下方，左视图在主视图的正右方，如图1-27所示。画三视图时必须按照此位置关系配置视图。

（2）视图尺寸关系

通常情况下，物体左右之间的距离为长，前后之间的距离为宽，上下之间的距离为高。每个视图只能反映物体两个方向的尺寸。主视图反映物体的长度和高度，俯视图反映物体的长度和宽度，左视图反映物体的宽度和高度。由此得出，主、俯视图共同反映物体的长度尺寸，主、左视图共同反映物体的高度尺寸，俯、左视图共同反映物体的宽度尺寸，所以，主、俯视图长度相等并且对正，主、左视图高度相等并且平齐，俯、左视图宽度相等，即"长对正、高平齐、宽相等"，简称为"三等"关系。

（3）视图方位关系

物体在空间上有上、下、左、右、前、后6个方位。主视图反映物体的上下、左右相对位置关系，俯视图反映物体的前后、左右相对位置关系，左视图反映物体的前后、上下相对位置关系。由此可知，必须至少将两个视图联系起来，才能表明物体6个方位的位置关系。在画图和读图时，应特别注意俯视图和左视图之间的前后对应关系，俯视图和左视图靠近主视图的一侧反映物体的后面，远离主视图的一侧反映物体的前面。

三、绘制三视图

1. 确定画物体三视图的方案

绘图前，应先弄清物体的形状结构特征各部分尺寸，然后制定出多种三视图方案，从中选择最好的三视图表达方案，再正式绘制三视图。

（1）确定表达方案的原则。

先把物体摆平放正，比较不同的观察方位，把物体上最能反映形状结构特征的那一个方向作为绘制主视图的方向，同时也要尽可能减少俯、左视图中的虚线，使图线清晰合理。

（2）明确画线原则。

可见轮廓线与可见极限轮廓索线画为粗实线，不可见轮廓线与不可见极限轮廓索线画为细虚线，对称图形应画出对称中心线，轴与孔应绘制出轴线。

（3）确定各视图的位置。

根据图纸的大小和视图的尺寸大小定出各视图的位置，绘制出主要基准线，要注意各视图之间必须留有适当的距离。

（4）根据物体的三面投影规律，先绘制出投影具有实形性或积聚性的表面。

（5）绘图时一般先从主视图开始绘制三视图。

2. 画三视图的步骤

三视图的绘图步骤如图 1-28 所示。

（1）绘制定位线（物体的对称中心线或某些边界线）。

（2）绘制主要轮廓线。

（3）绘制图形细节，虚线不能漏画。

（4）检查，描深，完成三视图。

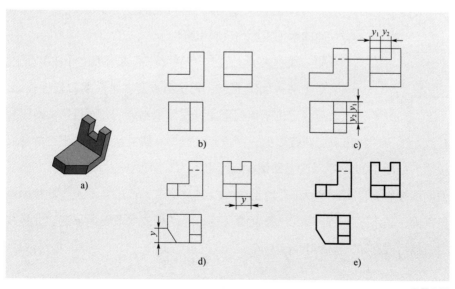

■ 图 1-28
三视图绘制步骤

四、基本体的投影

一般机件可由若干个简单的几何体组成,这些简单的几何体统称为基本体,在学习一般机件前,首先学习基本体的投影。根据基本体表面的几何特性,可将它们分为平面体和曲面体两大类。平面体是表面全部由平面所围成的立体,曲面体是表面全部由曲面或曲面和平面所围成的立体。

1. 平面体的投影

(1) 棱柱的投影

棱柱是由两个底面和若干个棱面组成的,棱面为矩形,棱面与棱面之间的交线称为棱线,底面与棱面的交线称为底边,各棱线相互平行。底面为正多边形,且棱线与底面垂直的棱柱称为正棱柱。常见的正棱柱有正三棱柱、正四棱柱、正五棱柱、正六棱柱,下面以正五棱柱为例来进行学习。

①形体特征

如图1-29所示,正五棱柱的底面和顶面为两个形状、大小完全相同的且互相平行的正五边形,其余五个棱面均为垂直于底面的矩形。

②投影分析

如图1-29所示,在俯视图中,正五棱柱的底面和顶面投影重合,为正五边形,反映实形;正面及侧面投影为大小不等的矩形,不可见的棱用虚线表示;五个棱面的水平投影均反映积聚性。

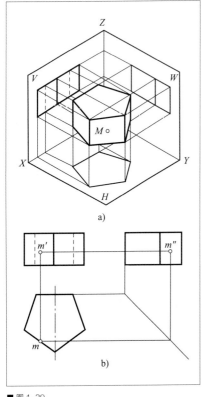

■ 图1-29
正五棱柱

棱柱表面上的点有两种情况:在棱线上和在平面上。对于在平面上的点,先找出点所在平面的积聚性投影,点必定位于该投影上,进而求出点的各面投影。对于在棱线上的点,找出点所在棱线的三面投影,根据从属关系便可求出点的各面投影。如图1-29b)所示,已知棱柱表面上点 M 的正面投影 m',求作它的其他两面投影 m、m''。因为 m' 可见,所以点 M 必在前面的棱面上,此棱面是铅垂面,其水平投影积聚成一条直线,因此,点 M 的水平投影 m 必在此直线上,然后根据 m'、m 即可求出 m''。

(2) 棱锥的投影

棱锥的底面为多边形,各侧面为若干个具有公共顶点的三角形。从棱锥顶点到底面的距离称为锥高。当棱锥底面为正多边形、各侧面是全等的等腰三角形时，称为正棱锥。下面以正三棱锥为例进行学习。

①形体分析

如图1-30所示，正三棱锥的底面为等边三角形，各侧面均为过锥顶的等腰三角形。

②投影分析

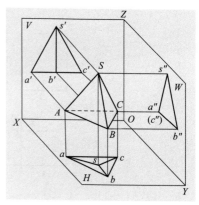
图1-30
正三棱锥

如图1-30所示，正三棱锥底面 ABC 为水平面，其水平投影 abc 为等边三角形，反映实形，正面和侧面投影分别积聚成直线段 $a'b'c'$ 和 $a''c''(b'')$。棱面 SAC 为侧垂面，它的侧面投影积聚成一段斜线 $s''a''(c'')$，正面投影和水平投影为类似形 $s'a'c'$ 和 sac，前者为不可见，后者为可见。棱面 SAB 和 SBC 均为一般位置平面，它们的三面投影均为类似形。

棱锥表面上点的投影，首先应确定点位于棱锥的哪个平面上，再分析该平面的投影特性。若该平面为特殊位置平面，可利用投影的积聚性直接求得点的投影；若该平面为一般位置平面，可通过在平面内绘制辅助直线的方法求得，如图1-31所示。

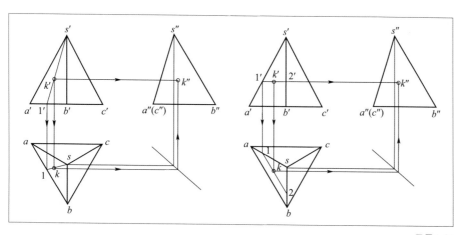
图1-31
棱锥上点的投影

（3）平面体的尺寸标注

平面体的大小通常由长、宽、高三个方向的尺寸来确定。对于棱柱、棱锥、棱台，除了标注确定其底面形状大小的尺寸外，还应标注高度尺寸。一般情况下，为了方便识图，确定其底面形状大小的尺寸，应标注在反映实形的视图上，如图1-32所示。

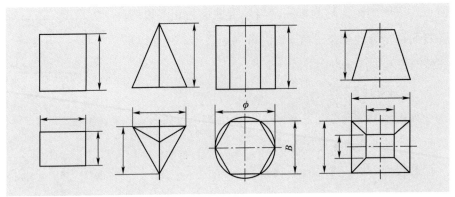

■ 图 1-32
平面体的尺寸标注

2. 曲面体的投影

回转体是最常见的曲面体，它们均由一条直线或曲线绕一根轴线旋转而成，下面重点学习回转体的投影。由直线或曲线运动形成曲面，产生曲面的动线称为该曲面的母线，母线在曲面上的任何一个位置称为素线。绘制曲面体投影图时，一般应绘制出各方向转向轮廓线（即曲面体向某一投影面投影时，可见面与不可见面的分界线）的投影和回转轴线的三面投影。常见的回转体有圆柱、圆锥、圆球等。

（1）圆柱

①形体分析

如图 1-33 所示，圆柱面是由一条直线绕与它平行的轴线回转而成的。回转中心称为轴线，运动直线称为母线，任意位置的母线称为素线。圆柱面上特殊位置的素线（最左、最后、最前、最后等素线）又称为转向轮廓素线。

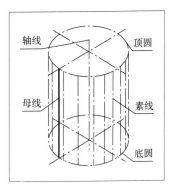

■ 图 1-33
圆柱体的形成

②投影分析

如图 1-34 所示，圆柱的轴线垂直于水平面，圆柱面上所有素线都是铅垂线，因此，圆柱面的水平投影积聚成一个圆。圆柱上、下两个底面的水平面投影反映实形，并与该圆重合。两条相互垂直的点画线，表示确定圆心的对称中心线。圆柱面的正面投影是一个矩形，是圆柱面前半部与后半部的重合投影，其上、下两边分别为上、下两底面的积聚性投影，左、右两边分别是圆柱最左、最右素线的投影。最左、最右两条素线是前半圆柱面和不可见的后半圆柱面的分界线，也称为正面投影的转向轮廓素线。运用同样的方法，即可对侧面投影中的矩形进行类似分析。

圆柱表面上的点有两种情况：在转向轮廓线上和在面上。均可先在有积聚性投影中作出，进而求出点的各面投影；若点在转向轮廓线上，则可直接画出。

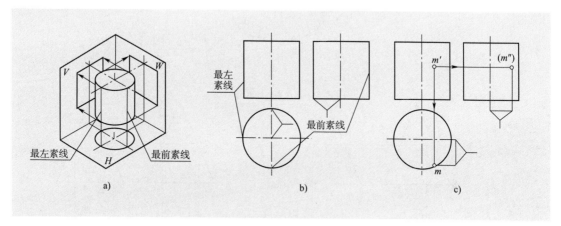

■ 图 1-34
圆柱体的投影

（2）圆锥

①形体分析

圆锥的表面是由圆锥面和底圆平面组成的。圆锥面是由一条直母线绕与它相交的轴线回转而成的。圆锥面上任一条素线均汇交于锥顶，如图1-35a）所示。

②投影分析

如图1-35b）所示，圆锥的轴线是铅垂线，圆锥的水平投影为一个圆，反映底面的实形，同时也表示圆锥面的投影。圆锥的正面、侧面投影均为等腰三角形，其底边均为圆锥底面的积聚投影。正面投影中三角形的两腰$s'a'$、$s'c'$分别表示圆锥面最左、最右转向轮廓素线SA、SC的投影，它们是圆锥面正面投影可见与不可见的分界线。SA、SC的水平投影sa、sc和横向中心线重合，侧面投影$s''a''$、$s''(c'')$与轴线重合。运用同样的方法，即可对侧面投影中三角形的两腰进行类似分析。

圆锥表面上的点有两种情况：在转向轮廓线上和在圆锥面上。对于在转向轮廓线上的点，先找出点所在轮廓线的三面投影，根据从属关系即可直接求出点的各个投影；对于圆锥面上的点，可利用作辅助线的方法求得，如图1-35b）、c）所示。

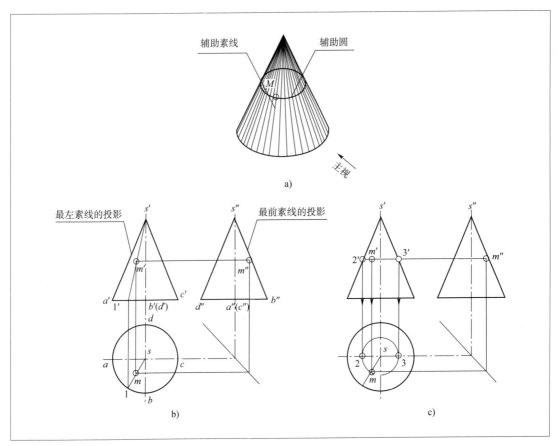

■ 图 1-35
圆锥体的投影

(3) 圆球

① 形体分析

圆球的表面可以看成是由一条圆母线绕其直径旋转一周形成的。

② 投影分析

如图 1-36a) 所示，圆球在三个投影面上的投影都是直径相等的圆，但这三个圆分别表示三个不同方向的圆球面轮廓素线的投影。球体前半球与后半球的分界线为 I，正面投影的圆 1′ 是平行于正面的前后方向转向轮廓素线圆的投影（它是前面可见半球与后面不可见半球的分界线），它在 H 和 W 面的投影与圆球的前后对称中心线 1、1″ 重合。与此类似，侧面投影的圆是平行于侧面的左右方向转向轮廓素线圆的投影（它是左面可见半球与右面不可见半球的分界线），水平投影的圆是平行于水平面的上下方向转向轮廓素线圆的投影（它是上面可见半球与下面不可见半球的分界线）。这三条圆素线的其他两面投影，都与相应圆的中心线重合，不应画出。

圆球面的投影没有积聚性，作其表面上点的投影需采用辅助圆法，即过该点在球面上作一个平行于任一投影面的辅助圆，如图 1-36b) 所示，在主视图中过点 e' 作水平线（水平辅助圆），水平线的俯视图为圆，点 E 在水平圆上，按长对正的关系就得到点 e。通常，在球表面上作辅助圆有三种（正平圆、水平圆、侧平圆），三种辅助圆求出的点的投影结果是一样的。

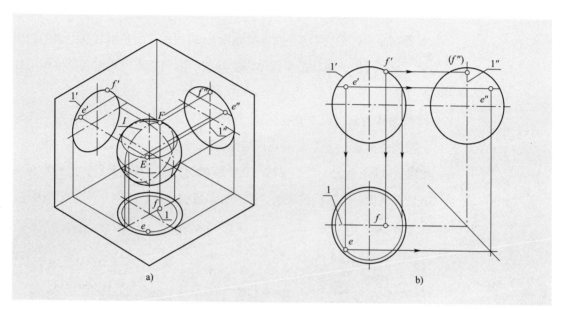

■ 图 1-36
圆的投影

（4）回转体的尺寸标注

绘制回转体图形时，配合恰当的尺寸，利用一个视图即可反映形状和大小，因此，不必绘制出三视图。回转体的尺寸标注如图 1-37 所示。

分析：
圆环体的投影。

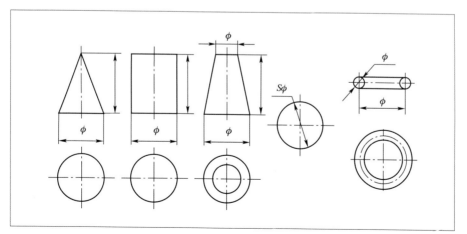

■ 图 1-37
回转体的尺寸标注

五、截交线与相贯线

1. 截交线

被截断后的基本几何体称为截断体,用来截断几何体的平面称为截平面,截平面与立体表面的交线称为截交线,截交线是封闭的曲线,由截交线围成的平面图形称为截面。

(1) 平面体的截交线

平面与平面体相交(即平面体被截断),所得的交线是由直线组成的封闭多边形,该多边形的边就是平面体表面与截平面的交线,其顶点是棱线与截平面的交点。

求平面体的截交线,关键是找到截平面与立体棱线的共有线(截平面与立体各棱线的交点),然后将各点连接即为所求。

如图1-38所示为一四棱柱被一正垂面截切。四棱柱被截切,上底有两条边被截切,侧面有三条棱被截切,共有五条棱被截切,产生五个交点,因此,截面应为五边形。

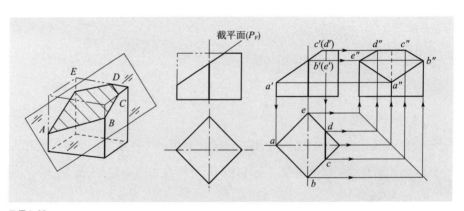

图 1-38 四棱柱的截交线

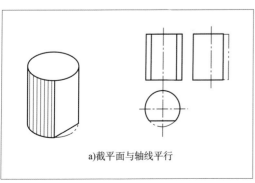

图 1-39

(2) 回转体的截交线

以图1-39所示圆柱为例,圆柱被截切后产生的截交线,因平面与圆柱轴线相对位置的不同而不同。

2. 相贯线

两基本体相交称为相贯体,其表面的交线称为相贯线,相贯线既是两曲面立体的共有线,也是两立体的分界线。

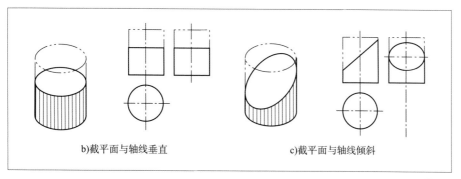

b)截平面与轴线垂直　　　　c)截平面与轴线倾斜

图 1-39
圆柱的截交线

（1）两平面立体相交

两平面立体相交所产生的相贯线，通常是闭合的空间折线。而转折点为一个立体上的棱线（或棱边）与另一个立体表面的交点。

（2）两曲面立体相交

两曲面立体的相贯线根据两立体的形状、大小和相对位置的不同，相贯线的形状也不相同，但是所有相贯线都具有以下性质：

相贯线是相交两立体表面的共有的线，相贯线上的点是相交两立体表面的公共点。

由于立体具有一定的空间范围，因此，相贯线一般情况下不是封闭的空间曲线，特殊情况下是平面曲线或直线。

因此，相贯线就是两相贯体表面公共点的连线。两曲面体的相贯线的作法一般分为两种：表面取点法和辅助平面法。

① 以两圆柱相贯为例，学习表面取点法

如图 1-40a）所示，两圆柱轴线垂直相交，相贯线的水平投影就是具有积聚性的圆，侧面投影是一段两圆柱重合的圆弧，因此，可按下面步骤作图，如图 1-40b）所示。

A. 求特殊点、最高点、最低点。

B. 求一般点，确定出水平投影面的点，再找出侧面投影上对应的点，根据正面和侧面的点找出正面投影的点。

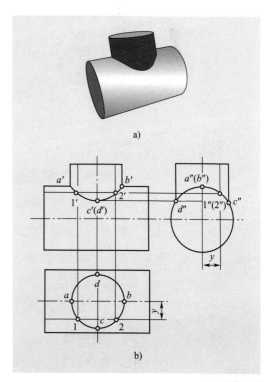

图 1-40
两圆柱相交

C. 将各点光滑地连接起来。

②以圆锥与圆柱相交为例，学习辅助平面法

利用辅助平面同时截切相贯的两基本体，作出两立体的截交线的交点，该点即为相贯线上的点。这些点既是回转体表面上的点，又是辅助平面上的点，因此，辅助平面法就是利用三面共点原理。利用辅助平面法求相贯线时，选辅助平面的原则是使辅助平面与曲面立体的截交线的投影最为简单，如直线或圆。

如图 1-41a）所示，两轴线垂直相交，具有前后对称平面，因此，相贯线是一前后对称的闭合空间曲线，并且前后两部分的正面投影重合，相贯线的侧面投影重合在圆柱具有积聚性的投影圆上，具体作图步骤如下，如图 1-41b）。

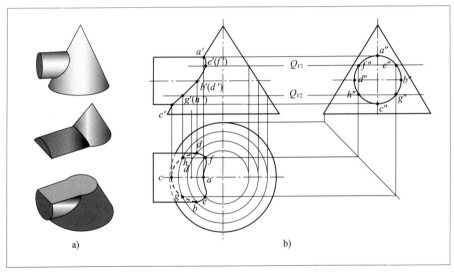

■ 图 1-41
圆柱与圆锥相交

A. 求特殊点。最高点和最低点 a、c，最前点和最后点 b、d。

B. 求一般点。作辅助平面 Q_{V1}、Q_{V2}，分别得到圆柱的截交线（两条与轴线平行的直线）和圆锥的截交线（圆），平行线与圆的交点就是相贯线上的点，从而得出一般点 e、f、g、h 的水平投影，再按投影关系作出正面投影。

C. 判断可见性，并光滑连接各点。

六、组合体

1. 形体分析法

由一些基本形体组合而成的物体称为组合体。假设将一个复杂的组合体分解成若干个基本形体，分析这些基本形体的形状、组合形式以及它们的相对位置关系，以便进行画图、识图和标注尺寸，这种分析组合体的方法称为形体分析法。

（1）组合形式

按照组合体中各基本形体组合时的相对位置关系以及形状特征，组合体的组合形式可分为叠加、切割和综合三种形式。

①叠加

构成组合体的各基本形体相互堆积、叠加。按照叠加方式的不同，可分为同轴叠加、对称与不对称叠加、平齐与不平齐叠加。

②切割

从较大基本形体中挖切出较小形体而形成的组合体。

③综合

既有叠加，又有切割的组合体称为综合型组合体。

（2）相邻表面的连接关系

组合体各形体相邻表面之间按其表面形状和相对位置不同，连接关系可分为平齐、不平齐、相切、相交四种情况。

①平齐

当相邻两形体的表面平齐时，即两表面在同一平面上，它们之间不应有线隔开，如图1-42所示。

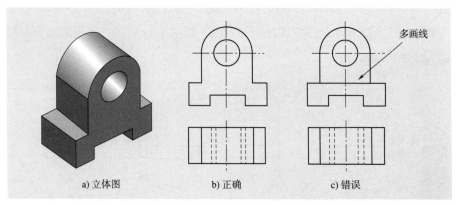

a) 立体图　　　b) 正确　　　c) 错误

■图1-42
两表面平齐

②不平齐

当相邻两形体的表面不平齐时，即两表面不在同一平面上，它们之间有线隔开，如图1-43所示。

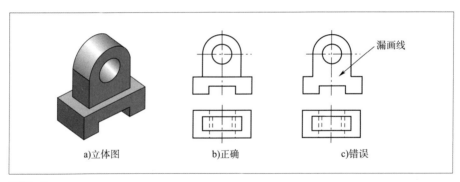

■ 图 1-43
两表面不平齐

③相交

当相邻两形体的表面相交时，在相交处应画出交线，如图 1-44 所示。

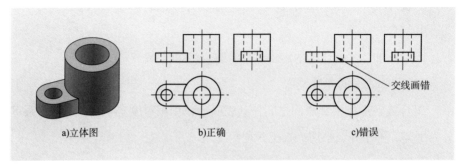

■ 图 1-44
两表面相交

④相切

当相邻两形体的表面相切时，由于在相切处两表面是光滑过渡的，不存在轮廓线，故在相切处不应该绘制分界线，如图 1-45 所示，耳板的水平面投影应绘制到切点处。

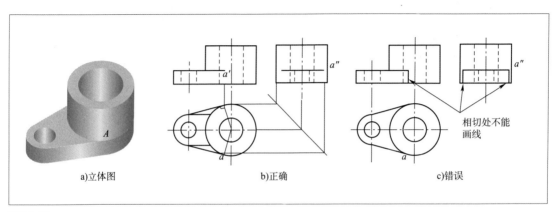

■ 图 1-45
两表面相切

2. 组合体三视图的绘制

(1) 形体分析

绘图之前,首先应对组合体进行形体分析,将其分解成几个组成部分,明确各基本体的形状、组合形式、相对位置以及表面连接关系,以便对组合体的整体形状有个总体了解,为绘图做准备。

图 1-46 所示的轴承座可分解为四个部分,底板有两个小圆孔,底板上面叠加有支撑板和肋板,支撑板的后面与底板后面平齐,支撑板的左右侧面与水平圆筒外表面相切,肋板和圆筒相贯,其相贯线为圆弧和直线。

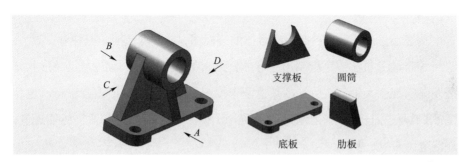

■图 1-46
轴承座组合体

(2) 确定表达方案,选择主视图

主视图是视图中最主要、最基本的视图。因此,主视图的选择应符合以下原则:

应选择物体形状特征明显的方向来绘制主视图。

为了便于绘图和识图,应选择符合物体工作位置、自然平稳位置的方向。

应兼顾其他视图表达的清晰性,选择使物体左视图、俯视图虚线比较少的方向来绘制主视图。

主视图选定后,俯视图和左视图也随之而定。但并不是所有物体都需要绘制三个视图,应根据具体情况而定。

根据以上主视图选择原则,该轴承座的主视图选择方向有四个方案,如图 1-46 中的箭头所示,经综合分析比较,以方案 A 作主视图为最佳方案,如图 1-47 所示。

(3) 选择比例,确定图幅

视图确定以后,要根据其大小和复杂程度,按国家标准规定选定作图比例和图幅。选择图幅时应有足够的地方画图、标注尺寸和画标题栏。一般情况下尽量选用 1∶1 的比例。

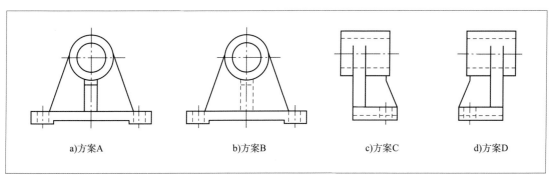

■ 图 1-47
组合体主视图选择方案

(4) 绘制底稿

为了迅速而正确地绘制出组合体的三视图，绘制底稿时，应注意：

按形体分析法逐个绘制出各形体，绘制每一形体时，应先从反映形状特征明显的视图入手，然后绘制其他两个视图，三个视图同时配合进行。也就是说，不要先把一个视图画完后再画另一个视图，这样不但可以提高绘图速度，还能避免漏线、多线。

绘图顺序应遵循先主后次、先叠加后切割、先大后小、先画圆弧后画直线、先画可见部分后画不可见部分的原则。

(5) 检查描深

底稿绘制完成后，应认真进行检查，在三视图中依次核对各组成部分的投影对应关系，分析有无漏线、多线，再以模型或轴测图与三视图对照。经认真修改并确定无误后，擦去辅助图线，按规定标准线型描深。绘图过程如图 1-48 所示。

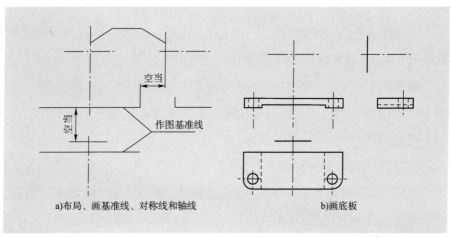

■ 图 1-48

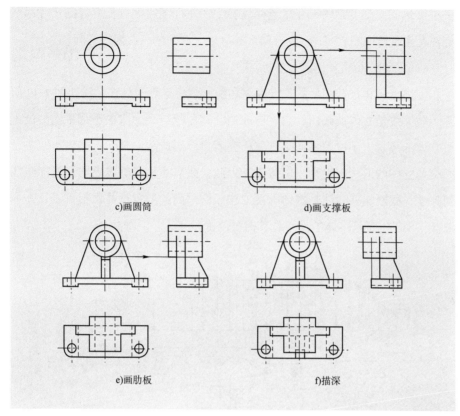

■ 图 1-48
组合体绘图步骤

3. 组合体的尺寸标注

根据投影原理绘制的视图可以反映出物体的形状,但不能反映出物体的大小。为了使图样能够成为指导零件加工的依据,必须在视图上标注尺寸。

(1) 尺寸基准的确定

尺寸标注的起始位置称为尺寸基准。一般组合体有长、宽、高三个方向的尺寸,每个方向至少应有一个尺寸基准,可选择物体的对称平面、经过机械加工的底面、重要端面以及回转体的轴线等作为尺寸基准。

基准选定后,各方向的主要尺寸应从相应的尺寸基准出发进行标注。有时,某个方向上除确定一个主要基准外,还需要选择一两个辅助基准。

标注尺寸主要有三种:定形尺寸、定位尺寸、总体尺寸。

(2) 尺寸布置的要求

尺寸应尽量标注在反映各形体形状特征明显、位置特征清楚的视图上;

虚线上尽量不标注尺寸;同轴回转体的各径向尺寸一般标注在非圆视图上;尺寸应尽量标注在视图的外部,与两个视图有关的尺寸应尽量标注在有关视图之间。高度方向尺寸尽量标注在主、左视图之间；长度方向尺寸尽量标注在主、俯视图之间；宽度方向尺寸尽量标注在俯、左视图之间。

（3）截切、相贯立体的尺寸标注

基本几何体被截切后的尺寸标注和两立体相贯后的尺寸标注如图 1-49 所示。截交线是立体被截切后自然形成的，其形状与大小取决于截平面的位置及立体的形状大小；相贯线是立体相交后自然形成的，其形状与大小取决于相交两立体的形状、大小、位置等。因此，截交线和相贯线上均不能标注任何尺寸，截断体只标注基本体的尺寸和截切平面的位置尺寸，相贯线只需标注参与相贯的各基本体的尺寸及其相对位置尺寸。

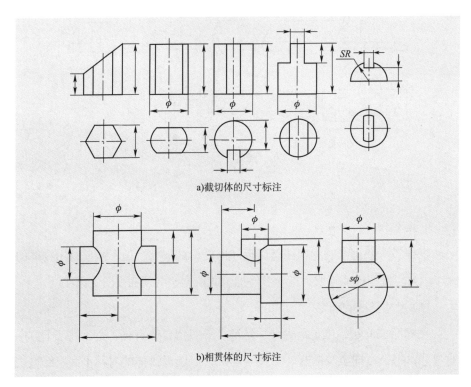

■ 图 1-49
截切体、相贯体的尺寸标注

（4）组合体尺寸标注示例

以图 1-46 轴承座为例，来分析组合体尺寸标注的过程。

①组合体尺寸基准的选择

轴承座左右对称，长度方向具有对称平面，应选取该对称面为长度方向的尺寸基准；支撑板的后端面是比较大的平面，应选该面为宽度方向的尺寸基准。因为轴承座的底面一般都要经过机械加工，所以应选取轴承座的底面为高度方向的尺寸基准。

②组合体尺寸标注的基本步骤

轴承座组合体尺寸标注的步骤如图 1-50 所示。

A. 对组合体进行形体分析。

B. 标注组合体各基本形体的定形尺寸（逐个形体标注）。

C. 标注组合体各基本形体的定位尺寸。

D. 标注组合体的总体尺寸。

E. 检查尺寸。

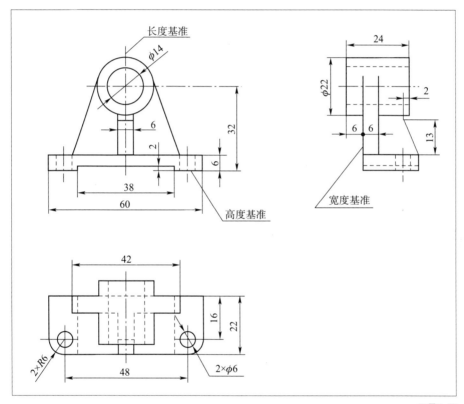

■图 1-50
组合体的尺寸标注

——轴测图

1. 轴测图的形成

轴测图是把空间物体和确定其空间位置的直角坐标系按平行投影法沿不平行于任何坐标面的方向投影到单一投影面上所得的图形。

2. 轴测投影的分类

按获得轴测投影的投射方向对轴测投影面的相对位置不同,轴测投影可分为正轴测投影和斜轴测投影。

(1) 正轴测投影

用正投影法得到的轴测投影,称为正轴测投影。

(2) 斜轴测投影

用斜投影法得到的轴测投影,称为斜轴测投影。

当投射方向 S 垂直于投影面时,形成正轴测图;当投射方向 S 倾斜于投影面时,形成斜轴测图。

3. 轴测投影的特性

轴测图具有平行投影的所有特性。

(1) 平行性

物体上互相平行的线段,在轴测图上仍互相平行。

(2) 定比性

物体上两平行线段或同一直线上的两线段长度之比,在轴测图上保持不变。

(3) 实形性

物体上平行轴测投影面的直线和平面,在轴测图上反映实长和实形。

机件的表达方法 单元三

一、视图

在机械制图中,将机件向投影面投影所得到的图形称为视图。

1. 基本视图

假设将物体置于六面体中,采用正投影法向 6 个基本投影面投影,所得到的 6 个视图称为基本视图,之前学习的三视图便是 6 个基本视图中的三个图,如图 1-51 所示。

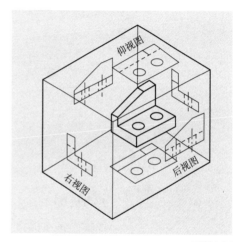

■ 图 1-51
基本视图

6 个基本视图如图 1-52 所示展开,即得到:

(1)主视图:由前向右投影得到。

(2)后视图:由后向前投影得到。

(3)俯视图:由上向下投影得到。

(4)仰视图:由下向上投影得到。

(5)左视图:由左向右投影得到。

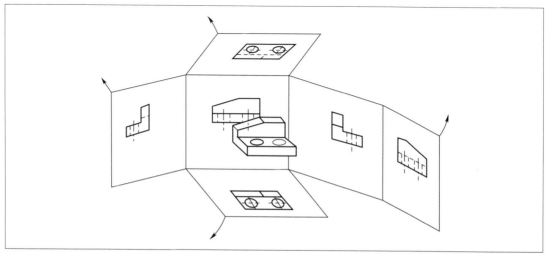

■ 图 1-52
基本视图的展开

(6)右视图:由右向左投影得到。

6个基本视图展开后的位置如图1-53所示,视图之间满足"主、俯、仰视图长对正,主、左、右、后视图高平齐,俯、左、仰、右视图宽相等,后视图与主、俯、仰视图长相等"的相等关系。

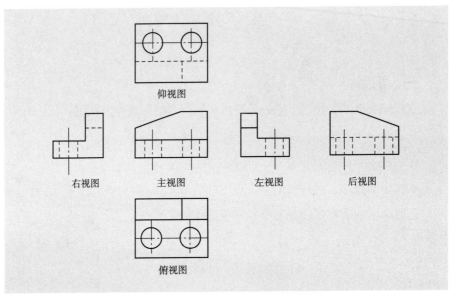

图1-53
基本视图的位置

2. 向视图

向视图是可以自由配置的视图。国家标准规定,应在向视图上方用大写拉丁字母标注该向视图的名称,并在对应的视图的附近用箭头指明投影方向,注上相同的字母,如图1-54所示。在应用向视图时,应优先选择三视图,之后再选择其他视图。

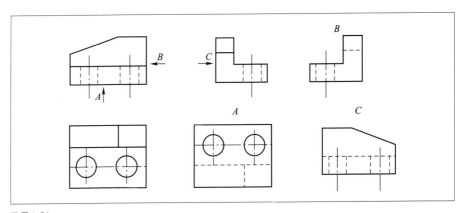

图1-54
向视图

3. 局部视图

将机件的某一部分结构形状向基本投影面投影所得到的一个不完整的视图，称为局部视图，它主要用于表达机件上的局部外形，如图 1-55 所示。主视图和俯视图基本表达清楚大部分结构，只有左、右两个凸台的形状没有表达清楚，因此，采用局部视图只绘制出两个凸台部分的左视图和右视图即可。

当局部视图按照投影关系配置，中间又无其他图形隔开时，可省略标注，如图 1-55b) 所示。

绘制局部视图时，一般应在局部视图的上方标注视图的名称，并在相应的视图附近用箭头指明投射方向，注上相同的字母，如图 1-55c) 所示。

分界线用波浪线表示，且只能绘制在实体上，不能绘制在界外或空洞处，图形封闭时可以省略波浪线。

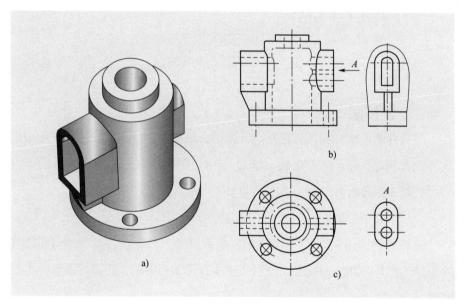

■ 图 1-55
局部视图

4. 斜视图

将机件向不平行于基本投影面的平面投射所得到的视图称为斜视图。它主要反映机件倾斜结构的真实外形，可以假想增加一个与机件倾斜表面平行的辅助投影面，如图 1-56 所示，即可向该投影面上投射得到倾斜结构的实形了。

绘制斜视图时，机件的其余部分可用波浪线断开，若图形封闭时，波浪线可省略不画。必须在斜视图的上方标注出视图的名称，并在相应的视图附近用箭头指明投射方向,箭头应垂直于倾斜结构的表面,还应标注相同的字母,字母应水平书写。斜视图一般按照投影关系配置,在不致引起误解时,允许将图形旋转后放正画出,旋转角度应小于90°,但所标注的名称应为"⌒×",箭头方向还应与斜视图的旋转方向一致。旋转符号为半径等于字体高度的半圆形加箭头,表示斜视图名称的大写拉丁字母应靠近旋转符号的箭头一端,也允许将旋转角度标注在字母之后。

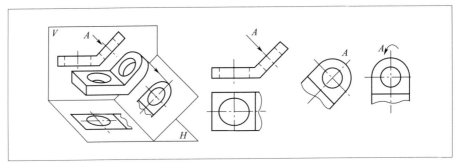

■ 图 1-56
斜视图

二、剖视图

当机件的内部结构比较复杂时,图中会出现很多虚线,既影响了图形表达的清晰,又不利于标注尺寸,此时,应采用剖视图来表达。

1. 剖视图的概念

(1) 剖视图的形成

假想用剖切面(平面或柱面)把零部件剖开,移去观察者和剖切面之间的部分,将其余部分向投影面投影,这种方法称为剖视,所得的图形称为剖视图。

(2) 剖面符号

机件被假想剖切后,为使具有材料实体的切断面部分与其余部分明显区分开,在剖面区域内应画出剖面符号,如图1-57所示。

国家标准规定,使用平行细实线作为剖面符号表示金属材料,该剖面符号又称为剖面线。绘制剖面线时,同一机械图样中的同一零件的剖面线应方向相同、间隔相同。剖面线的间隔应按剖面区域的大小确定,剖面线的方向一般与主要轮廓或剖面区域的对称线成45°,若图形倾斜约45°时,剖面线可选择30°或60°。国家标准规定的各种材料的剖面符号见表1-7。

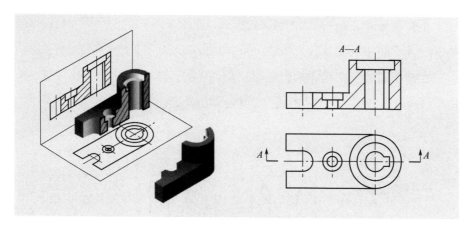

■ 图 1-57
剖视图

剖面符号　　　　　　　　　　　　　　　表 1-7

材料名称	剖面符号	材料名称	剖面符号
金属材料		线圈绕组元件	
非金属材料		转子、变压器等的叠钢片	
型砂、粉末冶金、陶瓷、硬质合金等		玻璃及其他透明材料	
木质胶合板（不分层数）		网格（筛网、过滤网等）	
木材　纵剖面		液体	
木材　横剖面			

（3）绘制剖视图注意事项

为使剖视图反映实形，剖切平面一般应平行与某一对应的投影面；剖切时，通过机件的对称面或内部孔、槽的轴线。

由于剖切是假想的，没有剖切的其他视图仍应按照完整的机件画出。

不要漏画剖切平面后面的可见轮廓线，如图 1-58 中的圆环平面与圆锥面处于剖切平面的后面，剖切后仍为可见，因此必须画出。

在剖视图中一般不绘制虚线，只有当机件的结构没有完全表达清楚，画出少量的虚线可减少视图的数量时，才绘制出必要的虚线。

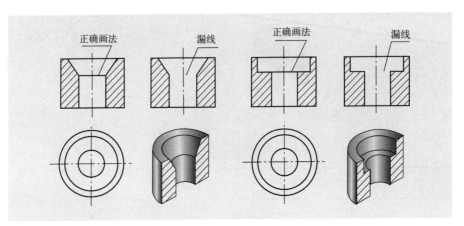

■ 图 1-58
剖视图常见错误

（4）剖视图的标注

一般情况下，使用线宽约为 $1b \sim 1.5b$、长约 $5 \sim 10\text{mm}$ 的粗实线，在剖切平面的剖切位置标出剖切符号，在剖切符号的起止及转折处标注相同的大写拉丁字母，并在相应的剖视图上方用同样的字母标注其名称"$X—X$"，用箭头表示投射方向，如图 1-59a）中 $A—A$ 的标注方法。

当剖视图按照投影关系配置，中间又无其他图形隔开时，可省略箭头，如图 1-59b）中的俯视图，其剖切符号的起止处未画箭头。

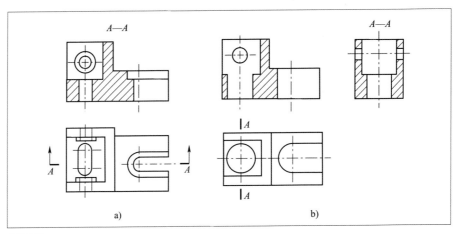

■ 图 1-59
剖视图的标注

当单一的剖切平面通过机件的对称平面或基本对称平面，且剖视图的配置符合投影关系，中间又无其他图形隔开时，可省略标注，图 1-59b）中的主视图画成剖视图后不需要标注。

（5）剖视图的配置

剖视图应首先考虑配置在基本视图的方位，当难以按照基本视图的方位配置时，才考虑配置在其他适当位置。

2. 剖视图的种类

剖视图可分为全剖视图、半剖视图和局部剖视图三种。上述的剖视图画法和标注规定，是对三种剖视图均适用的基本规定。

（1）全剖视图

全剖视图是用剖切平面完全地剖开机件后投影所获得的剖视图，简称全剖。全剖视图主要适用于不对称的机件；但外形简单，内形相对复杂的对称机件也常用全剖视图；当机件的外形复杂，内部结构也较复杂时，可采用外形图加一个全剖视图。

（2）半剖视图

当机件具有对称平面时，在垂直于对称平面的投影面上投射所得的图形，可以以对称中心线为界，一半画成剖视图；另一半画成视图，这种剖视图称为半剖视图。图 1-60 所示机件的左右及前后方向均对称，主视图和俯视图均采用了半剖视，这样同时兼顾了左右及前后方向的内形和外形的表达。半剖视图通常用于内外形状均需表达的对称机件。

画半剖视图时的注意事项如下：

①在半剖视图中，剖视与视图的分界线为机件的对称中心线。

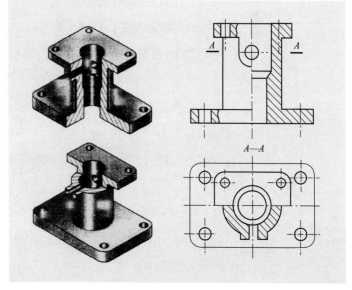

■图 1-60
半剖视图

②由于半剖视图的图形对称，可同时兼顾到内、外形状的表达。所以，在表达外形的视图中就不必再画出表达内形的虚线。

③半剖视图的标注与全剖视图的标注方法相同。

④标注机件的内形尺寸时，由于另一半未被剖出，其尺寸线仅画一个箭头，且略超过对称中心线。

（3）局部剖视图

用剖切面局部地切开机件所得到的剖视图，称为局部剖视图，如图1-61所示。

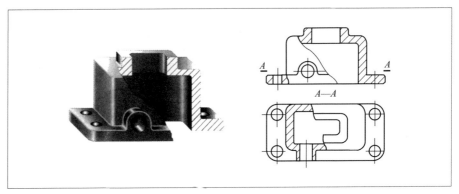

■ 图1-61
局部剖视图

局部剖的范围可大可小，根据需要而定，应用很灵活。

画局部剖视图的注意事项如下：

①在局部剖视图中，剖视与视图的分界线为波浪线。

②局部剖视图的图形是由一部分剖视与一部分视图组合而成的，运用得当，可使图形表达简洁、清晰；但在一个视图中局部剖视图不宜用得太多，否则会使图形过于破碎，反而不利于看图。

3. 剖切方法

在画剖视图时，根据机件内部结构形状的差异，可选用不同的剖切方法来表达。

（1）单一剖切面剖切

前文讲的全剖、半剖、局部剖均是单一剖，用于机件的内部结构位于同一剖切面上的机件。

（2）几个平行的剖切平面（阶梯剖）

当机件的内部结构位于几个平行平面上时，可采用几个平行的剖切平面来剖切，以获得剖视图。例如，图1-62所示的零件采用了两个平行的剖切平面来剖切，便充分地表达了它的内部结构。

分析：
应如何选择剖视图的种类。

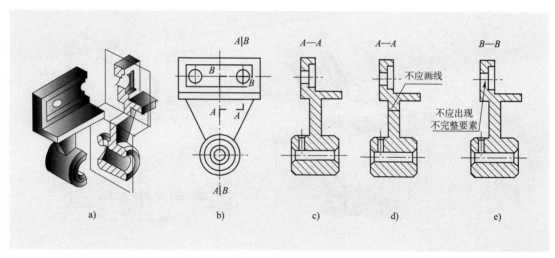

■ 图 1-62
阶梯剖

阶梯剖视图的画法如下：

①剖切平面的转折处，在剖视图中不应画线，如图 1-62d) 所示。

②在剖视图中不应出现不完整要素，如图 1-62e) 所示，仅当两个要素在图形上具有公共对称中心线或轴线时，方可各画 1/2。

③剖切平面的起止和转折处应画出剖切符号，并注写同一字母。

④阶梯剖中剖切符号的画法。

⑤起、止均平行于投影面。

⑥转折要垂直对齐。

⑦不能在中心线及其他图线处转折。

⑧只能向前，不能退后转折。

（3）几个相交的剖切面（交线垂直于某一投影面）

①旋转剖

用两相交的剖切平面（交线垂直于某一基本投影面）剖开机件的方法。

旋转剖视图的画法是先把倾斜部分旋转到与选定的基本投影面平行，然后再投影，如图 1-63 所示。标注时，在起、止和转折处用同一字母标出剖切位置，用箭头标出投影方向，并在旋转剖视图上注写名称。旋转剖一般应用在机件上具有回转轴时。画旋转剖视图的注意事项有：

剖切平面后的其他结构，一般按原来的位置画出，如图 1-63a) 所示。

当剖切后产生不完整要素时，应将此部分按不剖切画出，如图 1-63b) 所示。

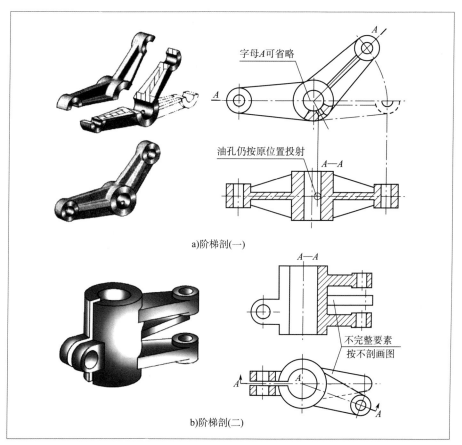

▪ 图 1-63
阶梯剖

② 复合剖

除阶梯剖、旋转剖外，用组合的剖切平面剖开机件的方法，称为复合剖，如图 1-64 所示。复合剖的画法是按所属剖切类型画出各部分剖视图，有时也采用展开画法。

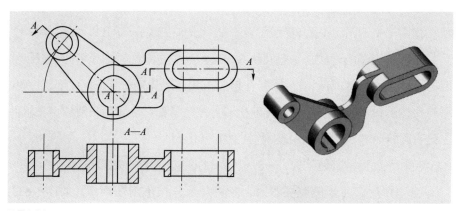

▪ 图 1-64
复合剖

（4）不平行于任何基本投影面的剖切平面剖切（斜剖）

斜剖是用不平行于任何基本投影面的剖切平面剖开机件后所得的剖视图。斜剖是先投影到假定的倾斜投影面上，然后再放正或旋转，如图1-65所示。

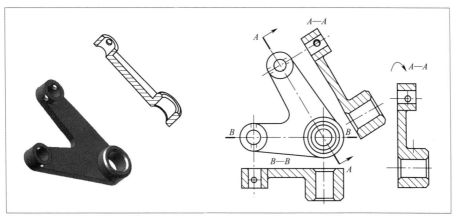

图 1-65
斜剖

绘制斜剖视图的注意事项如下：

①最好布置在箭头所指的方向，也可以移到其他地方或旋转，但必须加注"⌒"符号，旋转角度不能超过90°。

②只用于倾斜部分，图中不能有失真。

三、断面图

用视图表达阶梯轴、杆件、型材等零件结构时，除横向投影的视图外，其他图则图线重叠较多。若只画出某一需要表达的断面图形，就没有那么多的图线，也不影响图形表达的清晰，这样的画图方法就是断面图。

1. 断面图的概念

假想用一个剖切平面将机件的某处切开，仅画出其断面的图形，称为断面图（简称断面）。如图1-66所示。

断面图与剖视图的区别在于：断面图是仅画出机件断面形状的图形，如图1-66c)所示，而剖视图除要画出断面形状外，还需画出剖切平面后面的可见轮廓线，如图1-66d)所示。

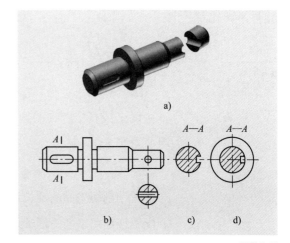

图 1-66
断面图

2. 断面图的种类

根据断面图配置位置的不同,可分为移出断面图和重合断面图两类。

(1) 移出断面图

画在视图外的断面称为移出断面图,如图 1-66b)、c) 所示,其轮廓线用粗实线绘制。

①画法

移出断面图应尽量配置在剖切符号或剖切平面迹线的延长线上,剖切平面的迹线是剖切平面与投影面的交线,在图中用细点画线表示,如图 1-66b) 所示;画在其他位置时应标注清楚,在不引起误解时允许将图形旋转,如图 1-67b) 所示,中断画法如图 1-68a) 所示。

当剖切平面通过回转面形成的孔、坑等结构的轴线时,按剖视图绘制;当通过非回转面结构时,又导致出现完全分离的两个剖面时,这些结构也按剖视图绘制,如图 1-67 所示。

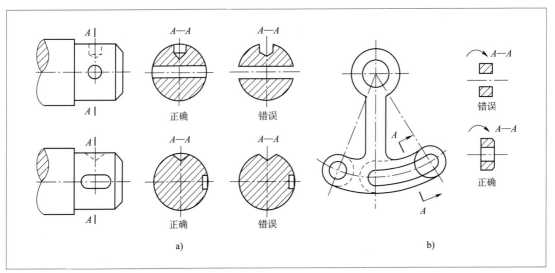

■ 图 1-67
断面图与剖视图

由两个或多个相交的剖切平面剖切得出的移出断面,中间一般应断开,如图 1-68 所示。

②标注

配置在剖切平面的延长线上,且对称的结构,全省略。

配置在剖切平面的延长线上,但不对称,可省略字母。

既不对称又不配置在剖切平面的延长线上,则应完全标注。

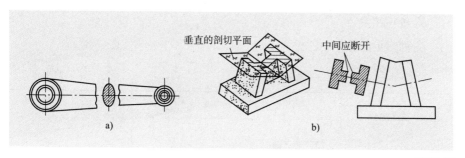

■ 图 1-68
移出断面图

（2）重合断面图

画在视图内的断面称为重合断面图，如图 1-69 所示，其轮廓线用细实线绘制。

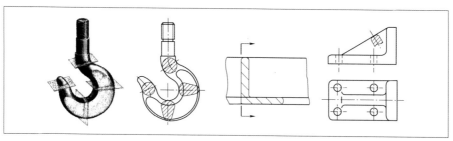

■ 图 1-69
重合断面图

当视图的轮廓线与重合断面的图形重叠时，视图的轮廓线仍应连续画出，不可中断。对称结构不标注，不对称结构则要标注方向。

四、其他表达方法

1. 局部放大图

将机件的部分结构，用大于原图形所采用的比例画出的图形，称为局部放大图。画局部放大图时，一般用细实线圈出被放大部位，其放大图尽量配置在被放大部位附近。物体上有多处被放大部位时，必须用罗马数字依次标明，并在相应局部放大图上方标出相同罗马数字和放大比例，如图 1-70 所示；仅有一个放大图时，只需标注比例即可。局部放大图可画成视图、剖视图和断面图，它与被放大部位原来的表达方式无关。

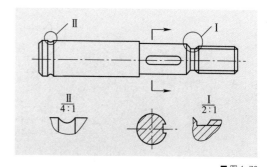

■ 图 1-70
局部放大图

2. 简化画法

各种常见的简化画法见表1-8。

简化画法　　　　　　　表1-8

序号	简化对象	简化画法	说　明
1	肋、轮辐结构画法（一）	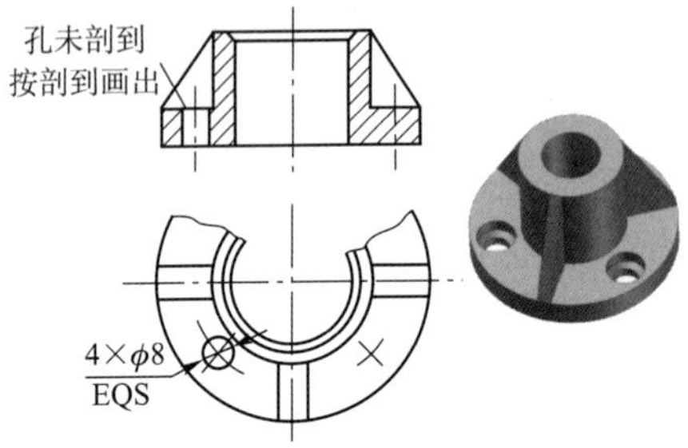 孔未剖到按剖到画出　4×φ8 EQS	对于机件的肋、轮辐及薄壁等，如纵向剖切，这些结构都不画剖面符号，而用粗实线将它与其邻接部分分开
2	肋、轮辐结构画法（二）	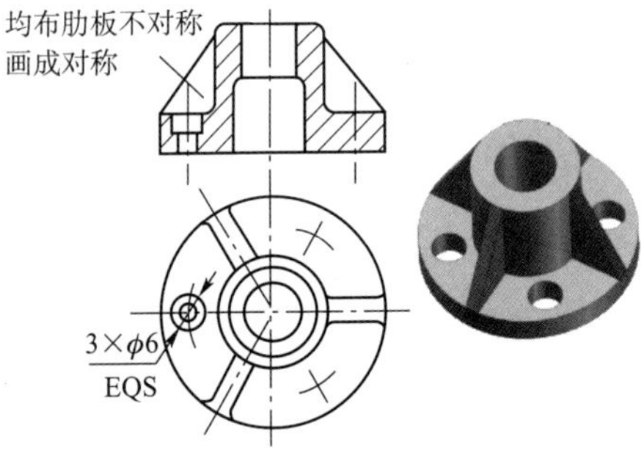 均布肋板不对称画成对称　3×φ6 EQS	当零件回转体上均匀分布的肋、轮辐、孔等结构不处于剖切平面上时，可将这些结构旋转到剖切平面上画出
3	相同要素	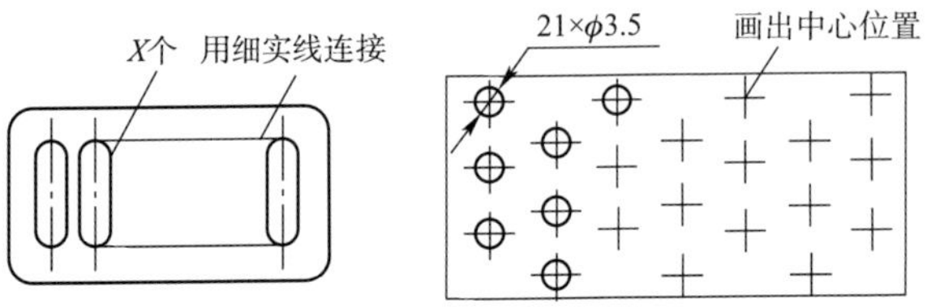 X个 用细实线连接　21×φ3.5 画出中心位置	机件上具有若干相同结构（如孔、槽等），并按一定规律分布时，只需要画出一个或几个，其余只需要表示其中心位置或用细实线连接
4	较长零件	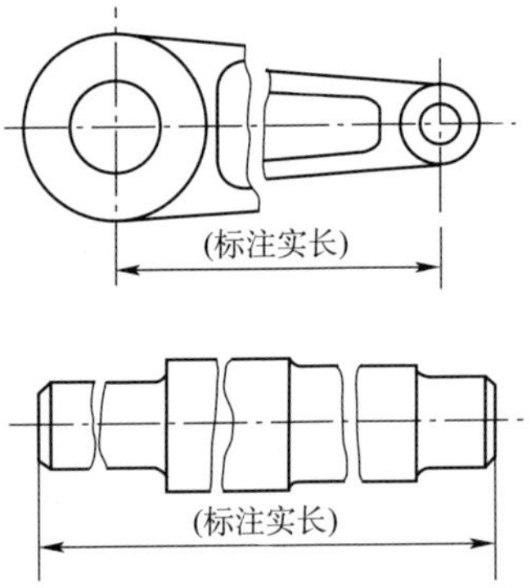 （标注实长）（标注实长）	较长机件（如轴、杆、型材等）沿长度方向的形状一致或按一定规律变化时，可断开有关线段缩短绘制

续上表

序号	简化对象	简化画法	说　明
5	符号表示	（相交的细实线表示平面）	当回转体零件上的平面在图形中不能充分表达时，可用平面符号（两条相交的细实线）表示
6	对称结构	（对称符号）	在不致引起误解时，对称机件的视图可以只画其中 1/2 或 1/4，并在对称中心线两端画出对称符号（两条与对称中心线垂直的平行细实线）
7	滚花结构	网纹m5GB/T 6403.3—2008	滚花等网状结构可用细实线局部地表示，也可省略不画
8	圆弧结构	A—A	与投影面倾斜角度等于或小于 30° 的圆或圆弧，其投影可用圆或圆弧代替

单元四 零件图与装配图

一、零件图

零件图是表达单个零件形状、大小和特征的图样，也是在制造和检验机器零件时所用的图样。在生产过程中，根据零件图样和图样的技术要求进行生产准备、加工制造及检验，因此，它是指导零件生产的重要技术文件。

1. 零件图的作用

零件图是用来指导制造和检验零件的图样，因此，必须完整、清晰地表达出零件的全部结构形状、尺寸和技术要求。由图 1-71 所示传动轴的零件图可知，一张能满足生产要求的、完整的零件图，应具备下列基本内容：

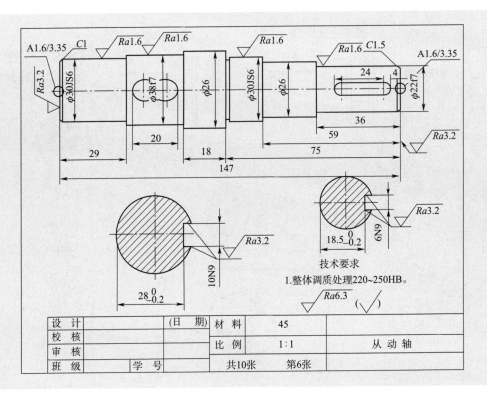

图 1-71 传动轴零件图

（1）一组视图

用于正确、完整、清晰地表达出零件的内、外结构和形状。

（2）足够的尺寸

正确、完整、清晰、合理地标注出制造和检验零件所需要的全部尺寸。

（3）技术要求

用规定代号或文字注写零件在技术指标上应达到的要求，如表面结构、极限与配合、几何公差、镀涂和热处理要求等。

（4）标题栏

写明零件的名称、材料、数量、画图的比例、图号及必要的签署等内容。

2. 零件的视图选择

零件图要求正确、完整、清晰地表达零件的全部结构形状，并且要考虑识图和画图简便。在认真分析零件的结构特点、功能和加工方法的基础上，才能选用恰当的视图和表达方式。

（1）视图选择的一般原则

①主视图的选择

主视图是最重要的视图，它将直接关系到能否把零件内外结构和形状表达清楚，同时也关系到其他视图的数量及位置，从而影响读图与绘图。因此，应慎重选择主视图，主视图的选择主要遵循以下原则：

A. 特征原则。要选取能将零件各组成部分的结构、形状及其相对位置反映得最充分的方向，作为主视图的投影方向。

B. 加工位置原则。按照零件在主要加工工序中的装夹位置选取主视图。主视图与加工位置一致，可以方便制造者看图。如轴、套和圆盘类零件，其主要加工工序是车削，故常按加工位置选取主视图。

C. 工作位置原则。对于加工工序较多的零件，可以按照零件在机器或部件中工作时的位置作为主视图。如支架、箱体类零件一般按该零件的工作位置选取主视图。

②其他视图的选择

主视图确定后，应根据零件的复杂程度和结构特点，根据主视图表达上的不足，全面考虑所需要的其他视图、剖视图或断面图的数量，画法及位置。使每一个视图有一个表达重点，补充其他视图时优先选用基本视图以及在基本视图上做剖视；尽量少用虚线来表达零件的结构形状；对局部没表达清楚的结构，宜采用局部视图或局部放大图。

零件表达方案的选择，是一个较灵活的问题，在选择时应假想几种方案加以比较，力求用较少的视图，较好的方案表达零件，力求少而精。

（2）典型零件的视图选择及表达方法

在研究零件的视图选择及表达方法时，不同类型的零件在选择视图时的方法是不尽相同的。

①轴、套类零件

轴、套类零件包括各种转轴、销轴、杆、衬套、轴套等。这类零件的结构特点是零件各组成部分多为同轴线的回转体，常具有轴肩、圆角、倒角、键槽销孔、螺纹、退刀槽、砂轮越程槽、中心孔等结构，且这类零件是中空的。这类零件图常用主视图表达零件的主体结构，用断面、局部剖视、局部放大图等来表达零件的某些局部结构。对于中空的轴及套类零件，其主视图一般用剖视图。

②轮、盘、盖类零件

轮、盘、盖类零件包括各种齿轮、带轮、手轮、凸缘盘、端盖、压盖等。这类零件的结构特点是主体部分常由回转体组成，其上常有键槽、轮辐、均布孔等结构，往往有一个端面与其他零件接触。这类零件图一般采用两个基本视图来表达，主视图常采用剖视图以表达内部结构；另一个视图则表达外形轮廓和各组成部分，如孔、肋、轮辐等的相对位置。

③箱体类零件

箱体类零件包括各种箱体、壳体、阀体、泵体等。这类零件主要起包容、支撑其他零件的作用，其结构特点是常有内腔、轴承孔，凸台、肋、安装板、光孔、螺纹孔等结构。这类零件图一般需要两个以上的基本视图来表达，采用通过主要支撑孔轴线的剖视图表示内部形状结构，一些局部结构常用局部视图、局部剖视图、断面图等表达。

3. 零件图的尺寸标注

零件图的尺寸是零件加工和检验的重要依据，除了要符合前面讲过的完整、正确、清晰的要求外，还应使尺寸标注得合理。合理是指所注尺寸既满足零件的设计要求，又能符合加工工艺要求，以便于零件的加工，测量和检验。

由于零件图的尺寸标注要涉及许多设计、加工工艺和专业知识，而且还需要有一定的实践经验，所以只简单介绍一些有关尺寸标注的基本原则。

(1)尺寸基准的选择

尺寸基准就是标注尺寸和度量尺寸的起点。

在具体标注尺寸时，应合理地选择尺寸基准，以满足零件的设计要求和工艺要求。通常选择零件的主要安装面、重要的端面、装配接合面、对称面、回转体的轴线作为尺寸基准。

①设计基准

设计时，从保证机器的性能出发，确定零件各部分的大小及其相对位置的一些线、面。

②工艺基准

在制造和检验时，以此度量并确定零件的其他被加工表面的位置的线、面。

由于每个零件都有长、宽、高三个方向的尺寸，因此，每个方向都至少要有一个标注尺寸或度量尺寸的起点，称为主要基准，但有时由于加工和检验的需要，在同一方向上增加一个或几个辅助基准。主要基准与辅助基准之间，应有尺寸直接联系。

(2)零件图上标注尺寸的一般原则

零件上的重要尺寸应直接标注。包括直接影响零件工作性能的尺寸、有配合关系表面的尺寸、确定零件在部件中的位置的尺寸、影响机器或部件工作性能的尺寸等，使其在加工过程中得到保证，以满足设计要求。

对产品质量影响不大的自由尺寸，如非加工面、非配合表面等尺寸，一般可按形体分析法来标注尺寸。

尺寸标注要便于加工和测量，尽量满足工艺要求。

应避免注成封闭尺寸链。因为每段产生的误差，积累起来很可能超过对总长尺寸的精度要求。为了保证重要尺寸，常将尺寸链中次要的尺寸空着不注，允许制造误差集中到这个尺寸上。

零件图上常见结构要素的尺寸标注方法见表1-9。

常见结构要素的尺寸标注方法　　　　　表1-9

零件结构类型		标注方法	说　明
螺孔	通孔		3×M6表示直径为6mm，均匀分布的三个螺孔

续上表

零件结构类型		标注方法	说明
螺孔	不通孔	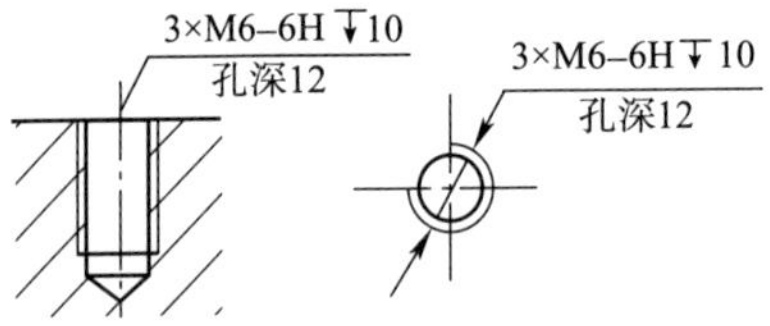3×M6–6H↧10 孔深12 3×M6–6H↧10 孔深12	螺孔深度可与螺孔直径连注； 需要注出孔深时，应明确标注孔深尺寸
光孔	一般孔	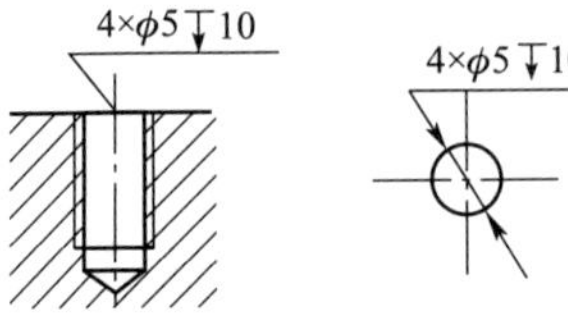4×ϕ5↧10 4×ϕ5↧10	4×ϕ5表示直径为5mm，均匀分布的4个光孔； 孔深可与孔径连注
	锥销孔	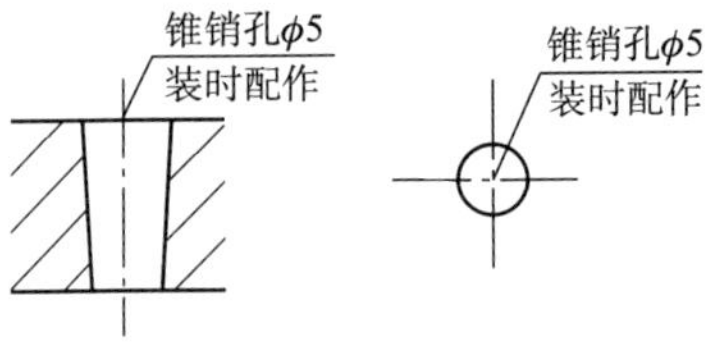锥销孔ϕ5 装时配作 锥销孔ϕ5 装时配作	ϕ5为与锥销孔相配的圆锥销小头直径。锥销孔通常是相邻两零件装在一起时加工的
沉孔	锪平面	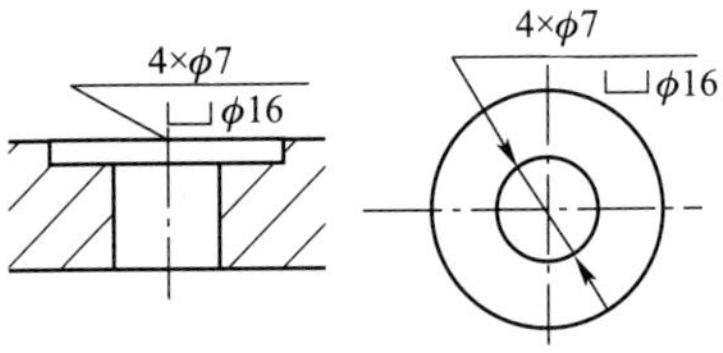4×ϕ7 ⌴ϕ16 4×ϕ7 ⌴ϕ16	锪平面ϕ16的深度不需标注，一般锪平到不出现毛面为止
	锥形沉孔	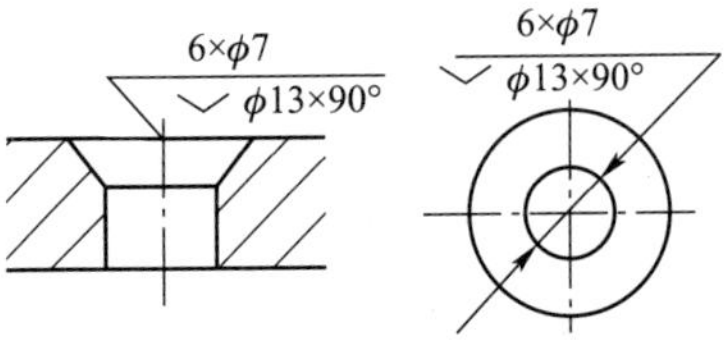6×ϕ7 ⌵ϕ13×90° 6×ϕ7 ⌵ϕ13×90°	6×ϕ7表示直径为7mm，均匀分布的6个孔
	柱形沉孔	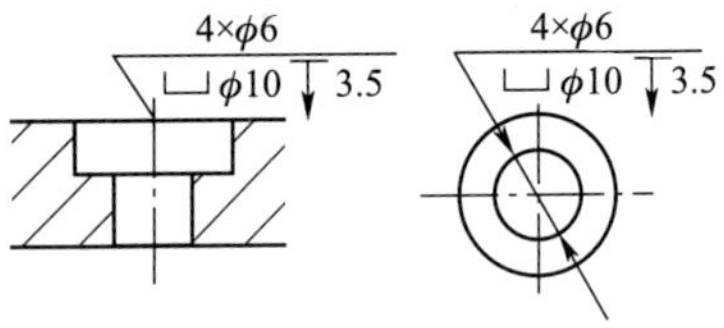4×ϕ6 ⌴ϕ10↧3.5 4×ϕ6 ⌴ϕ10↧3.5	柱形沉孔的小直径为6mm，大直径为10mm，深度为3.5mm，均需标注
倒角		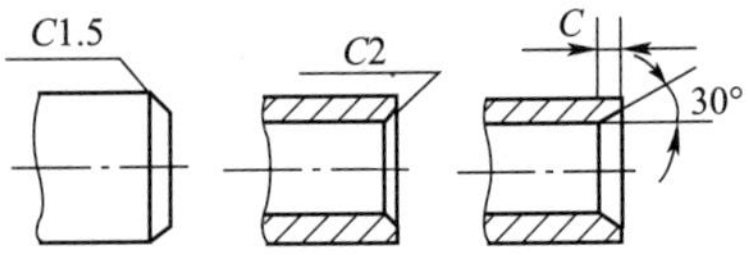C1.5 C2 C 30°	倒角为1.5×45°时，可注成C1.5；倒角不是45°时，要分开标注

4. 零件的工艺结构

零件的结构除满足设计要求外，同时应考虑到加工制造的方便与可能。

若零件结构设计得不合理，往往会使制造工艺复杂化，甚至造成废品。

（1）铸造零件对结构的要求

①拔模斜度

用铸造方法制造零件的毛坯时，为了便于将木模从砂型中取出，一般沿木模拔模的方向作成约 1∶20 的斜度，称为拔模斜度。因而铸件上也有相应的斜度，如图1-72a）所示。这种斜度在图上可以不标注，也可不画出，如图1-72b）所示。

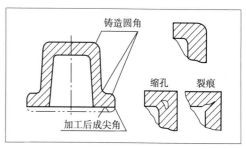

■ 图 1-72
拔模斜度

②铸造圆角

在铸件毛坯各表面的相交处，都有铸造圆角，如图1-73所示。这样既便于起模，又能防止在浇铸时铁水将砂型转角处冲坏，还可避免铸件在冷却时产生裂纹或缩孔。铸造圆角半径在图上一般不注出，而写在技术要求中，一般取为 $R3 \sim R5$。

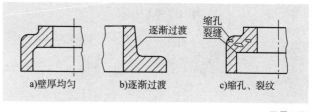

■ 图 1-73
铸造圆角

③铸件壁厚

在浇铸零件时，为了避免各部分因冷却速度不同而产生缩孔或裂纹，铸件的壁厚应保持大致均匀，或采用渐变的方法，并尽量保持壁厚均匀，如图1-74所示。

■ 图 1-74
铸件壁厚

（2）机械加工对零件结构的要求

①倒角与倒圆

为了便于零件的装配并消除毛刺或锐边，在轴和孔的端部都做出倒角。为减少应力集中，有轴肩处往往制成圆角过渡形式，称为倒圆。倒角与倒圆的画法和标注方法如图1-75所示。

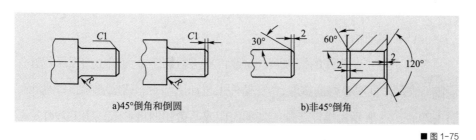

■ 图 1-75
倒角和倒圆

② 退刀槽和砂轮越程槽

在切削加工，特别是在车螺纹和磨削时，为便于退出刀具或使砂轮可稍微越过加工面，常在待加工面的末端先车出退刀槽或砂轮越程槽，如图 1-76 所示。

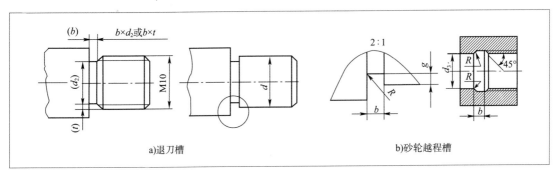

图 1-76
退刀槽和砂轮越程槽

③ 钻孔结构

用钻头钻出的盲孔，底部有一个 120° 的锥顶角。圆柱部分的深度称为钻孔深度，如图 1-77a) 所示。在阶梯形钻孔中，有锥顶角为 120° 的圆锥台，如图 1-77b) 所示。

用钻头钻孔时，要求钻头轴线尽量垂直于被钻孔的端面，以保证钻孔避免钻头折断。图 1-78 所示为三种钻孔端面的正确结构。

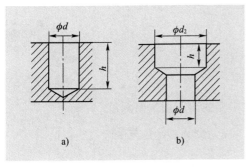

图 1-77
钻孔结构

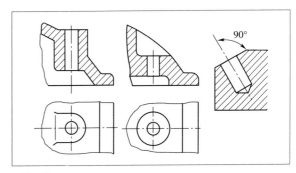

图 1-78
三种钻孔端面的正确结构

④ 凸台和凹坑

零件上与其他零件的接触面，一般都要进行加工。为减小加工面积并保证零件表面之间有良好的接触，常在铸件上设计出凸台和凹坑，如图 1-79 所示。图 1-79a)、b) 所示为螺栓连接的支承面作成凸台和凹坑形式；图 1-79c) 所示为减小加工面积而做成凹槽或凹腔结构。

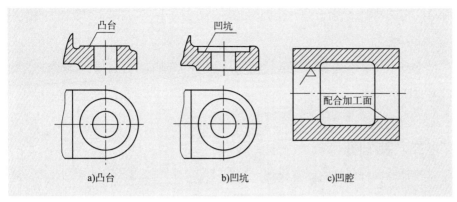

图1-79 凸台和凹坑

5. 识读零件图

识读零件图的目的是弄清零件图所表达零件的结构形状、尺寸和技术要求，以便指导生产和解决有关的技术问题。读零件图的方法与步骤如下：

（1）概括了解

从标题栏内了解零件的名称、材料、比例等，并浏览视图，可初步得知零件的用途和形体概貌。

（2）详细分析

①分析表达方案。分析零件图的视图布局，找出主视图、其他基本视图和辅助视图所在的位置。根据剖视、断面的剖切方法、位置，分析剖视、断面的表达目的和作用。

②分析形体，想象出零件的结构形状。这一步是看零件图的重要环节。先从主视图出发，联系其他视图利用投影关系进行分析，弄清零件各部分的结构形状，想象出整个零件的结构形状。

③分析尺寸。先找出零件长、宽、高三个方向的尺寸基准，然后从基准出发，搞清楚哪些是主要尺寸。再用形体分析法找出各部分的定形尺寸和定位尺寸。在分析中要注意检查是否有多余的尺寸和遗漏的尺寸，并检查尺寸是否符合设计和工艺要求。

④分析技术要求。分析零件的尺寸公差、几何公差、表面结构和其他技术要求，弄清楚零件的哪些尺寸要求高、哪些尺寸要求低、哪些表面要求高、哪些表面要求低、哪些表面不加工，以便进一步考虑相应的加工方法。

（3）归纳总结

综合前面的分析，把图形、尺寸和技术要求等全面系统地联系起来思索，并参阅相关资料,得出零件的整体结构、尺寸大小、技术要求及零件的作用等完整的概念。

必须指出,在看零件图的过程中,上述步骤不能把它们机械地分开,往往是穿插进行的。

二、装配图

机器或部件是由若干零件按一定的装配关系和技术要求装配而成的。表达机器或部件的图样称为装配图。装配图既可表达完整的机器,也可用来表达机器的某一部分,凡是表达两个以上零件组合的图样,均属装配图的范畴。

1. 装配图的作用

装配图是用来表达机器或部件的工作原理、零件之间相对位置、连接方式、配合关系、传动路线和主要零件的结构形状的图样。在设计或改进产品时,一般先画出装配图,然后再根据装配图设计零件的具体结构,绘制零件图。零件制成后,再根据装配图把零件装配成机器或部件。因此,装配图是表达设计思想、进行装配检修、安装、调试的重要技术文件。

2. 装配图的内容

(1) 一组视图

用于表达机器或部件的工作原理、零件间的装配关系、连接方式、传动路线及其主要零件的结构形状等。

(2) 必要的尺寸

表示机器或部件的性能(规格)尺寸、装配尺寸、安装尺寸、总体尺寸及设计时确定的重要尺寸。

分析:
零件图和装配图的区别是什么?

(3) 技术要求

用文字或符号说明机器或部件的性能及装配、安装、调试、使用与维护等方面的要求。

(4) 序号、明细栏(表)和标题栏

在装配图上,必须对每个零件编写序号,并在明细栏中依次列出零件序号、名称、数量、材料等。在标题栏中,写明装配体的名称、图号、绘图比例以及有关人员签名等。

3. 装配图的表达方法

在零件图中所采用的各种表达方法,如视图、剖视图、断面图和局部放大图等，在表达装配图时也同样适用，二者的侧重点不同，零件图需要把零件的各部分结构形状全部表达清楚，而装配图侧重于把装配体的工作原理、装配关系、相对位置等表达清楚，同时适当地把一些主要零件的内部结构、外部形状、相对位置表示出来。因此，它除了具有零件图的各种表达方法外，还有其特殊的表达方法。

（1）装配图的规定画法

在装配图中，当剖切平面通过螺纹连接件（如螺栓、螺柱、螺钉、螺母、垫圈等）和实心零件（如实心轴、销、手柄、连杆、球、键等）的轴线时，均按不剖切画出。

两个相邻零件的接触面或配合面只画一条线，不接触面或非配合面，即使间隙很小，也必须画成两条线。

在同一装配图中，同一零件的剖面线倾斜方向应一致，间隔相等；不同零件的剖面线方向应不同或间隔不等。

（2）装配图的特殊表达

①拆卸画法

在装配图的某个视图中，当某些零件遮挡了需要表达的结构或装配关系时，可假想沿某些零件的接合面剖切或将这些零件拆卸后再绘制。需要说明时，可在图的上方加注"拆去×××"等字样。沿接合面剖切时接合面上不画剖面线；但被剖切到的零件仍需画出剖面线。

②简化画法

在装配图中，对于结构相同而又重复出现的标准件，如螺栓、螺钉、垫圈、螺母等，可详细地画出一处，其余只需用中心线标明其位置，并在明细栏中注明数量。装配图中的滚动轴承允许详细地画出 1/2，如图 1-80 所示。

在装配图中，零件的工艺结构，如圆角、倒角、退刀槽等允许不

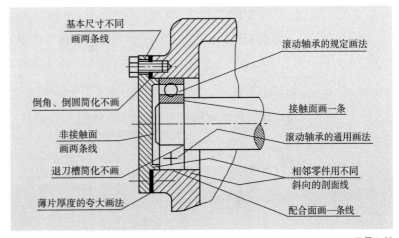

■ 图 1-80
装配图中的表达方法

画;螺栓头部、螺母的倒角及因倒角而产生的曲线允许省略。被弹簧挡住的部分按不可见绘制。螺纹连接可采用简化画法。

③夸大画法

宽度小于或等于 2mm 的垫片和必须表示清楚的小间隙等可适当夸大画出,其剖面可以涂黑来代替剖面符号。

④假想画法

为了表示运动零件的极限位置或表示与本部件有关而不属于这个部件的零件时,可用双点画线画出它们的轮廓,这种画法为假想画法,如图 1-81 所示。

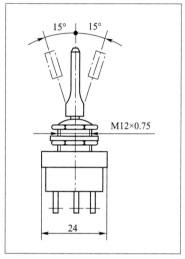

■图 1-81
装配图假想画法

4. 装配图的尺寸标注

装配图的尺寸标注要求与零件图的尺寸标注要求不同,它不需要标注每个零件的全部尺寸,只需标注一些必要尺寸,这些必要尺寸可按其作用不同大致归纳为以下几类:

(1)规格尺寸

用以表明机器(或部件)的性能或规格的尺寸。它是设计、了解和选用该机器或部件时的主要依据。

(2)装配尺寸

为了保证机器或部件的性能和质量,装配图中需注出相关零件间有装配要求的尺寸。

①配合尺寸

凡两个零件有配合要求时,必须注出配合尺寸。

②重要的相对位置尺寸

装配时,相关零件间必须保证的距离、间隙等相对位置尺寸。

③连接尺寸

装配图中一般应标注连接尺寸以表明螺纹紧固件、键、销、滚动轴承等标准零部件的规格尺寸(通常写在标题栏内)。

(3)安装尺寸

机器或部件安装到其他零部件或基座上的相关尺寸称为安装尺寸。

(4)外形尺寸

外形尺寸是机器或部件的总长、总高、总宽,它反映了机器或部件的总体大小,为安装、包装、运输等提供所占空间尺寸的大小。

5. 装配图中零件序号、明细表与技术要求

机器或部件是由许多零件组成的，为区分零件，便于读图，必须对每种零件编列序号，并逐一填入对应的明细表中。

（1）零件序号

装配图中相同的组成部分（零件或组件）只编一个号，编写序号的常见形式如下：在所指的零部件的可见轮廓内画一圆点，然后从圆点开始画指引线（细实线），在指引线的另一端画一水平线或圆（细实线），在水平线上或圆内注写序号，序号的字高应比尺寸数字大一号或两号，如图1-82a）、b) 所示；也可以不画水平线或圆，在指引线另一端附近注写序号，序号字高比尺寸数字大两号，如图1-82c）所示；对很薄的零件或涂黑的剖面，可在指引线末端画出箭头，并指向该部分的轮廓，如图1-82d）所示。

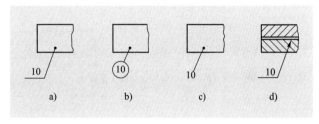

图 1-82
装配图中的零件序号

指引线相互不能相交，当它通过有剖面线的区域时，不能与剖面线平行，必要时，指引线可以画成折线，但只允许曲折一次。

一组紧固件以及装配关系清楚的零件组，可采用公共指引线，如图1-83所示。

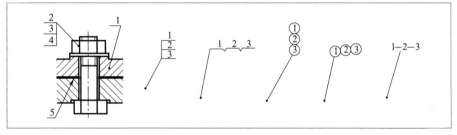

图 1-83
装配图中的公共指引线

装配图中的标准化组件（如油杯、滚动轴承等）可看作一个整体，只编写一个序号。零部件序号应沿水平或垂直方向按顺时针（或逆时针）方向顺次排列整齐，并尽可能均匀分布。在设计和绘制装配图时，应考虑装配结构的合理性，以保证机器和部件的性能，并给零件的加工和拆装带来方便。

（2）明细表

装配图与零件图一样，必须设置标题栏。需要注意的是，装配图与零

件图中的标题栏格式完全相同，只是在填写内容时稍有差异。例如，零件图的标题栏中必须填写所选用的材料，而装配图的标题栏中无须填写所选材料。

在装配图中，除标题栏外，还需设置明细表。明细表一般配置在标题栏的上方，自下而上地填写。当标题栏上方位置不足时，可延续至标题栏的左边。明细表的格式如图 1-84 所示。

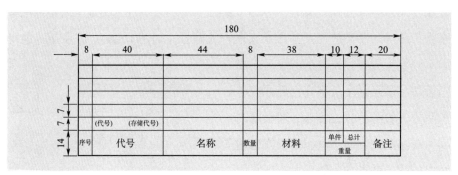

■ 图 1-84
装配图明细表

（3）技术要求

由于不同装配体的性能、要求各不相同，因此其技术要求也不一样。一般应从以下几个方面提出技术要求。

装配方面。装配体在装配过程中需要注意的事项及装配后装配体必须达到的要求，如准确度、装配间隙、润滑要求等。

检验要求。装配体基本性能的检验、试验及操作时的要求。

使用要求。对装配体的规格、参数及维护、使用的注意事项及要求。

装配图上的技术要求应根据装配体的具体情况而定，用文字注写在明细表上方或图纸下方的空白处。

车辆动车轮
对装配图

二维码中的图样是城市轨道交通车辆动车轮对装配图，图样反映了本单元所学习的装配图的相关知识，同学们在识读该装配图的过程中，认真读图，理解该装配图表达的内容。

极限与配合 单元五

生产过程中,同一规格的一批零件,任选其一,不需要任何修理就能安装在机器上,并能满足其设计和使用性能要求,零件的这种在同规格范围内可以互相代替的特性称为互换性。

一、极限与配合的相关概念

1. 孔和轴

孔通常指工件的圆柱形内表面,也包括非圆柱形内表面(由两平行平面或切面形成的包容面)。孔径用大写字母 D 表示。

轴通常指工件的圆柱形外尺寸要素,也包括非圆柱形外尺寸要素(由两平行平面或切面形成的被包容面)。轴径用小写字母 d 表示。

2. 尺寸及公差

尺寸,以特定单位表示线性尺寸值的数值。在图样上一般以毫米(mm)为单位,且只标数字,不必注出单位。如图 1-85 所示,为孔、轴的极限与配合示意图。

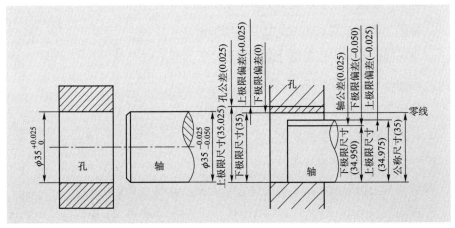

■ 图 1-85
极限与配合示意图

(1) 公称尺寸(孔 D、轴 d)

根据使用要求,经过强度、刚度计算和结构设计而确定,且按优先数系列选取的尺寸。公称尺寸是标准尺寸,即为理论值。在图 1-85 中,孔的公称尺寸 $D=35$mm、轴的公称尺寸 $d=35$mm。

(2) 实际尺寸(孔 D、轴 d)

通过测量获得的尺寸。但由于测量存在误差,所以并非真值。同时,由于工件存在形状误差,所以同一个表面不同部位的实际(组成)要素也不相等。

(3) 极限尺寸

允许尺寸变化的两个界线值。极限尺寸是以公称尺寸为基数来确定的。允许实际尺寸变动的最大值称为上极限尺寸(如图 1-85 所示孔的上极限尺寸为 $\phi 35.025$,轴的上极限尺寸为 $\phi 34.975$);允许实际尺寸变动的最小值称为下极限尺寸(如图 1-85 所示,孔的下极限尺寸为 $\phi 35$,轴的下极限尺寸为 $\phi 34.950$)。实际尺寸在这两个尺寸之间才算合格。

3. 尺寸偏差(简称偏差)

(1) 偏差

某一尺寸减其基本尺寸所得的代数差。

(2) 极限偏差

极限尺寸减公称尺寸得到的代数差,有上极限偏差和下极限偏差。上极限尺寸减其公称尺寸所得的代数差称为上极限偏差,符号为孔 ES、轴 es;下极限尺寸减其公称尺寸所得的代数差称为下极限偏差,符号为孔 EI、轴 ei。

上极限偏差 = 上极限尺寸 − 公称尺寸,如图 1-85 所示。

孔的上极限偏差 =35.025−35= +0.025mm;

轴的上极限偏差 =34.975−35=−0.025mm。

下极限偏差 = 下极限尺寸 − 公称尺寸,如图 1-85 所示。

孔的下极限偏差 =35−35=0mm;

轴的下极限偏差 =34.950−35=−0.050mm。

分析:
极限偏差和尺寸公差有何区别和联系?

4. 尺寸公差(简称公差)

允许尺寸的变动量,即:

公差 = 上极限尺寸 − 下极限尺寸 = 上极限偏差 − 下极限偏差。

如图 1-85 所示,孔的公差为 0.025mm,轴的公差也是 0.025mm。公差总为正值。

二、尺寸公差带

1. 尺寸公差带（简称公差带）

在公差带图中，由代表上、下极限偏差的两条直线所限定的一个区域称尺寸公差带，如图1-86所示。

2. 零线

在公差带图中确定偏差的一条基准直线，即零偏差线，通常表示基本尺寸。

3. 基本偏差

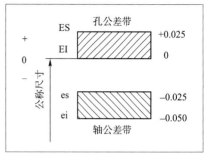

■ 图 1-86
公差带图

基本偏差是指在标准的极限与配合制中，确定公差带相对零线位置的那个极限偏差。是用以确定公差带相对于零线位置的上极限偏差或下极限偏差，数值均已标准化，一般为靠近零线的那个极限偏差。

比如，当公差带在零线以上时，下极限偏差为基本偏差，公差带在零线以下时，上极限偏差为基本偏差。如图1-86所示，孔公差带基本偏差为下极限偏差（EI=0），轴公差带基本偏差为上极限偏差（es=-0.025）。

尺寸公差带由标准公差和基本偏差组成。标准公差用以确定公差带的高度，基本偏差决定公差带相对于零线的位置。基本偏差系列如图1-87所示，

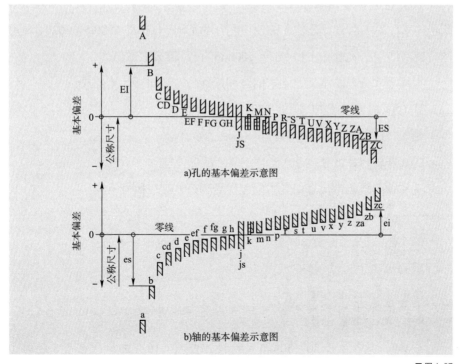

■ 图 1-87
基本偏差系列

分析：
对比孔和轴的基本偏差特点。

国家标准中已将基本偏差标准化，规定了孔、轴各28种公差带位置。从图中可以看出：孔的基本偏差 A~H 为下极限偏差，J~ZC 为上极限偏差；轴的基本偏差 a~h 为上极限偏差，j~zc 为下极限偏差；JS 和 js 的公差带对称分布于零线两侧，孔和轴的上、下极限偏差分别都是 +IT/2、-IT/2。基本偏差系列图只表示公差带的位置，不表示公差的大小。因此，公差带一端开口，开口的另一端由标准公差限定。

4. 标准公差（IT）

标准公差等级是指确定尺寸精确程度的等级。标准公差等级代号用符号 IT 和数字组成，如 IT7。其中，字母 IT 为国标公差（TSO Tolerance）的编写代号，当与代表基本偏差的字母一起组成公差带时，省略 IT 字母，如 h7。

国家标准在公称尺寸≤500mm 范围内规定了 20 个标准公差等级，公差等级代号为 IT01、IT0、IT1、IT2~IT18。其中，IT01 精度等级最高，其余依次降低，IT18 精度等级最低。在公称尺寸相同的条件下，标准公差数值随公差等级的降低而依次增大。同一公差等级、同一尺寸分段内各公称尺寸的标准公差数值是相同的。同一公差等级对所有公称尺寸的一组公差也被认为具有同等精确程度。

表 1-10 列出了国家标准《产品几何技术规范（GPS） 线性尺寸公差 ISO 代号体系 第 1 部分：公差、偏差和配合的基础》（GB/T 1800.1—2020）规定的机械制造行业常用尺寸（尺寸至 500mm）的标准公差数值。

根据尺寸公差的意义，基本偏差和标准公差有如下计算公式：

孔 $ES = EI + IT$ 或 $EI = ES - IT$。

轴 $es = ei + IT$ 或 $ei = es - IT$。

5. 孔和轴的公差带代号

孔和轴的公差带代号用基本偏差代号和公差等级代号组成。

例 1-2：请分析 $\phi 35H8$ 的含义，并说出其公差值和基本偏差值。

解：H8 表示孔的公差带代号。

H 表示孔的基本偏差代号。

8 表示公差等级代号。

公称尺寸 35 属于 30~50mm 尺寸段，查表 1-10 可知标准公差 8 级的孔的公差值为 39μm。在表 1-10 中，基本尺寸 35 属于 >30~40mm 尺寸段，可查表得到 H8 极限偏差值，上偏差为 +39μm，下偏差为 0μm。

例 1-3：请分析 $\phi50h6$ 的含义，并说出其公差值和基本偏差值。

解：h6 表示轴的公差带代号。

h 表示轴的基本偏差代号。

6 表示公差等级代号。

公称尺寸 50 属于 ＞30～50mm 尺寸段，查表 1-10 可知标准公差 6 级的轴的公差值为 16μm。在表 1-11 中，基本尺寸 50 属于 ＞40～50mm 尺寸段，可查表得到 h6 极限偏差值，上偏差为 0μm，下偏差为 −16μm。

标准公差数值表　　　　表 1-10

公称尺寸 (mm)		标准公差等级													
		IT4	IT5	IT6	IT7	IT8	IT9	IT10	IT11	IT12	IT13	IT14	IT15	IT16	IT17	IT18
大于	至	μm								mm						
—	3	3	4	6	10	14	25	40	60	0.1	0.14	0.25	0.4	0.6	1	1.4
3	6	4	5	8	12	18	30	48	75	0.12	0.18	0.3	0.48	0.75	1.2	1.8
6	10	4	6	9	15	22	36	58	90	0.15	0.22	0.36	0.58	0.9	1.5	2.2
10	18	5	8	11	18	27	43	70	110	0.18	0.27	0.43	0.7	1.1	1.8	2.7
18	30	6	9	13	21	33	52	84	130	0.21	0.33	0.52	0.84	1.3	2.1	3.3
30	50	7	11	16	25	39	62	100	160	0.25	0.39	0.62	1	1.6	2.5	3.9
50	80	8	13	19	30	46	74	120	190	0.3	0.46	0.74	1.2	1.9	3	4.6
80	120	10	15	22	35	54	87	140	220	0.35	0.54	0.87	1.4	2.2	3.5	5.4
120	180	12	18	25	40	63	100	160	250	0.4	0.63	1	1.6	2.5	4	6.3
180	250	14	20	29	46	72	115	185	290	0.46	0.72	1.15	1.85	2.9	4.6	7.2
250	315	16	23	32	52	81	130	210	320	0.52	0.81	1.3	2.1	3.2	5.2	8.1
315	400	18	25	36	57	89	140	230	360	0.57	0.89	1.4	2.3	3.6	5.7	8.9
400	500	20	27	40	63	97	155	250	400	0.63	0.97	1.55	2.5	4	6.3	9.7

注：公称尺寸小于或等于 1mm 时，无 IT14～IT18。

三、配合

1. 配合种类

配合:公称尺寸相同相互接合的孔和轴公差带之间的关系。配合可分为间隙配合、过盈配合和过渡配合三种类型。

(1)间隙配合。孔的公差带在轴的公差带之上,孔的尺寸减去相配合的轴的尺寸所得的代数差为正,具有间隙的配合(包括最小间隙为零的配合),如图 1-88 所示。

由于孔和轴都有公差,所以实际间隙的大小随着孔和轴的实际尺寸而变化。孔的上极限尺寸减轴的下极限尺寸所得的差值为最大间隙,也等于孔的上极限偏差减轴的下极限偏差。以 X 代表间隙,则最大间隙 $X_{max} = D_{max} - d_{min} = ES - ei$;最小间隙:$X_{min} = D_{min} - d_{max} = EI - es$。

(2)过盈配合。孔的公差带在轴的公差带之下,孔的尺寸减去相配合的轴的尺寸所得的代数差为负,具有过盈的配合(包括最小过盈为零的配合),如图 1-89 所示。

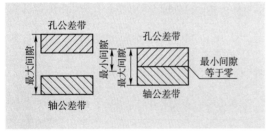

图 1-88 间隙配合

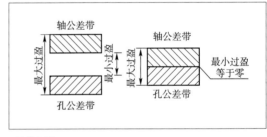

图 1-89 过盈配合

实际过盈的大小也随着孔和轴的实际尺寸而变化。孔的上极限尺寸减轴的下极限尺寸所得的差值为最小过盈,也等于孔的上偏差减轴的下偏差,以 Y 代表过盈,则最大过盈 $Y_{max} = D_{min} - d_{max} = EI - es$;最小过盈 $Y_{min} = D_{max} - d_{min} = ES - ei$。

(3)过渡配合。孔和轴的公差带相互交叠,随着孔、轴实际尺寸的变化可能得到间隙或过盈的配合,如图 1-90 所示。孔的上极限尺寸减轴的最小极限尺寸所得的差值为最大间隙。孔的下极限尺寸减轴的上极限尺寸所得的差值为最大过盈。最大间隙 $X_{max} = D_{max} - d_{min} = ES - ei$;最大过盈 $Y_{max} = D_{min} - d_{max} = EI - es$。

在上述间隙、过盈和过渡三类配合中,允许间隙或过盈在两个界线内变动,这个允许的变动量为配合公差，这是设计人员根据相配件的使用要求确定的。配合公差越大，配合精度越低；配合公差越小，配合精度越高。在精度设计时，可根据配合公差来确定孔和轴的尺寸公差。配合公差的大小为两个界线值的代数差的绝对值，也等于相配合孔的公差和轴的公差之和。取绝对值表示配合公差，在实际计算时常省略绝对值符号。

分析：
城市轨道交通车辆的轮对中，车轮和车轴间的配合类型。

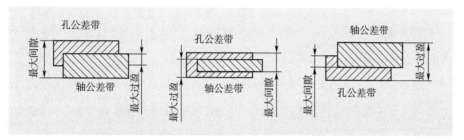

■ 图 1-90
过渡配合

2. 配合制

配合制是同一极限制的孔和轴组成的一种配合制度。为了用尽可能少的标准公差带形成较多种配合，以达到经济化、利于标准化，国家标准规定了基孔制和基轴制两种配合制。

（1）基孔制

基孔制是基本偏差为一定的孔的公差带，与不同基本偏差的轴的公差带形成各种配合的一种制度，如图 1-91 所示。在基孔制中，孔是基准件，称为基准孔；轴是非基准件，称为配合轴。同时规定，基准孔的基本偏差是下极限偏差，且等于零，即 $EI = 0$，并以基本偏差代号 H 表示，应优先选用。基孔制中，a～h 用于间隙配合，j～zc 用于过渡配合和过盈配合。

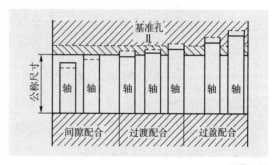

■ 图 1-91
基孔制配合

（2）基轴制

基轴制是基本偏差为一定的轴的公差带，与不同基本偏差的孔的公差带形成各种配合的一种制度，如图 1-92 所示。在基轴制中，轴是基准件，称为基准轴；孔是非基准

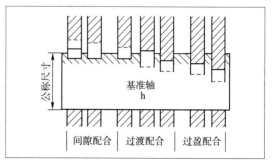

■ 图 1-92
基轴制配合

件,称为配合孔。同时规定,基准轴的基本偏差是上极限偏差,且等于零,即 es = 0,并以基本偏差代号 h 表示。

由于孔的加工工艺复杂,故制造成本高,因此工程实际中优先选用基孔制。基轴制中,A~H 用于间隙配合,J~ZC 用于过渡配合和过盈配合。

优先配合中孔和轴的极限偏差值见表 1-11 和表 1-12。

例 1-4:已知轴、孔的配合为 $\phi50H7/g6$,试确定孔与轴的极限偏差值及其配合性质。

解:公称尺寸 $\phi50$ 属于 40~50mm 尺寸段,孔的公差带代号 H7,查表 1-11 得孔的上、下极限偏差分别为 ES = +25μm、EI = 0。由公称尺寸 $\phi50$ 和轴的公差带代号 g6,查表 1-12 轴的上、下极限偏差分别为 es = −9μm、ei = −25μm。由此可知,孔的尺寸为 $\phi50^{+0.025}_{0}$,轴的尺寸为 $\phi50^{-0.009}_{-0.025}$,可见这是基孔制间隙配合(请自行计算验证)。

例 1-5:已知轴、孔的配合为 $\phi50H7/p6$,试确定孔与轴的极限偏差值及其配合性质。

解:公称尺寸 $\phi50$ 属于 >40~50mm 尺寸段,孔的公差带代号 H7,查表 1-11 得孔的上、下极限偏差分别为 ES = +25μm、EI = 0(同例 18-3)。由公称尺寸 $\phi50$ 和轴的公差带代号 p6,查表 1-12 得轴的上、下极限偏差分别为 es = +42μm、ei = +26μm。由此可知,孔的尺寸为 $\phi50^{+0.025}_{0}$,轴的尺寸为 $\phi50^{+0.042}_{+0.026}$,可见这是基孔制过盈配合(请自行计算验证)。

例 1-6:已知轴、孔的配合为 $\phi50K7/h6$,试确定孔与轴的极限偏差值及其配合性质。

解:公称尺寸 $\phi50$ 属于 40~50mm 尺寸段,孔的公差带代号 K7,查表 1-11 得孔的上、下极限偏差分别为 ES = +7μm、EI = −18μm;由公称尺寸 $\phi50$ 和轴的公差带代号 h6,查表 1-12 得轴的上、下极限偏差分别为 es = 0、ei = −16μm。由此可知,孔的尺寸为 $\phi50^{+0.007}_{-0.018}$,轴的尺寸为 $\phi50^{0}_{-0.016}$,可见这是基轴制过渡配合(请自行计算验证)。

表 1-11 优先配合中孔的极限偏差表

公称尺寸 (mm)		C	D	F	G	H				K	N	P	S	U
大于	至	11	9	8	7	7	8	9	11	7	7	7	7	7
—	3	+120 +60	+45 +20	+20 +6	+12 +2	+10 0	+14 0	+25 0	+60 0	0 -10	-4 -14	-6 -16	-14 -24	-18 -28
3	6	+145 +70	+60 +30	+28 +10	+16 +4	+12 0	+18 0	+30 0	+75 0	+3 -9	-4 -16	-8 -20	-15 -27	-19 -31
6	10	+170 +80	+76 +40	+35 +13	+20 +5	+15 0	+22 0	+36 0	+90 0	+5 -10	-4 -19	-9 -24	-17 -32	-22 -37
10	14	+205 +95	+93 +50	+43 +16	+24 +6	+18 0	+27 0	+43 0	+110 0	+6 -12	-5 -23	-11 -29	-21 -39	-26 -44
14	18													
18	24	+240 +110	+117 +65	+53 +20	+28 +7	+21 0	+33 0	+52 0	+130 0	+6 -15	-7 -28	-14 -35	-27 -48	-33 -54
24	30													-40 -61
30	40	+280 +120	+142 +80	+64 +25	+34 +9	+25 0	+39 0	+62 0	+160 0	+7 -18	-8 -33	-17 -42	-34 -59	-51 -76
40	50	+290 +130												-61 -86
50	65	+330 +140	+174 +100	+76 +30	+40 +10	+30 0	+46 0	+74 0	+190 0	+9 -21	-9 -39	-21 -51	-42 -72	-76 -106
65	80	+340 +150											-48 -78	-91 -121
80	100	+390 +170	+207 +120	+90 +36	+47 +12	+35 0	+54 0	+87 0	+220 0	+10 -25	-10 -45	-24 -59	-58 -93	-111 -146
100	120	+400 +180											-66 -101	-131 -166
120	140	+450 +200	+245 +145	+106 +43	+54 +14	+40 0	+63 0	+100 0	+250 0	+12 -28	-12 -52	-28 -68	-77 -117	-155 -195
140	160	+460 +210											-85 -125	-175 -215
160	180	+480 +230											-93 -133	-195 -235
180	200	+530 +240	+285 +170	+122 +50	+61 +15	+46 0	+72 0	+115 0	+290 0	+13 -33	-14 -60	-33 -79	-105 -151	-219 -265
200	225	+550 +260											-113 -159	-241 -287
225	250	+570 +280											-123 -167	-267 -313

表 1-12 优先配合中轴的极限偏差表

公称尺寸 (mm)		公 差 带												
		c	d	f	g	h		h	h	k	n	p	s	u
大于	至	11	9	7	6	6	7	9	11	6	6	6	6	6
—	3	-60 -120	-20 -45	-6 -16	-2 -8	0 -6	0 -10	0 -25	0 -60	+6 0	+10 +4	+12 +6	+20 +14	+24 +18
3	6	-70 -145	-30 -60	-10 -22	-4 -12	0 -8	0 -12	0 -30	— -75	+9 +1	+16 +8	+20 +12	+27 +19	+31 +23
6	10	-80 -170	-40 -76	-13 -28	-5 -14	0 -9	0 -15	0 -36	0 -90	+10 +1	+19 +10	+24 +15	+32 +23	+37 +28
10	14	-95 -205	-50 -93	-16 -34	-6 -17	0 -11	0 -18	0 -43	0 -110	+12 +1	+23 +12	+29 +18	+39 +28	+44 +33
14	18													
18	24	-110 -240	-65 -117	-20 -41	-7 -20	0 -13	0 -21	0 -52	0 -130	+15 +2	+28 +15	+35 +22	+48 +35	+54 +41
24	30													+61 +48
30	40	-120 -280	-80 -142	-25 -50	-9 -25	0 -16	0 -25	0 -62	0 -160	+18 +2	+33 +17	+42 +26	+59 +43	+76 +60
40	50	-130 -290												+86 +70
50	65	-140 -330	-100 -174	-30 -60	-10 -29	0 -19	0 -30	0 -74	0 -190	+21 +2	+39 +20	+51 +32	+72 +53	+106 +87
65	80	-150 -340											+78 +59	+121 +102
80	100	-170 -390	-120 -207	-36 -71	-12 -34	0 -22	0 -35	0 -87	0 -220	+25 +3	+45 +23	+59 +37	+93 +71	+146 +124
100	120	-180 -400											+101 +79	+166 +144
120	140	-200 -450	-145 -245	-43 -83	-14 -39	0 -25	0 -40	0 -100	0 -250	+28 +3	+52 +27	+68 +43	+117 +92	+195 +170
140	160	-210 -460											+125 +100	+215 +190
160	180	-230 -480											+133 +108	+235 +210
180	200	-240 -530	-170 -285	-50 -96	-15 -44	0 -29	0 -46	0 -115	0 -290	+33 +4	+60 +31	+79 +50	+151 +122	+265 +236
200	225	-260 -550											+159 +130	+287 +258
225	250	-280 -570											+169 +140	+313 +284

3. 公差、配合在图样上的标注

（1）在零件图上的标注：标注方法有三种形式，只注公差带代号，如图 1-93a）所示；只注极限偏差数值，如图 1-93b）所示；注出公差带代号及极限偏差数值，如图 1-93c）所示。

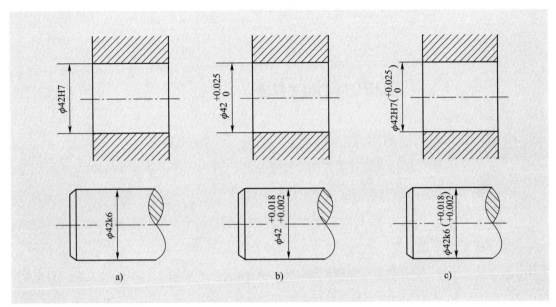

图 1-93
零件图中一般标注方法

（2）在装配图上的标注：一般是在基本尺寸右边标出配合代号。配合代号由孔和轴的公差带代号组成，用分式表示，如图 1-94 所示。

凡是分子中含有 H 的为基孔制配合，分母中含有 h 的为基轴制配合。

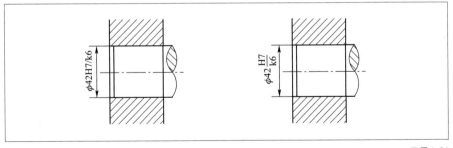

图 1-94
装配图中一般标注方法

单元六　几何公差

一、几何公差的相关概念

1. 要素

构成零件几何特征的点、线、面，统称为要素。

零件的要素可从不同角度来分类：

（1）按结构特征分

组成要素：构成零件外形且能被人们直接感觉到（看得见、摸得着）的点、线、面。

导出要素：轮廓要素对称中心所表示的要素。它不能被人直接感觉到，是由实际要素取得的轴线或中心平面等。

（2）按存在状态分

实际要素：零件上实际存在的要素，测量时由提取要素代替。由于存在测量误差，提取要素并非该实际要素的真实状况。

理想要素：具有几何学意义的要素。机械图样所表示的要素均为理想要素，它不存在任何误差，是绝对正确的几何要素。理想要素是评定实际要素误差的依据。

（3）按所处地位分

被测要素：图样中有形位公差要求的要素，是检测对象。

基准要素：用来确定被测要素方向或（和）位置的要素，理想基准要素简称基准。

（4）按功能要求分

单一要素：仅对其本身给出形状公差要求，或仅涉及其形状公差要求时的要素。它是独立的，与基准要素无关。

关联要素：对被测要素给出位置公差要求的要素，它相对基准要素有位置关系，即与基准相关。

2. 几何公差的作用

零件在加工过程中，不仅会形成尺寸误差，还会形成形状、方向、位置等误差，如图 1-95 和图 1-96 所示。

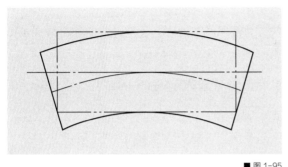

■ 图 1-95
形状误差示意图

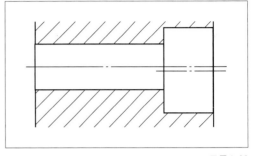

■ 图 1-96
位置误差示意图

零件上的实际几何要素的形状与理想形状之间的误差称为形状误差。

零件上各几何要素之间的实际相对位置与理想相对位置之间的误差称为位置误差。

形状误差与位置误差简称形位误差。

形位误差的允许变动量称为形位公差。

因此，几何公差包括形状、方向、位置、跳动公差，就是指零件的实际形状和实际位置，相对于理想形状和理想位置的允许变动量。

表 1-13 所示为具体的几何公差各项目的符号。

几何公差特征项目及符号 表 1-13

公	差	特征项目	符号	有或无基准要求	公	差	特征项目	符号	有或无基准要求
形状	形状	直线度	—	无	位置	定向	平行度	//	有
		平面度	▱	无			垂直度	⊥	有
		圆度	○	无			倾斜度	∠	有
		圆柱度	⌭	无		定位	位置度	⊕	有或无
							同轴（同心）度	◎	有
形状或位置	轮廓	线轮廓度	⌒	有或无			对称度	≐	有
		面轮廓度	⌓	有或无		跳动	圆跳动	↗	有
							全跳动	↗↗	有

二、几何公差的标注

1. 公差框格

几何公差的框格分成两格或多格,自左至右写以下内容。

第一格:几何特征符号。

第二格:公差值。如果公差带为圆形或圆柱形,公差值前加注符号:"ϕ",若为球形,则加注符号"$S\phi$"。

第三格和以后各格:基准。用一个字母表示单个基准或几个字母表示基准体系或公共基准,如图 1-97a)所示。

以单个要素作基准时,用一个大写字母表示,如图 1-97b)所示。

以两个要素建立公共基准时,用中间加连字符的两个大写字母表示,如图 1-97c)所示。

以两个或三个基准建立基准体系(即采用多基准)时,表示基准的大写字母按基准顺序的优先顺序自左向右填写在各框格内,如图 1-97d)、e)所示。

填写公差框格时应注意以下几点:

(1)形位公差值均以毫米为单位的线性值表示,根据公差带的形状不同,在公差值前加注不同的符号或不加符号,如图 1-97b)、c)、d)、e)所示。

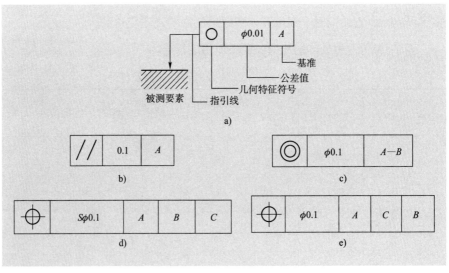

■ 图 1-97
几何公差的框格(一)

(2)多个被测要素有相同的形位公差要求时,应在框格上方注明被测要素的数量,如图 1-98b)所示。对被测要素的其他说明,应在框格的下方注明,如图 1-98a)所示。

（3）对同一被测要素有两个或两个以上的公差项目要求时，允许将一个框格放在另一个框格的下方，如图1-99所示。

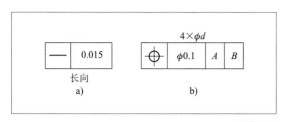

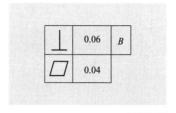

■ 图1-98
几何公差的框格（二）

■ 图1-99
几何公差的框格（三）

2. 被测要素的标注

用带箭头的指引线将公差框格与被测要素相连来标注被测要素。

指引线与框格的连接可采用图1-100和图1-101所示的方法。

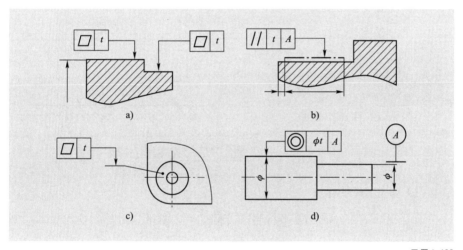

■ 图1-100
被测要素的标注（一）

当被测要素为轮廓要素时，箭头应直接指向被测要素或其延长线，并且与相应轮廓的尺寸线明显错开，如图1-101a）所示。

被测要素为某要素的局部要素，而且在视图上表现为轮廓线时，可用粗点画线表示出被测范围，箭头指向点画线，如图1-101b）所示。

测要素为视图上的局部表面时，可用带圆点的参考线指明被测要素（圆点应在被测表面上），而将指引线的箭头指向参考线，如图1-101c）所示。

被测要素为中心要素时，箭头应与相应轮廓尺寸线线对齐，如图1-101d）所示。

标注位置受到限制时，可以用字母表示被测要素，如图1-101b）、d）所示。

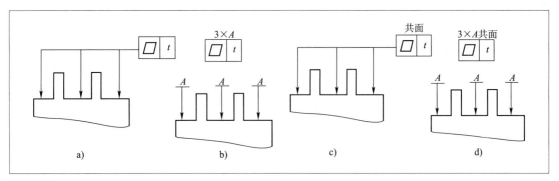

■ 图 1-101
被测要素的标注（二）

3. 基准

形位公差标注中，基准要素用基准符号表示。基准符号如图 1-102 所示，也可以画成如图 1-103 所示的样式。基准字母采用大写的英文字母，为避免引起误会，字母 E、F、I、J、M、L、O、P、R 不用。

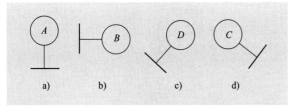

■ 图 1-102
基准符号（一）

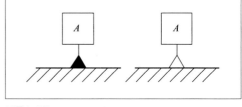

■ 图 1-103
基准符号（二）

（1）基准字母的标注

①基准标注中，无论基准符号的方向如何，基准字母都必须水平方向书写，如图 1-102 所示。

②只有一个基准要素时，按 | // | 0.06 | A | 填写。

③由两个要素组成一个公共基准时，按 | ∕ | 0.025 | A—B | 填写。

④由三个要素组成基准体系时，应按优先次序从左到右填写，如

。

（2）基准符号的标注位置

不同的基准要素，基准符号的标注位置不同。

①基准要素为轮廓要素时，采用图 1-104a）或 1104b）所示的方法标注。

②基准要素为某要素的局部轮廓面，或是零件图上与某投影面平行的轮廓面时，可采用图 1-104c）、d）的方法标注。

③基准要素为中心要素时,基准符号的连线应与相应轮廓的尺寸线对齐,而且无论该中心要素是外表面还是内表面,基准符号都应位于尺寸线的外侧,如图 1-104e) 所示。

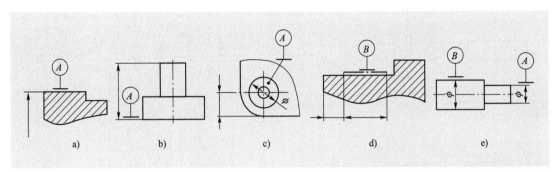

图 1-104
基准符号的标注位置

三、形位公差带

形位公差是被测实际要素的形状和位置所允许的变动量。形位公差带是限制实际被测要素变动的区域。该区域的大小取决于形位公差值,也就是说,实际被测要素位于形位公差带以内,则该要素符合设计要求,否则,不符合设计要求。由于被测要素是零件的空间几何要素,因此,限制其变动的形位公差带也是一种空间区域。显然,形位公差带具有大小、形状、方向和位置四个要素。

形位公差带的形状取决于被测要素的理想形状和设计要求。

1. 形状公差和形状公差带

形状公差是单一实际被测要素对其理想要素所允许的变动全量。形状公差带是限制单一实际被测要素的形状变动的区域。

(1) 直线度

直线度公差用于限制平面内或空间直线的形状误差。

①给定平面内的直线度。在给定平面内,直线度公差带是距离为直线度公差值 t 的两平行直线之间的区域,如图 1-105a) 所示。

②给定方向上的直线度。在给定方向上,直线度公差带是距离为直线度公差值 t 的两平行平面之间的区域,如图 1-105b) 所示。

③任意方向上的直线度。在任意方向上,直线度公差带是直径为直线度公差值 t 的圆柱内的区域,如图 1-105c) 所示。

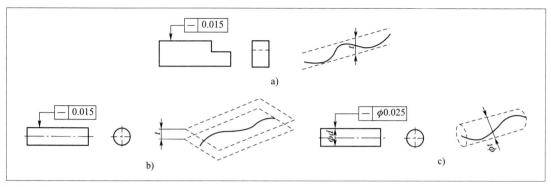

■ 图 1-105
直线度

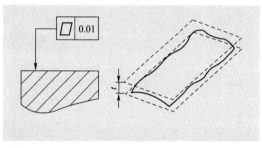

■ 图 1-106
平面度

（2）平面度

平面度公差用于限制被测实际平面的形状误差。平面度公差带是距离为公差值 t 的两平行平面之间的区域，如图 1-106 所示。

（3）圆度

圆度公差用于限制回转表面（如圆柱面、圆锥面、球面）径向截面轮廓的形状误差。其公差带是在任意正截面上，半径差为公差值 t 的两同心圆之间的区域，如图 1-107 所示。

（4）圆柱度

圆柱度公差用于限制被测实际圆柱面的形状误差。其公差带是半径差为公差值的两同轴圆柱之间的区域，如图 1-108 所示。

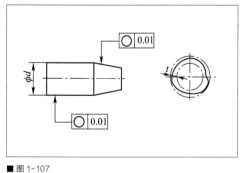

■ 图 1-107
圆度

■ 图 1-108
圆柱度

应该注意，圆柱度公差可以同时限制实际圆柱表面的圆度误差和素线的直线度误差。形状公差带的特点是，其方向和位置可随被测实际要素而变动，即形状公差带的方向和位置是浮动的。

2. 轮廓度公差及其公差带

（1）线轮廓度

线轮廓度公差用于限制平面曲线或曲面的截面轮廓的形状误差。其公差带是包络一系列直径为公差值 t 的圆的两包络线之间的区域，诸圆的圆心应位于理想轮廓线上。理想轮廓线的形状和位置由基准和理论正确尺寸确定，如图 1-109 所示。

理论正确尺寸（角度）是用来确定被测要素的理想形状、理想方向或理想位置的尺寸（角度），在图样上用加方框的数字表示。

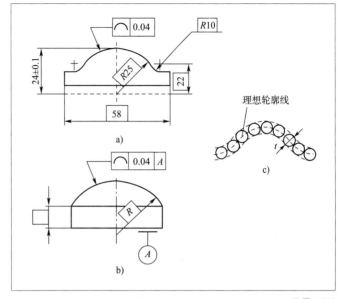

■ 图 1-109
线轮廓度

它仅表达设计时对被测要素的理想要求，故该尺寸不带公差。

（2）面轮廓度

面轮廓度公差用于限制一般曲面的形状误差。其公差带是包络一系列直径为公差值 t 的球的两包络面之间的区域，各个球的球心应位于理想轮廓面上，如图 1-110 所示。

应该注意，面轮廓度公差可以同时限制被测曲面的面轮廓度误差和曲面上任意一截面的线轮廓度误差。

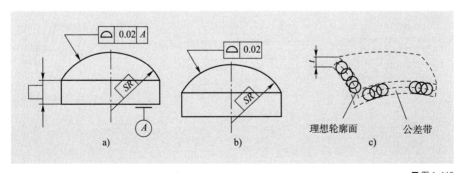

■ 图 1-110
面轮廓度

3. 位置公差及其公差带

位置公差是关联实际要素的位置对基准所允许的变动全量。位置公差带是限制关联实际要素变动的区域。按照关联要素对基准功能要求的不同,位置公差可分为定向公差、定位公差和跳动公差三类。

(1) 定向公差及其公差带

定向公差是关联实际要素对基准在方向上允许的变动全量,用于限制被测要素对基准方向的变动,因而其公差带相对于基准有确定的方向。定向公差包括平行度、垂直度和倾斜度三项。由于被测要素和基准要素均有平面和直线之分,因此三项定向公差均有线对线、线对面、面对面和面对线四种形式。

①平行度

平行度公差用于限制被测要素对基准要素平行方向的误差。平行度公差带的形状有两平行平面、两组平行平面和圆柱等。

图 1-111a) 为面对面的平行度公差,其公差带是距离为公差值 $t(0.05)$,且平行于基准面(A)的两平行平面之间的区域。被测平面必须位于该区域内。图 1-111b) 为线对线在给定两个相互垂直方向上的平行度公差,其公差带是距离分别为公差值 $t_1(0.1)$ 和 $t_2(0.2)$,且平行于基准轴线(A)的两组平行平面之间的区域。被测轴线必须位于该区域内。

平行度公差带与基准平行。

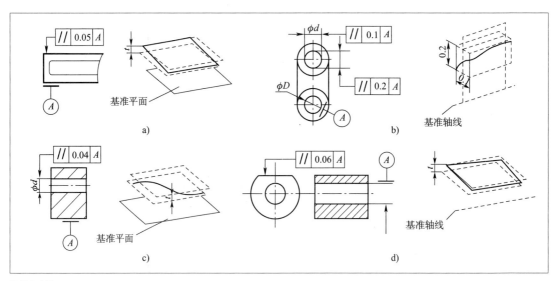

■ 图 1-111
平行度

②垂直度

垂直度公差用于限制被测要素对基准要素垂直方向的误差。垂直度公差带的形状有两平行平面、两组相互垂直的平行平面和圆柱等。如图 1-112 所示。

图 1-112a) 为面对面的垂直度公差,其公差带是距离为公差值 t,且垂直于基准面(A)的两平行平面之间的区域。图 1-112b) 为线对面在任意方向的垂直度公差,其公差带是直径为公差值 t,且垂直于基准面(A)的圆柱内的区域。

垂直度公差带与基准垂直。

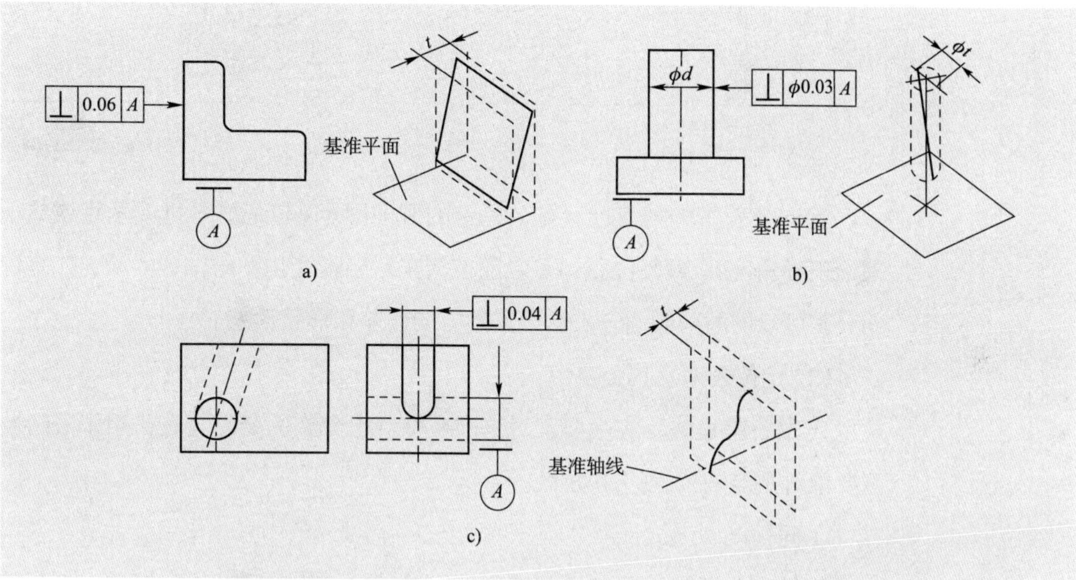

■ 图 1-112
面对面、线对面(任意方向)、线对线的垂直度

③倾斜度

倾斜度公差用于限制被测要素对基准倾斜方向的误差。其公差带的形状有两平行平面、两平行直线、圆柱等。

图 1-113a) 为面对面的倾斜度公差,其公差带是距离为公差值 t,且与基准面(A)成理论正确角度(40°)的两平行平面之间的区域。

图 1-113b) 为面对线的倾斜度公差,其公差带是距离为公差值 t(0.06),且与基准线(A)成理论正确角度(75°)的两平行平面之间的区域。

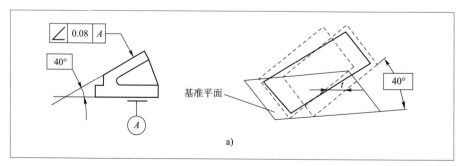

■ 图 1-113

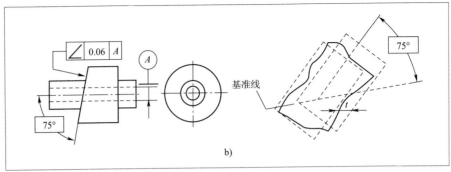

■ 图 1-113
面对面、面对线的倾斜度

定向公差带的特点：一是公差带的方向固定（与基准平行或垂直或成一理论正确角度），而其位置却可以随被测实际要素变化，即位置浮动；二是定向公差可以同时限制同一被测要素的方向误差和形状误差。

（2）定位公差及其公差带

定位公差是关联实际要素对基准在位置上允许的变动全量，用于限制被测要素对基准的位置的变动量。

①同轴度

同轴度公差用于限制被测实际轴线对基准轴线的同轴位置误差。其公差带是直径为公差值 t，且与基准轴线同轴的圆柱内区域，如图 1-114 所示。

②对称度

对称度公差用于限制被测要素（中心面或中心线）对基准要素（中心面或中心线）的共面性或共线性误差。对称度公差带的形状有两平行平面和两平行直线等。

图 1-115 是被测中心面对基准中心面的对称度公差，其公差带是距离为公差值 t，且相对于基准平面（A）对称分布的两平行平面之间的区域。

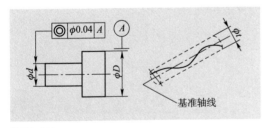

■ 图 1-114
同轴度

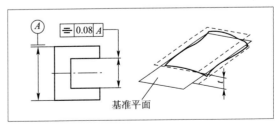

■ 图 1-115
对称度

③位置度

位置度公差用于限制被测要素的实际位置对其理想位置的变动量。位置公差带的形状有圆、球、圆柱、两平行直线和两平行平面等。

图 1-116a）为点的位置度公差，其公差带是直径为公差值 t，且圆心位置由理论正确尺寸 80、60 和基准 A、B 确定的圆内区域。

图 1-116b）为线的位置度公差，其公差带是直径为公差值 t，且轴线位置由理论正确尺寸 80、60 和基准 B、A、C 确定的圆柱内区域。

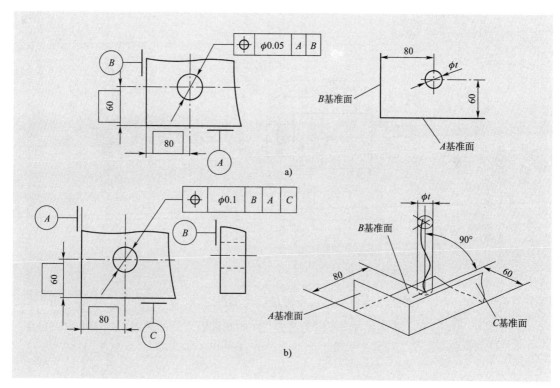

图 1-116 位置度

定位公差的特点：一是公差带的位置固定；二是定位公差可以同时限制被测要素的形状误差、方向误差和位置误差。

在对同一要素同时给出形状、定向和定位公差时，各公差值应满足 $t_{形状} < t_{定向} < t_{定位}$。

（3）跳动公差及其公差带

跳动公差是按照特定的检测方式规定的公差项目。它是指被测实际要素绕基准轴线回转时所允许的最大跳动量，即指示表在给定方向上的最大与最小读数差的允许值。

① 圆跳动

圆跳动公差是被测关联实际要素绕基准轴线无轴向移动地旋转一周时，

位置固定的指示表在任意测量面内所允许的最大跳动量。圆跳动的测量方向通常是被测要素的法向。

A. 径向圆跳动

径向圆跳动公差带是在垂直于基准轴线（$A—B$）的任意一测量平面内，半径差为公差值 t 且圆心在基准轴线上的两同心圆之间的区域，如图 1-117 所示。

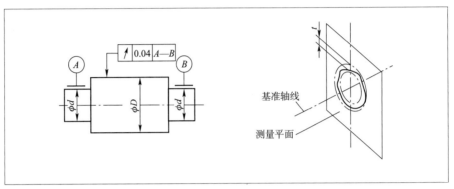

■ 图 1-117
径向圆跳动

B. 端面圆跳动

端面圆跳动公差其公差带是在与基准轴线（B）同轴的任意直径的测量圆柱面上，沿素线方向宽度为公差值 t 的圆柱面之间的区域，如图 1-118 所示。

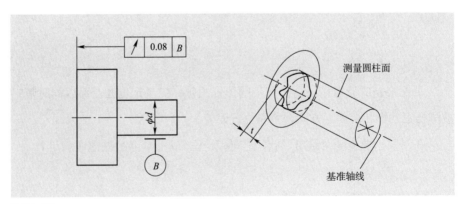

■ 图 1-118
端面圆跳动

C. 斜向圆跳动

斜向圆跳动公差带是在与基准轴线（A）同轴的任意直径的测量圆锥面上，沿素线方向宽度为公差值 t 的一段圆锥面区域，如图 1-119 所示。

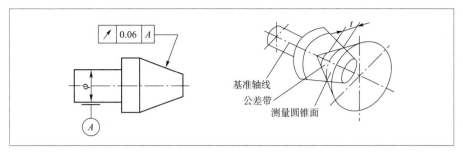

图 1-119
斜向圆跳动

② 全跳动

全跳动公差是指被测关联实际要素绕基准轴线连续旋转，同时指示表的测头相对于被测表面在给定方向上直线移动时，在整个测量面上所允许的最大跳动量，如图 1-120 所示。

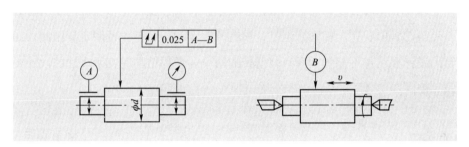

图 1-120
全跳动

A. 径向全跳动

径向全跳动公差带是半径差为公差值 t，且与基准轴线同轴的两同轴圆柱面之间的区域，如图 1-121 所示。

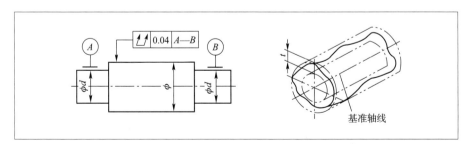

图 1-121
径向全跳动

B. 端面全跳动

端面全跳动公差带是距离为公差值 t，且与基准轴线垂直的两平行平面之间的区域，如图 1-122 所示。

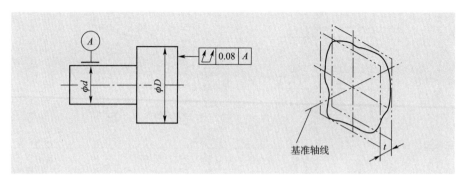

■ 图 1-122
端面全跳动

跳动公差带的特点一是位置固定，二是可以同时限制被测要素的形状误差、定向误差和定位误差。当对某一被测要素同时给出跳动、定位、定向和形状公差要求时，各公差值之间必须满足 $t_{形状} < t_{定向} < t_{定位} < t_{跳动}$。

注意：圆度公差带与径向圆跳动公差带、圆柱度公差带与径向全跳动公差带虽然其形状完全相同，但是，前者位置浮动，后者位置固定。因此，二者的设计要求是不同的，只有公差带的四个要素都相同时，所表达的设计要求才相同。

课后练习

1. 机械制图国家标准规定图纸幅面有A0、_____、_____、_____和_____，其中，A0图纸的具体尺寸为_____。

2. 投影法分为中心投影法和平行投影法，其中，平行投影法又可分为正投影法和_____，_____投影法是机械制图中最常用的投影方法。

3. 完整的尺寸由_____、_____、_____三部分组成。

4. 断面图根据配置位置的不同可分为_____、_____。

5. 图样的比例是指图样中图形与其实物相应要素的线性尺寸之比，选取比例时，尽量采用_____比例。

6. 机械制图国家标准规定，汉字应写成_____体。

7. 投影的基本特性包括_____、_____、_____。

8. 基本视图包括_____、_____、_____、_____、_____、_____。

9. 零件图的内容主要包括一组视图、足够的尺寸、_____和标题栏。

10. _____是用来表达机器或部件的工作原理、零件之间相对位置、连接方式、配合关系、传动路线和主要零件的结构形状的图样。

11. 一零件尺寸为$\phi 50R7^{-0.025}_{-0.050}$，基本偏差代号为_____，基本偏差数值为_____μm，尺寸公差为_____mm。

12. 配合基准制的选择，应首先选用_____，其次选用_____。

13. 滚动轴承内圈与轴的配合采用基_____制，而外圈与箱体孔的配合采用了基_____制。

14. 设计时给定的尺寸称为（　　）。

　　A. 实际尺寸　　　　B. 极限尺寸　　　　C. 基本尺寸

15. 当孔与轴的公差带相互交叠时，其配合性质为（　　）。

　　A. 间隙配合　　　　B. 过渡配合　　　　C. 过盈配合

16. 下列孔与基准轴配合，组成间隙配合的孔是（　　）。

　　A. 孔两个极限尺寸都大于基本尺寸

　　B. 孔两个极限尺寸都小于基本尺寸

　　C. 孔的最大极限尺寸大于基本尺寸，最小极限尺寸小于基本尺寸

17. 公差带的大小由（　　）确定。

　　A. 实际偏差　　　　B. 基本偏差　　　　C. 标准公差

18. 最小极限尺寸减去其基本尺寸所得的代数差叫（　　）。

　　A. 实际偏差　　　　B. 上偏差　　　　C. 下偏差

19. 同轴度公差属于（　　）。

　　A. 形状公差　　　　　　　　B. 定位公差

　　C. 定向公差　　　　　　　　D. 跳动公差

20. $\phi 45^{+0.039}_{0}$的孔与$\phi 45^{-0.025}_{-0.050}$的轴配合是（　　）。

　　A. 间隙配合　　　　B. 过盈配合　　　　C. 过渡配合

21. "◎"表示的是（　　）。

　　A. 圆度　　　　　　　　　　B. 圆柱度

　　C. 同轴度　　　　　　　　　D. 位置度

22. 与圆度公差带的形状相同的（　　）。

　　A. 同轴度　　　　　　　　　B. 径向圆跳动

　　C. 端面圆跳动　　　　　　　D. 平面点的位置度

23. 基本尺寸一定时，公差值越大，公差等级越高。（　　）

24. 在尺寸公差带图中，零线以上为上偏差，零线以下为下偏差。（　　）

25. 请按照文字说明的要求在下图上正确标注几何公差。（基准符号请自定）

（1）ϕ30k6 对 ϕ30f7 和 ϕ40h7 的同轴度公差为 0.03mm。

（2）A 面对 ϕ40h7 的垂直度公差为 0.06mm。

（3）B 面对 ϕ40h7 轴线和端面的圆跳动公差值为 0.2mm。

（4）键槽对 ϕ40h7 轴线的对称度公差值为 0.01mm。

请完成分组训练 1
见本教材配套分组训练活页。

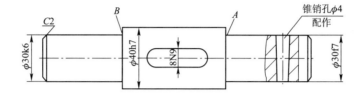

模块二

力学基础知识

▣ 模块描述

　　城市轨道交通车辆是将电能转化为动能的载运工具。车辆的构造条件需满足能量在传递和转化过程中保持稳定，车体及走行部的机械结构和材料选择需满足受力平衡，为车辆运行提供良好的使用条件。

　　本模块主要介绍理论力学及材料力学的基础理论知识，并结合城市轨道交通车辆的实际工况，利用力学思想解决基本问题，从静力分析和应力分析两个角度阐述城市轨道交通车辆基本结构的受力方式和设计原理。

◎ 知识目标

1. 理解理论力学基本公理的概念和使用条件；
2. 理解约束的概念及分类，掌握一般平衡力系的静力分析方法；
3. 了解材料变形的概念，理解杆件拉（压）状态下的应力、应变分析方法，了解杆件基本的变形类型。

✿ 能力目标

1. 能够对基本平面力系进行受力分析；
2. 能够分辨杆件的变形类型，并辨析其特点。

✳ 素质目标

1. 培养抽象并简化力学模型的能力；
2. 培养从理论出发指导解决实际问题的能力。

⚠ 重点知识架构

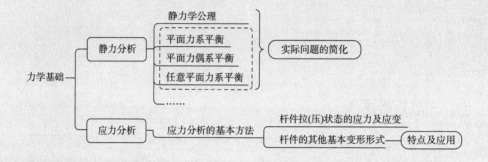

✳ 导学先行

模块二
课程导读

同学们可扫描二维码，观看本模块导学讲解，完成课前自主预习。

静力分析 单元一

力学基础知识模块主要包含两部分：静力分析及应力分析，分别介绍理论力学及材料力学中的经典理论和分析方法，从刚体和弹性变形体两方面学习力学在机械结构中的具体应用。

静力分析在研究城市轨道交通车辆的牵引力、制动力的产生及传递，轴重转移等方面有着重要作用。

静力学是研究物体在力的合成和简化及物体在力系作用下的平衡规律。静力学的研究对象一般是静止的刚体。所谓刚体是指在力的作用下，其内部任意两点之间的距离始终保持不变的物体，这是一个理想化的力学模型。相应的，在力的作用下，称变形不能忽略不计的物体为变形体。

一、静力学公理

公理：力的平行四边形法则

作用在物体上同一点的两个力，可以合成为一个合力，合力的作用点也在该点，合力的大小和方向，由这两个力为边构成的平行四边形的对角线确定，如图 2-1 所示。

即：合力矢等于这两个力矢的几何之和：

$$F_R = R_1 = R_2 \quad (2\text{-}1)$$

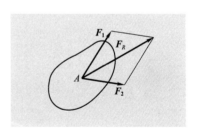

■ 图 2-1
力的平行四边形法则

该公理既是力的合成法则，又是力的分解法则，此公理给出了力系简化的基本方法。

公理：二力平衡公理

作用在同一刚体上的两个力，使刚体保持平衡的必要和充分条件是：这两个力的大小相等，方向相反，且作用在同一直线上，如图 2-2 所示。

即力矢的几何之和为 0：

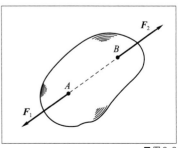

■ 图 2-2
二力平衡公理

$$F_1 + F_2 = 0 \qquad (2\text{-}2)$$

该公理表明了构建最简单的平衡力系时须满足的条件。

公理：加减平衡力系原理

在任一原有力系上加上和减去任意的平衡力系，与原力系对刚体的作用效果等效。

该公理是体系中等效替换的重要依据。

根据上述原理可推导出下列两条推理。

推理：力的可传性

作用与刚体上某点的力，可以沿着它的作用线移到刚体的任意一点，并不改变该力对刚体的作用。

证明： 设有力 F 作用在刚体上的点 A，如图 2-3a) 所示。根据加减平衡力系原理，可在力的作用线上任取一点 B，并加上两个相互平衡的力 F_1 和 F_2，使 $F = F_1 = -F_2$，如图 2-3b) 所示。由于力和 F_1 也是一个平衡力系，故可除去；这样只剩下一个力 F_2，如图 2-3c) 所示。于是，原来的这个力 F 与力系（F、F_1、F_2）以及力 F_2 均等效，即原来的力 F 沿其作用线移到了点 B。

推理：三力平衡汇交定理

刚体在三个作用力下平衡，若其中两个力作用线交于一点，则第三个力的作用线必通过此汇交点，且三个力位于同一平面内。

证明： 如图 2-4 所示，在刚体的 A、B、C 三点上，分别作用三个相互平衡的力 F_1、F_2、F_3。根据力的可传性，将力 F_1 和 F_2 移到汇交点 O，然后根据力的平行四边形规则，得合力 F_{12}。则力 F_3 应与 F_{12} 平衡。由于两个力平衡必须需共线，所以力 F_3 必定与力 F_1 和 F_2 共面，且通过力 F_1 与 F_2 的交点 O。于是，定理得证。

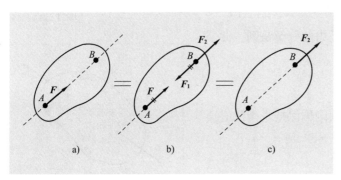

■ 图 2-3
力的可传性

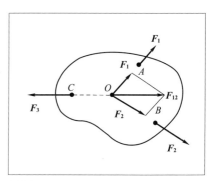

■ 图 2-4
三力平衡汇交定理

公理：作用和反作用定律

作用力和反作用力总是同时存在，两力的大小相等、方向相反，沿着同一直线，分别作用在两个相互作用的物体上。若用 F 表示作用力，用 $-F'$ 表示反作用力，则：

$$F = -F' \qquad (2-3)$$

这个公理概括了物体间相互作用的关系，表明作用力和反作用力总是成对出现的。由于作用力与反作用力分别作用在两个物体上，因此，不能视作平衡力系。

公理：刚化原理

变形体在某一力系的作用下处于平衡，如将此变形体刚化为刚体，其平衡状态保持不变。

这个公理提供了把变形体看作为刚体模型的条件。如图 2-5 所示，绳索在等值、反向、共线的两个拉力作用下处于平衡，如将绳索刚化成刚体，其平衡状态保持不变。反之就不一定成立，若绳索在两个等值、反向、共线的压力作用下并不能平衡，这时绳索就不能刚化为刚体。但刚体在上述两种力系的作用下都是平衡的。

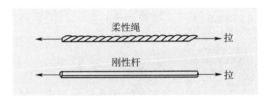

■ 图 2-5 刚化原理

由此可见，刚体的平衡条件是变形体平衡的必要条件，而非充分条件。

二、约束和约束反力

有些物体它们在空间的位移不受任何限制，称为**自由体**。

相反，有些物体在空间的位移却要受到一定的限制，如在垂直方向受钢轨的限制，只能沿轨道运动；电机转子受轴承的限制，只能绕轴线转动；牵引销的横向位移受到限制等，这一类物体称为**非自由体**。对非自由体的某些位移起限制作用的周围物体称为**约束**。例如，钢轨对于车辆，轴承对于电机转子，车体对于牵引销等，都是约束。从力学角度来看，约束对物体的作用，实际上就是力，这种力称为约束力，因此，约束力的方向必与该约束所能够阻碍的位移方向相反。

在静力学问题中，约束反力和物体受的其他已知力（称主动力）组成平衡力系，因此可用平衡条件求出未知的约束反力。

下面介绍几种在工程中常遇到的简单约束类型和确定约束反力方向的方法。

1. 具有光滑接触表面的约束

例如，支承轮对的钢轨固定面（图 2-6a、b）、啮合齿轮的齿面（图 2-7）等，当摩擦忽略不计时，都属于这类约束。

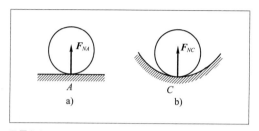

■ 图 2-6
支承轮对的钢轨固定面

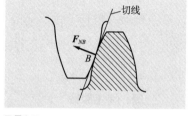

■ 图 2-7
啮合齿轮的齿面

分析：
(1) 当城市轨道交通车辆产生牵引力和制动力时，钢轨对轮是否为光滑接触面约束。
(2) 轨道车辆在坡道中行驶，如不产生牵引力和制动力，试分析此时钢轨对轮对的约束是否为光滑接触面约束。

这类约束不能限制物体沿约束表面切线的位移，只能阻碍物体沿接触表面法线并向约束内部的位移。因此，光滑支承面对物体的约束反力，作用在接触点处，方向沿接触表面的公法线并指向受力物体。

这种约束反力称为**法向反力**，通常用 F_N 表示，如图 2-6 中的 F_{NA}、F_{NC} 和图 2-7 中的 F_{NB} 等。

2. 由柔软的绳索、链条等构成的约束

例如，绳索吊着重物，如图 2-8a) 所示。由于柔软的绳索本身只能承受拉力（图 2-8b），所以它给物体的约束反力也只可能是拉力（图 2-8c）。因此，绳索对物体的约束反力，作用在接触点，方向沿着绳索背离物体。通常用 F 或 F_T 表示这类约束反力。

链条也只能承受拉力。如图 2-9 所示，城市轨道车辆中用于连接车体和转向架的安全吊索只承受拉力，当车辆需要整体吊装时，安全吊索产生拉力起到车体和转向架一起吊装的作用。

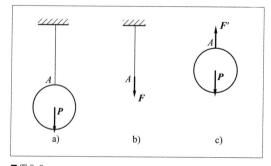

■ 图 2-8
由柔软的绳索、链条等构成的约束

■ 图 2-9
安全吊索

3. 光滑铰链约束

这类约束有向心轴承、圆柱铰链和固定铰链支座等。

（1）向心轴承（径向轴承）

图 2-10a)、b) 所示为轴承装置，可画成如图 2-10c) 所示的简图。轴可在孔内任意转动，也可沿孔的中心线移动；但是，轴承阻碍着轴沿径向向外的位移。忽略摩擦，当轴和轴承在某点 A 光滑接触时，轴承对轴的约束反力 F_N 作用在接触点 A，且沿公法线指向轴心（图 2-10a）。

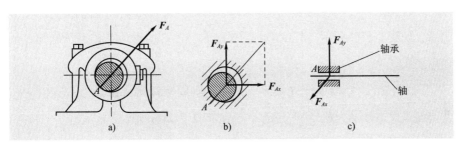

图 2-10 轴承装置

但是，随着轴所受的主动力不同，轴和孔的接触点的位置也随之不同。所以，当主动力尚未确定时，约束反力的方向预先不能确定。然而，无论约束反力朝向何方，它的作用线必垂直于轴线并通过轴心。这样一个方向不能预先确定的约束反力，通常可用通过轴心的两个大小未知的正交分力 F_{Ax}、F_{Ay} 来表示，如图 2-10b) 或 c) 所示，F_{Ax}、F_{Ay} 的指向暂可任意假定。

（2）圆柱铰链和固定铰链支座

图 2-11a) 所示的拱形桥，它是由两个拱形构件通过圆柱铰链 C 以及固定铰链支座 A 和 B 连接而成。圆柱铰链简称铰链，它是由销钉 C 将两个钻有同样大小孔的构件连接在一起而成（图 2-11c），其简图为如图 2-11a) 所示的铰链 C。

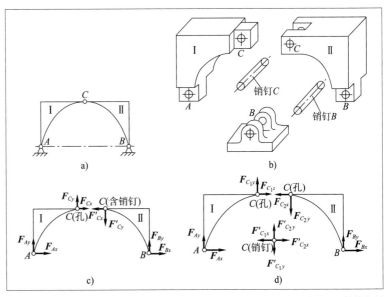

图 2-11 拱形桥

如果铰链连接中有一个固定在地面或机架上作为支座,则这种约束称为固定铰链支座,简称固定铰支,如图 2-11c) 所示的支座 B。其简图为如图 2-11a) 所示的固定铰链支座 A 和 B。

在分析铰链 C 处的约束反力时,通常把销钉 C 固连在其中任意一个构件上,如构件Ⅱ;则构件Ⅰ、Ⅱ互为约束。显然,当忽略摩擦时,构件Ⅱ上的销钉与构件Ⅰ的接合,实际上是轴与光滑孔的配合问题。因此,它与轴承具有同样的约束性质,即约束反力的作用线不能预先定出,但约束反力垂直轴线并通过铰链中心,故也可用两个大小未知的正交分力 F_{Cx}、F_{Cy} 和 F'_{Cx}、F'_{Cy} 来表示,如图 2-11c) 所示。其中 $F_{Cx} = -F'_{Cx}$、$F_{Cy} = -F'_{Cy}$,表明它们互为作用与反作用关系。

同理,把销钉固连在 A 与 B 支座上,则固定铰链支座 A、B 对构件Ⅰ、Ⅱ的约束反力分别为 F_{Ax}、F_{Ay} 与 F_{Bx}、F_{By},如图 2-11c) 所示。

当需要分析销钉 C 的受力时,才把销钉分离出来单独研究。这时,销钉 C 将同时受到构件Ⅰ、Ⅱ上的孔对它的反作用力。其中 $F_{C_1 x} = -F'_{C_1 x}$,$F_{C_1 y} = -F'_{C_1 y}$,为构件Ⅰ与销钉 C 的作用与反作用力;又 $F_{C_2 x} = -F'_{C_2 x}$,$F_{C_2 y} = -F'_{C_2 y}$,则为构件Ⅱ与销钉 C 的作用与反作用力。销钉 C 所受到的约束反力如图 2-11d) 所示。

铰约束是城市轨道交通车辆走行系统中的常见约束,由于一、二系悬挂系统为城市轨道交通车辆提供了三个方向的自由度,车辆各总成都允许自身有一定的位移和角动量,如电机的半悬挂系统需要电机吊杆限制自身的垂向位移,当不产生大量角动量时,电机吊杆可视为铰约束。另外走行系统需要借助铰约束将牵引(制动力)由轮对与钢轨接触面向轮轴、轴箱、轴箱拉杆、转向架、中心牵引销、车体总成传递牵引(制动力)。其中,牵引杆是牵引力的主要传导部件,当考虑单一受力时,可将牵引杆视为铰约束。

上述三种约束(向心轴承、铰链和固定铰链支座),它们的具体结构虽然不同,但构成约束的性质是相同的,都可表示为光滑铰链。此类约束的特点是只限制两物体径向的相对移动,而不限制两物体绕铰链中心的相对转动及沿轴向的位移。

4. 其他约束

（1）滚动约束

当系统中转动摩擦较主要的垂直支承力可忽略不计时，经常采用滚动支座约束。这种支座介于铰链支座与光滑支承面之间，装有几个辊轴而构成，又称辊轴支座，如图 2-12a) 所示，其简图如图 2-12b) 所示。它可以沿支承面移动，允许由于温度变化而引起结构跨度的自由伸长或缩短。显然，滚动支座的约束性质与光滑面约束相同，其约束反力必垂直于支承面，且通过铰链中心。通常用 F_N 表示其法向约束反力，如图 2-12c) 所示。

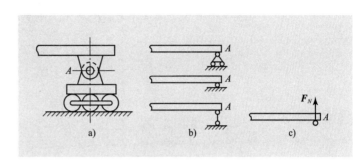

■ 图 2-12
辊轴支座

知识拓展

当分析车辆轴重转移和调整轴重平衡时，钢轨各个轮轴总成可视为轮动约束。此时，一系悬挂和二系悬挂均只提供垂直方向作用力，轮轴产生的摩擦力可忽略不计，如图 2-13 所示。

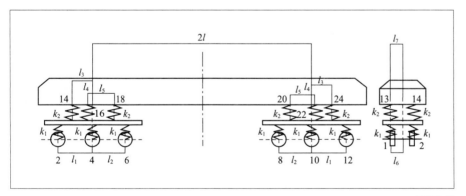

■ 图 2-13
轮动约束

（2）球铰链

通过圆球和球壳将两个构件连接在一起的约束称为球铰链，如图 2-14a) 所示。它使构件的球心不能有任何位移，但构件可绕球心任意转动。若忽略摩擦，与圆柱铰链分析相似，其约束力应是通过球心但方向不能预先确定的

分析： 举例说出城市轨道交通车辆结构中存在哪些约束形式，以及该约束形式应在哪种工况条件下使用？

一个空间力，可用三个正交分力 F_{Ax}、F_{Ay}、F_{Az} 表示，其简图及约束反力如图 2-14b) 所示。

（3）推力轴承

推力轴承与径向轴承不同，它除了能限制轴的径向位移以外，还能限制轴沿轴向的位移。因此，它比径向轴承多一个沿轴向的约束力，即其约束反力有三个正交分量 F_{Ax}、F_{Ay}、F_{Az}。推力轴承的简图及其约束反力如图 2-15 所示。

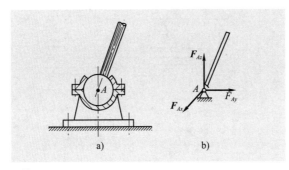

■ 图 2-14
球铰链

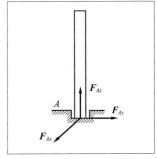

■ 图 2-15
推力轴承

以上只介绍了几种简单约束，在工程中，约束的类型远不止这些，有的约束比较复杂，分析时需要加以简化或抽象化。

三、物体的受力分析和受力图

作用在物体上的力可分为两类：一类是**主动力**，例如：物体的重力、风力、气体压力等，一般是已知的；另一类是约束对于物体的约束反力，为未知的**被动力**。

为了清晰地表示物体的受力情况，把需要研究的物体（称为**受力体**）从周围的物体（称为**施力体**）中分离出来，单独画出它的简图，这个步骤叫作取研究对象或取分离体。然后把施力物体对研究对象的作用力（包括主动力和约束反力）全部画出来。这种表示物体受力的简明图形，称为**受力图**。

画物体受力图是解决静力学问题的一个重要步骤。下面举例说明。

例 2-1： 用力 F 拉动碾子以压平路面，重为 P 的碾子受到一石块的阻碍，如图 2-16a) 所示。试画出碾子的受力图。

解：

（1）取碾子为研究对象（即取分离体），并单独画出其简图。

（2）画主动力：有重力 P 和杆对碾子中心的拉力 F。

（3）画约束反力：因碾子在 A 和 B 两处受到石块和地面的约束，如不计摩擦，均为光滑表面接触，故在 A 处受石块的法向反力 F_{NA} 的作用，在 B 处受地面的法向反力 F_{NB} 的作用，它们都沿着碾子上接触点的公法线而指向圆心。碾子的受力图如图 2-16b) 所示。

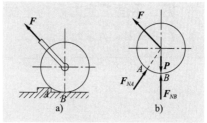

■ 图 2-16
碾子的受力图

分析：
当以转向架为整体进行受力分析时，应如何对转向架进行受力分析？当单独分析轮对在车辆静止状态的受力时，轮对受哪些力的作用？

例 2-2： 如图 2-17a) 所示的三铰拱桥，由左、右两拱铰接而成。设各拱自重不计，在拱 AC 上作用有载荷 F。试分别画出拱 AC 和 CB 的受力图。

解：

（1）先分析拱 BC 受力。由于拱 BC 自重不计，且只在 B、C 两处受到铰链约束，因此拱 BC 为二力构件。在铰链中心 B、C 处分别受 F_B、F_C 两力的作用，且 $F_B = -F_C$，这两个力的方向如图 2-17b) 所示。

（2）取拱 AC 为研究对象。由于自重不计，因此主动力只有载荷 F。拱在铰链 C 处受有拱 BC 给它的约束反力 F'_C 的作用，根据作用和反作用定律，$F'_C = -F_C$。拱在 A 处受有固定铰支给它的约束反力 F_A 的作用，由于方向未定，可用两个大小正交分力 F_{Ax} 和 F_{Ay} 代替。

拱 AC 的受力图如图 2-17c) 所示。

再进一步分析可知，由于拱 AC 在 F、F'_C 和 F_A 三个力作用下平衡，故可根据三力平衡汇交定理，确定铰链 A 处约束反力 F_A 的方向。点 D 为力 F 和 F'_C 作用线的交点，当拱 AC 平衡时，反力 F_A 的作用线必通过点 D（图 2-17d）；至于 F_A 的指向，暂且假定如图，以后由平衡条件确定。

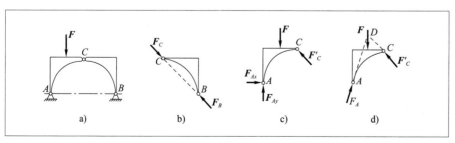

■ 图 2-17
三铰拱桥

四、平面汇交力系与平面力偶系

1. 平面汇交力系的矢量合成

设一刚体受到平面汇交力系 F_1、F_2、F_3、F_4 的作用,各力作用线汇交于点 A,根据刚体内部力的可传性,可将各力沿其作用线移至汇交点 A,如图 2-18 所示。

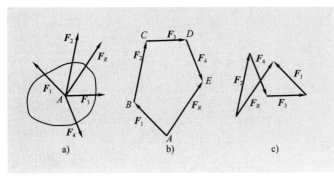

图 2-18　平面汇交力系的矢量合成

为合成此力系,可根据力的平行四边形规则,逐步两两合成各力,最后求得一个通过汇交点 A 的合力 F_R;多边形 $ABCDE$ 称为此平面汇交力系的力多边形,矢量 $\overline{AE}$ 称此力多边形的封闭边。封闭边矢量 $\overline{AE}$ 即表示此平面汇交力系合力 F_R 的大小与方向(即合力矢),而合力的作用线仍应通过原汇交点 A,如图 2-18a)所示的 F_R。

所以,平面汇交力系可简化为一合力,其合力的大小与方向等于各分力的矢量和(几何和),合力的作用线通过汇交点。设平面汇交力系包含 n 个力,以 F_R 表示它们的合力矢,则有:

$$F_R = F_1 + F_2 + \cdots + F_n = \sum_{i=1}^{n} F_i \qquad (2-4)$$

合力 F_R 对刚体的作用与原力系对该刚体的作用等效。如果一力与某一力系等效,则此力称为该力系的合力。

2. 平面汇交力系平衡的几何条件

由于平面汇交力系可用其合力来代替,显然,平面汇交力系平衡的必要和充分条件是:该力系的合力等于零。如用矢量等式表示,即

$$\sum_{i}^{n} F_i = 0 \qquad (2-5)$$

在平衡情形下,力多边形中最后一力的终点与第一力的起点重合,此时的力多边形称为封闭的力多边形。于是,可得如下结论:平面汇交力系平衡的必要和充分条件是,该力系的力多边形自行封闭,这就是平面汇交力系平衡的几何条件。

3. 平面汇交力系的解析

已知力 F 与平面内正交轴 x、y 的夹角为 α、β,则力 F 在 x、y 轴上的投

影分别为

$$X = |\boldsymbol{F}| \cdot \cos\alpha, \quad Y = |\boldsymbol{F}| \cdot \cos\beta = |\boldsymbol{F}| \sin\alpha \quad (2\text{-}6)$$

即力在某轴的投影，等于力的模乘以力与投影轴正向间夹角的余弦。力在轴上的投影为代数量，当力与轴间夹角为锐角时，其值为正；当夹角为钝角时，其值为负。

力 $\boldsymbol{F}$ 沿正交轴 Ox、Oy 可分解为两个分力 $\boldsymbol{F}_x$ 和 $\boldsymbol{F}_y$，其分力与力的投影之间有下列关系：

$$\boldsymbol{F}_x = X\boldsymbol{i}$$

$$\boldsymbol{F}_y = Y\boldsymbol{j}$$

由此，力的解析表达式为

$$\boldsymbol{F} = X\boldsymbol{i} + Y\boldsymbol{j} \quad (2\text{-}7)$$

式中：$\boldsymbol{i}$、$\boldsymbol{j}$——x、y 轴的单位矢量。

当由 n 个力组成的平面汇交力系作用于一个刚体上时，根据合矢量投影定理：合矢量在某一轴上的投影等于各分矢量在同一轴上投影的代数和，可得

$$F_{Rx} = X_1 + X_2 + \cdots + X_n = \sum_{i=1}^{n} X_i$$

$$F_{Ry} = Y_1 + Y_2 + \cdots + Y_n = \sum_{i=1}^{n} Y_i \quad (2\text{-}8)$$

式中：X_1 和 Y_1，X_2 和 Y_2，…，X_n 和 Y_n——分力在 x 和 y 轴上的投影。

根据式（2-8）可求得合力失的大小和方向余弦为

$$F_R = \sqrt{F_{Rx}^2 + F_{Ry}^2} = \sqrt{\left(\sum X\right)^2 + \left(\sum Y\right)^2}, \quad \cos(\boldsymbol{F}_i, \boldsymbol{i}) = \frac{F_{Rx}}{F_R}, \quad \cos(\boldsymbol{F}_R, \boldsymbol{j}) = \frac{F_{Ry}}{F_R}$$

$$(2\text{-}9)$$

4. 平面汇交力系平衡的解析

平面汇交力系平衡的必要和充分条件是：该力系的合力 F_R 等于零。由式（2-9）应有

$$F_R = \sqrt{\left(\sum X\right)^2 + \left(\sum Y\right)^2} = 0 \quad (2\text{-}10)$$

欲使上式成立，必须同时满足：

$$\sum_{i}^{n} X_i = 0, \quad \sum_{i}^{n} Y_i = 0 \quad (2\text{-}11)$$

平面汇交力系平衡的必要和充分条件是：各力在两个坐标轴上投影的代

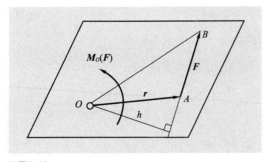
图2-19 平面力系对点的力矩

数和分别等于零。式(2-11)称为平面汇交力系的平衡方程。这是两个独立的方程,可以求解两个未知量。

5. 平面力系对点的力矩

如图2-19所示,平面上作用一力 F,在同平面内任取一点 O,点 O 称为矩心,点 O 到力的作用线的垂直距离 h 称为力臂。

则在平面问题中,力对点的矩的定义如下:

力对点之矩是一个代数量,它的绝对值等于力的大小与力臂的乘积,它的正负可按下法确定:力使物体绕矩心逆时针转向转动时为正,反之为负。

力 F 对于点 O 的矩以记号表示,于是,计算公式为

$$M_O(F) = \pm Fh \tag{2-12}$$

力矩的单位常用 $N \cdot m$ 或 $kN \cdot m$。

显然,当力的作用线通过矩心,即力臂等于零时,它对矩心的力矩等于零。

6. 合力矩定理与力矩的解析表达式

合力矩定理:平面汇交力系的合力对于平面内任一点之矩等于所有各分力对于该点之矩的代数和。即

$$M_O(F_R) = M_O(F_1) + M_O(F_2) + \cdots + M_O(F_n) = \sum_{i=1}^{n} M_O(F_i) \tag{2-13}$$

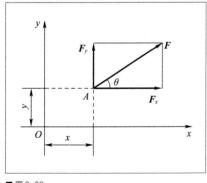
图2-20 平面内的合力矩

按力系等效概念,式(2-13)应适用于任何有合力存在的力系。如图2-20所示,已知力 F,作用点 $A(x, y)$ 及其夹角 θ。欲求力 F 对坐标原点之矩,可按式(2-13),通过其分力 F_x 与 F_y 对点 O 之矩而得到,即

$$M_O(F) = M_O(F_y) + M_O(F_x) = xF\sin(\theta) - yF\cos(\theta)$$

或

$$M_O(F) = xF_y - yF_x \tag{2-14}$$

上式为平面内力矩的解析表达式。其中,x,y 为力 F 作用点的坐标;F_x、F_y 为 F 在 x,y 轴的投影。计算时应注意用它们的代数量代入。

若将式(2-14)代入式(2-13),即可得合力 F_R 对坐标原点之矩的解析表达式,即

$$M_O(F_R) = \sum_{i=1}^{n} x_i F_{yi} - y_i F_{xi} \qquad (2\text{-}15)$$

7. 力偶与力偶矩

力偶是由两个力组成的特殊力系,构成成对的等值、反向且不共线的平行力。等值反向平行力的矢量和显然等于零,但是由于它们不共线而不能相互平衡,它们能使物体改变转动状态。如图 2-21 所示,这种由两个大小相等、方向相反且不共线的平行力组成的力系,称为**力偶**。

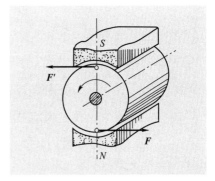
■图 2-21
力偶

力偶对物体的转动效应,可用力偶矩来度量,即用力偶的两个力对其作用面内某点的矩的代数和来度量。

设有力偶(F,F'),其力偶臂为 d,如图 2-22 所示。力偶对点 O 的矩为 $M_O(F,F')$,则:

$$M_O(F,F') = M_O(F) + M_O(F') = Fd \qquad (2\text{-}16)$$

矩心 O 是任意选取的,力偶的作用效应决定于力的大小和力偶臂的长短,与矩心的位置无关。力与力偶臂的乘积称为力偶矩,记作 $M(F,F')$,简记为 M_O。

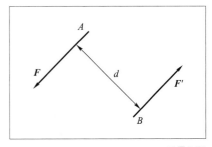
■图 2-22
力偶矩

8. 同平面内力偶的等效定理

由于力偶的作用只改变物体的转动状态,而力偶对物体的转动效应是用力偶矩来度量的,因此可得如下的定理。

定理:在同平面内的两个力偶,如果力偶矩相等,则两力偶彼此等效。

该定理给出了在同一平面内力偶等效的条件。由此可得推论:

(1)任意力偶可以在它的作用面内任意转移,而不改变它对刚体的作用。因此,力偶对刚体的作用与力偶在其作用面内的位置无关。

(2)只要保持力偶矩的大小和力偶转向不变,可以同时改变力偶中力的大小和力偶臂的长短,而不改变力偶对刚体的作用。

由此可见,力偶的臂和力的大小都不是力偶的特征量,只有力偶矩才是平面力偶作用的唯一量度。力偶常用图 2-23 的显示符号表示,M 为力偶矩。

分析:
力矩和力偶的区别是什么。

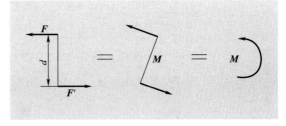
■图 2-23
力偶常用的显示符号

9. 平面力偶系的合成和平衡条件

（1）平面力偶系的合成

在同平面内的任意个力偶可合成为一个合力偶，合力偶矩等于各个力偶矩的代数和，可写为

$$M = \sum_{i=1}^{n} M_i \qquad (2\text{-}17)$$

（2）平面力偶系的平衡条件

由合成结果可知，力偶系平衡时，其合力偶的矩等于零。因此，平面力偶系平衡的必要和充分条件是：所有各力偶矩的代数和等于零，即

$$M = \sum_{i=1}^{n} M_i = 0 \qquad (2\text{-}18)$$

五、任意平面力系

1. 力的平移定理

定理：可以把作用在刚体上点 A 的力 F 平行移到任一点 B，但必须同时附加一个力偶，这个附加力偶的矩等于原来的力 F 对新作用点 B 的矩。

如图 2-24 所示，刚体的点 A 作用力 F（图 2-24a）。在刚体上任取一点 B，并在点 B 加上一对平衡力 F' 和 F''，令 $F' = F = -F''$（图 2-24b）。显然，这三个力与原力 F 等效，这三个力又可视作一个作用在点 B 的力 F' 和一个力偶 (F, F'')，这力偶称为附加力偶（图 2-24c）。显然，附加力偶的矩为

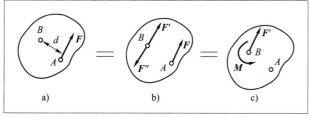

■ 图 2-24
力的平移定理

$$M = Fd = M_B(F) \qquad (2\text{-}19)$$

2. 平面任意力系向作用面内一点简化

刚体上作用有 n 个力 $F_1, F_2, \cdots, F_n$ 组成的平面任意力系，如图 2-25 所示。在平面内任取一点 O，称为**简化中心**；应用力的平移定理，把各力都平移到点 O。这样，得到作用于点 O 的力 $F_1', F_2', \cdots, F_n'$，以及相应的附加力偶，其矩分别为 $M_1, M_2, \cdots, M_n$，如图 2-25b) 所示。这些附加力偶的矩分别为

$$M_i = M_O(F_i)(i = 1, 2, \cdots, n) \qquad (2\text{-}20)$$

这样，平面任意力系等效为两个简单力系：平面汇交力系和平面力偶系。

然后，再分别合成这两个力系。平面汇交力系可合成为作用线通过点 O 的一个力 F'_n，如图 2-25b) 所示。

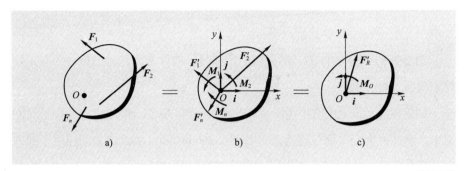

■ 图 2-25
平面任意力系

因为各力矢 $F'_i = F_i (i = 1, 2, \cdots n)$，所以

$$F'_R = F'_1 + F'_2 + \cdots + F'_n = \sum_{i=1}^{n} F_i \tag{2-21}$$

即力矢 F'_R 等于原来各力的矢量和。

平面力偶系可合成为一个力偶，这个力偶的矩 M_O 等于各附加力偶矩的代数和，又等于原来各力对点 O 的矩的代数和。即

$$M_O = M_1 + M_2 + \cdots + M_n = \sum_{i=1}^{n} M_O(F_i) \tag{2-22}$$

平面任意力系中所有各力的矢量和为 F'_R，称为该力系的主矢，而这些力对于任选简化中心 O 的矩的代数和为 M_O，称为该力系对于简化中心的**主矩**。

可见，在一般情形下，平面任意力系向作用面内任选一点 O 简化，可得一个力和一个力偶。这个力等于该力系的主矢，作用线通过简化中心 O。这个力偶的矩等于该力系对于点 O 的主矩。

取坐标系 Oxy，如图 2-25c) 所示，i、j 为沿 x、y 轴的单位矢量，则力系主矢的解析表达式为

$$F'_R = F'_{Rx} + F'_{Ry} = \sum F_x i + \sum F_y j \tag{2-23}$$

于是，主矢 F'_R 的大小和方向余弦为

$$\cos(F'_R, i) = \frac{\sum F_y}{F'_R}$$

$$\cos(F'_R, i) = \frac{\sum F_x}{F'_R} \tag{2-24}$$

力系对点 O 的主矩的解析表达式为

$$M_O = \sum_{i=1}^{n} M_O(F_i) = \sum_{i=1}^{n}(x_i F_{yi} - y_i F_{xi}) \qquad (2\text{-}25)$$

式中：x_i、y_i——力 F_i 作用点的坐标。

图 2-26a)表示物体的一端完全固定在另一物体上，这种约束称为固定端约束或插入端约束。

固定端支座对物体的作用，是在接触面上作用了一群约束力。在平面问题中，这些力为一平面任意力系，如图 2-26b)所示。将这群力向作用平面内点 A 简化得到一个力和一个力偶，如图 2-26c)所示。一般情况下，这个力的大小和方向均为未知量，可用两个未知分力来代替。因此，在平面力系情况下，固定端 A 处的约束作用力可简化为两个约束力 F_{Ax}、F_{Ay} 和一个力矩为 M_A 的约束力偶，如图 2-26d)所示。

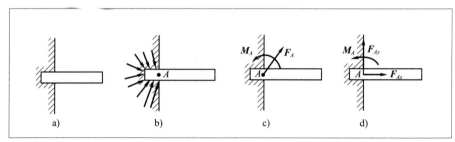

■ 图 2-26
固定端约束

比较固定端支座与固定铰链支座的约束性质可见，固定端支座除了限制物体在水平方向和铅直方向移动外，还能限制物体在平面内转动。因此，除了约束力 F_{Ax}、F_{Ay} 外，还有力矩为 M_A 的约束力偶。而固定铰链支座没有约束力偶，因为它不能限制物体在平面内转动。

3. 平面任意力系的平衡条件和平衡方程

平面任意力系平衡的必要和充分条件是：力系的主矢和对于任一点的主矩都等于零。

这些平衡条件可用解析式表示为

$$\sum F_{xi} = 0, \quad \sum F_{yi} = 0, \quad \sum M_O(F_i) = 0 \qquad (2\text{-}26)$$

由此可得结论，平面任意力系平衡的解析条件是：所有各力在两个任选的坐标轴上的投影的代数和分别等于零，以及各力对于任意一点的矩的代数和也等于零。式（2-26）称为平面任意力系的平衡方程。

应力分析 单元二

应力分析是材料力学的主要内容。材料力学是研究构件的内力、应力和变形的相互关系,并在此基础上进行强度、刚度和稳定性分析,进而指导构件设计的学科。

与静力分析不同,材料力学中考虑物体的变形,即使变形很小,但不能把物体看作刚体。所以应力分析是研究变形固体力学的基本方法。

一、变形固体的基本假设

1. 连续性假设

假设物体内部充满了物质,没有任何空隙。而实际的物体内当然存在着空隙,而且随着外力或其他外部条件的变化,这些空隙的大小会发生变化。但从宏观方面研究,只要这些空隙的大小比物体的尺寸小得多,就可不考虑空隙的存在,而认为物体是连续的。

2. 均匀性假设

假设物体内各处的力学性质是完全相同的。实际上,工程材料的力学性质都有一定程度的非均匀性。例如,金属材料由晶粒组成,各晶粒的性质不尽相同,晶粒与晶粒交界处的性质与晶粒本身的性质也不同;又如,混凝土材料由水泥、砂和碎石组成,它们的性质也各不相同。但由于这些组成物质的大小和物体尺寸相比很小,而且是随机排列的,因此,从宏观上看,可以将物体的性质看作各组成部分性质的统计平均量,而认为物体的性质是均匀的。

3. 各向同性假设

假设材料在各个方向的力学性质均相同。金属材料由晶粒组成,单个晶粒的性质有方向性,但由于晶粒交错排列,从统计观点看,金属材料的力学性质可认为是各个方向相同的。例如,铸钢、铸铁、铸铜等均可认为是各向同性材料。同样,像玻璃、塑料、混凝土等非金属材料也可认为是各向同性材料。但是，有些材料在不同方向具有不同的力学性质，如经过辗压的钢材、纤维整齐的木材以及冷扭的钢丝等，这些材料是各向异性材料。在材料力学中主要研究各向同性的材料。

变形固体受外力作用后将产生变形。当变形固体所受外力不超过某一范围时，若除去外力，则变形可以完全消失，并恢复原有的形状和尺寸，这种性质称为**弹性**。若外力超过某一范围，则除去外力后，变形不会全部消失，其中能消失的变形称为**弹性变形**，不能消失的变形称为**塑性变形**，或残余变形、永久变形。

对大多数的工程材料，当外力在一定的范围内时，所产生的变形完全是弹性的。对多数构件，要求在工作时只产生弹性变形。因此，在材料力学中，主要研究构件产生弹性变形的问题，即弹性范围内的问题。

二、内力与应力

构件所受到的外力包括载荷和约束反力。外力可从不同的角度分类。这是静力学的主要研究内容。构件在外力作用下发生变形的同时，将引起内力。内力在截面上的分布规律即为应力。

1. 内力

内力是物体内部各质点之间的相互作用力，当物体受外力作用发生变形时，内部质点间相对距离发生改变，从而引起内力的改变，内力的改变量是一种"附加内力"，与外力大小相等但方向相反，用来抵抗因外力作用引起的物体形状和尺寸的改变，并力图使物体恢复到变形前的状态和位置。

2. 截面法

内力既看不见又摸不着，它是一个抽象的概念，为了求得内力，通常采用截面法。如图 2-27 所示，杆件在外力作用下处于平衡，为了求任一横截面 m—m 上的内力，可在 m—m 处用一个假想的截面把杆件截开，分为 I、II 两个部分，任取其一部分，例如左部 I 为脱离体，并将右部 II 对左部 I 的作用以截面上的内力来代替，如图 2-27 所示。由于物体假设是均匀连续的，所以内力在截面上是连

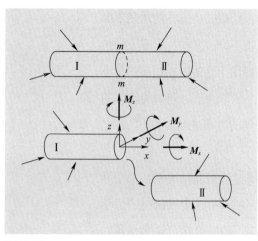

■ 图 2-27
截面法

续分布的，这里的内力代表分布力的合力可以是力和力偶矩，如合力 X、Y、Z 和合力偶矩 M_x、M_y、M_z 等。

3. 应力

内力在截面上的分布规律以及在各点处强弱或密集的程度，即内力的集度称为应力。

若要研究图 2-28 所示受力构件在某截面 m—m 内 M 点处的应力，就可围绕 M 点取出微小面 ΔA 来研究。设 ΔP 是作用在这一微分面上的内力，则 ΔP 与 ΔA 之比，就是这块微面积上平均应力，即

$$P_{平} = \frac{\Delta P}{\Delta A} \quad (2\text{-}27)$$

当 ΔA 无限地趋于零时，$P_{平}$ 的极限值 p 就是 M 点处的内力集度。即

$$p = \lim_{\Delta A \to 0} \frac{\Delta P}{\Delta A} = \frac{\mathrm{d}P}{\mathrm{d}A} \quad (2\text{-}28)$$

称 p 为截面上 M 点的总应力或称全应力。

合力 ΔP 再分解为垂直于截面的内力 ΔN 和平行于截面的内力 ΔQ（图 2-28a）前者所引起的应力称为正应为，以 σ 表示；后者所引起的应力称为剪应力以表 τ 表示（图 2-28b）。

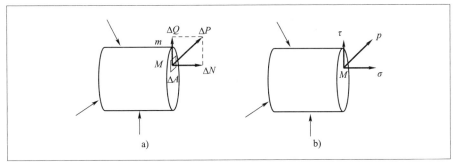

■ 图 2-28
应力分析

于是，截面上某点 M 的正应力、剪应力和全应力分别可用下式表示：

$$\sigma = \lim_{\Delta A \to 0} \frac{\Delta N}{\Delta A} = \frac{\mathrm{d}N}{\mathrm{d}A} \quad (2\text{-}29)$$

$$\tau = \lim_{\Delta A \to 0} \frac{\Delta Q}{\Delta A} = \frac{\mathrm{d}Q}{\mathrm{d}A} \quad (2\text{-}30)$$

$$p = \lim_{\Delta A \to 0} \frac{\Delta P}{\Delta A} = \frac{\mathrm{d}P}{\mathrm{d}A} = \lim_{\Delta A \to 0} \frac{\sqrt{\Delta N^2 + \Delta Q^2}}{\Delta A} = \sqrt{\sigma^2 + \tau^2} \quad (2\text{-}31)$$

应力的量纲是"力/长度^2",在国际单位制中,常用的单位是牛顿/米^2（N/m^2）,称为帕斯卡,简称为帕（Pa）。

由于其值太小,工程上常用的应力单位为兆帕（MPa）或吉帕（GPa）,其关系为:$1\text{MPa}=10^6\text{N/m}^2=10^6\text{Pa}$,$1\text{GPa}=10^9\text{N/m}^2=10^9\text{Pa}$。

三、杆件的轴向拉伸或压缩

1. 拉（压）杆横截面上的内力

对于两端受轴向拉力 P 作用的直杆（图2-29a）,为了求得其任意横截面 m—m 上的内力,可以采用截面法,即在横截面 m—m 处将杆件假想地截开,分成Ⅰ和Ⅱ两个部分。任取左段Ⅰ作为脱离体,为了保持平衡,则在 m—m 横截面上必有内力 N,如图2-29b）所示。根据平衡条件可得

$$\sum X = 0, \quad N - P = 0, \quad N = P \quad (2-32)$$

内力 N 作用在杆轴线上称为**轴力**。若取右段Ⅱ分析,脱离体图如图2-29c）所示,左、右段截面 m—m 上的内力互为作用力和反作用力,其大小相等,指向相反。在材料为学中,对内力的符号有着严格的统一的规定,其原则为对杆件产生相同变形效果的内力具有相同的符号。轴力的正负号的规定如下:拉伸时的轴力（使杆件伸长）为正（即为拉力）;压缩时的轴力（使杆件缩短）为负（即为压力）。图2-29中,Ⅰ、Ⅱ部分 m—m 横截面上的力 N 都为拉力,因此都是正的。从图形上来看,正号轴力的指向是背离截面的,而负号轴力的指向则是指向截面的。

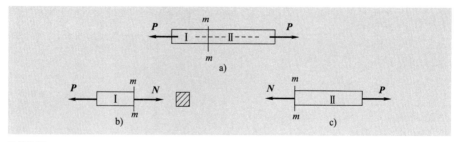

■图2-29
拉（压）杆横截面上的内力

2. 拉（压）杆横截面上的应力

拉杆变形后,任意两个横截面之间所有纵向线段的伸长都相等,即横截面上各点的变形相同,于是内力在横截面上是均匀分布的。由于轴力 N 只引起正应力 σ,所以可知 σ 在横截面上处处相等,于是:

$$N = \int_A \sigma dA = \sigma A \qquad (2\text{-}33)$$

即拉（压）杆横截面上的正应力为

$$\sigma = \frac{N}{A} \qquad (2\text{-}34)$$

式中，A 为杆件的横截面面积；σ 的符号规定与 N 相同，拉力引起拉应力（+），压力引起压应力（-）。

式（2-34）是轴向拉压时杆件横截面上的正应力计算公式，它的适用条件是：作用在杆件上的外力（或外力的合力）的作用线必须与杆轴线重合；此外，在集中力附近的小区域内该公式并不适用，原因是在该区域内的正应力并非均匀分布。

3. 轴向拉伸与压缩时的变形

杆件在轴向拉伸与压缩时，除引起内力和应力外，还会发生变形。直杆在轴向拉力作用下，会发生轴向伸长和横向收缩，反之，在轴向压力作用下，会发生轴向缩短和横向增大。

（1）轴向变形：胡克定律

如图 2-30 所示，设等直杆原长为 l，横截面面积为 A，在轴向 F 拉力作用下，杆长变为 l'，杆件在轴线方向的伸长为 $\Delta l = l' - l$。

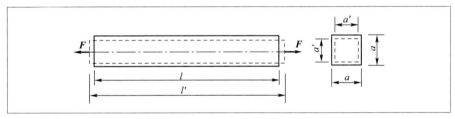

■ 图 2-30
轴向拉伸时的变形

Δl 称为杆件的轴向绝对变形，为了反映杆件变形的剧烈程度，Δl 除以杆件原长 l，称为轴向相对变形或称轴间接应变，记为

$$\varepsilon = \frac{\Delta l}{l} \qquad (2\text{-}35)$$

轴向拉伸时 Δl 和 ε 均为正值（轴向伸长变形），而在轴向压缩时两者均为负值（轴向缩短变形）。试验证明：当杆件所受的外力 F 不超过一定限度时，伸长（缩短）与外力 F 及杆长 l 成正比，而与杆件的横截面面积 A 成反比，引

入比例常数 E 后,则有

$$\Delta l = \frac{Pl}{EA} = \frac{Nl}{EA} \qquad (2-36)$$

式(2-32)就是轴向拉伸或压缩时等直杆的轴向变形公式,式中的 EA 称为杆的拉伸(压缩)刚度,当 N 和 l 不变时,EA 越大,则杆的轴向变形越小,EA 越小,则杆的轴向变形越大。它首先由英国科学家胡克于1678年发现,通常称为胡克定律。若用正应力 $\sigma = \frac{N}{A}$ 和线应变 $\varepsilon = \frac{\Delta l}{l}$ 代入上式,即可得到应力分析中胡克定律的形式

$$\sigma = E\varepsilon$$

或

$$E = \frac{\sigma}{\varepsilon} \qquad (2-37)$$

式中的比例常数 E 是表示材料弹性性质的一个常数,称为拉压弹性模量,其数值随材料而异,由试验测定(表2-1)。由于线应变 ε 是无量纲的,所以 E 的量纲与正应力 σ 相同,为"力/长度^2",在国际单位制中,其单位常用 MPa 或 GPa 表示。一般钢材 E 值约为 2×10^5 MPa 或 200GPa。弹性模量 E 表示材料抵抗弹性拉压变形的能力,其值越大,表示材料越不容易产生伸长(缩短)变形。

(2)横向变形:泊松比

设杆件在横向的缩短为

$$\Delta b = b_1 - b \qquad (2-38)$$

杆的横向线应变记为

$$\varepsilon' = \frac{\Delta b}{b} \qquad (2-39)$$

试验表明,当杆内正应力不超过材料的比例极限时,横向线应变 ε' 与轴向线应变 ε 之比的绝对值为一常数,即

$$\left|\frac{\varepsilon'}{\varepsilon}\right| = \nu(\text{常数}) \qquad (2-40)$$

式(2-40)为泊松所发现,称 ν 为泊松比或横向变形系数,它也是反映材料弹性性质的一个常数。ν 是一个无量纲的量,其值随材料而异,由试验测定(表2-1)。一般钢材的 ν 值约在 0.25~0.33 之间。由于 ε' 和 ε 的符号总是相反的,所以两者间的关系还可写为

$$\varepsilon' = -\varepsilon$$

常见材料弹性模量 E 和泊松比 ν 表 2-1

材料		E（GPa）	ν
钢		190～220	0.25～0.33
铜及铜合金		74～130	0.31～0.36
灰口铸铁		60～165	0.23～0.27
铝合金		71	0.26～0.33
花岗岩		48	0.16～0.34
石灰岩		41	0.16～0.34
混凝土		14.7～35	0.16～0.18
橡胶		0.0078	0.47
木材	顺纹	12	
	横纹	0.49	

四、拉伸时材料的力学性质

低碳钢是含碳量较低（在 0.25% 以下）的普通碳素钢，例如 Q235 钢，是城市轨道车辆制造中广泛使用的材料，它在拉伸试验时的力学性质较为典型，将着重加以介绍。

材料的力学性质与试样的几何尺寸有关。为了便于比较试验结果，应将材料制成标准试样安装在试验机上，然后均匀缓慢地加载（应力速率在 3～30MPa/s 之间），使试样拉伸直至断裂。试验机自动绘制的试样所受载荷与变形的关系曲线，即 $F-\Delta l$ 曲线，称为拉伸图，如图 2-31 所示。为了消除试样尺寸的影响，将拉力 F 除以试样的原横截面面积 A，伸长 Δl 除以原标距 l，得到材料的应力应变图，即 $\sigma-\varepsilon$ 图，如图 2-32 所示。试验机上可自动记录打印出应力应变图。这一图形与拉伸图的图形相似。

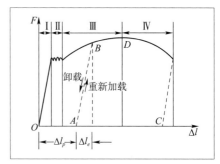

图 2-31 低碳钢拉伸图

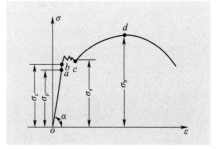

图 2-32 低碳钢 $\sigma-\varepsilon$ 图

整个拉伸过程大致可分为四个阶段:

1. 弹性阶段(Ⅰ)

当试样中的应力不超过图 2-32 中 b 点的应力时,试样的变形是弹性的。在这个阶段内,当卸去载荷后,变形完全消失。b 点对应的应力为弹性阶段的应力最高限,称为弹性极限,用 σ_e 表示。在弹性阶段内,oa 线为直线,这表示应力和应变(或拉力和伸长变形)呈线性关系,即材料服从胡克定律。a 点的应力为线弹性阶段的应力最高限,称为比例极限,用 σ_p 表示。

试验结果表明,材料的弹性极限和比例极限数值上非常接近,故工程上对它们往往不加区分。

2. 屈服阶段(Ⅱ)

此阶段亦称为流动阶段。当增加载荷使应力超过弹性极限后,变形增加较快,而应力不增加或产生波动,在 $\sigma-\varepsilon$ 曲线上或 $F-\Delta l$ 曲线上呈锯齿形线段,这种现象称为材料的屈服或流动。在屈服阶段内,若卸去载荷,则变形不能完全消失。这种不能消失的变形即为塑性变形或称残余变形材料具有塑性变形的性质称为塑性。试验表明,低碳钢在屈服阶段内所产生的应变为弹性极限时应变的 15~20 倍。当材料屈服时,在抛光的试样表面能观察到两组与试样轴线成 45°的正交细条纹,这些条纹称为滑移线。这种现象的产生,是由于拉伸试样中,与杆轴线成 45°的斜面上,存在着数值最大的切应力。当拉力增加到一定数值后,最大切应力超过了某一临界值,造成材料内部晶格在 45°斜面上产生相互间的滑移。由于滑移,材料暂时失去了继续承受外力的能力,因此变形增加的同时,应力不会增加甚至减少。由试验得知,屈服阶段内最高点(上屈服点)的应力很不稳定,而最低点 c(下屈服点)所对应的应力较为稳定。故通常取最低点所对应的应力为材料屈服时的应力,称为屈服极限(屈服点)或流动极限,用 σ_s 表示。

3. 强化阶段(Ⅲ)

试样屈服以后,内部组织结构发生了调整,重新获得了进一步承受外力的能力,因此要使试样继续增大变形,必须增加外力,这种现象称为材料的强化。在强化阶段中,试样主要产生塑性变形,而且随着外力的增加,塑性变形量显著地增加。这一阶段的最高点 d 所对应的应力称为强度极限,用 σ_b 表示。

4. 破坏阶段(Ⅳ)

从 d 点以后,试样在某一薄弱区域内的伸长急剧增加,试样横截面在这薄弱区域内显著缩小,形成了"颈缩"现象。由于试样"颈缩",使试样继续变形所需的拉力迅速减小。因此,$F-\Delta l$ 和 $\sigma-\varepsilon$ 曲线出现下降现象。最后试样颈缩试样在最小截面处被拉断。

材料的比例极限 σ_p(或弹性极限 σ_e)、屈服极限 σ_s 及强度极限 σ_b 都是特性点应力,它们在材料力学的概念和计算中有重要意义。

五、其他基本变形

1. 剪切

工程实际中,经常要用到各种各样的连接。例如,连接拉(压)杆的螺栓连接和铆钉连接,如图 2-33 所示。

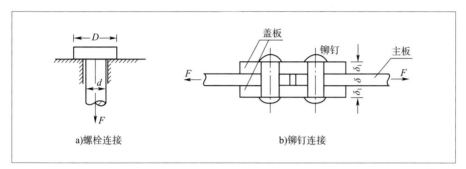

■ 图 2-33
连接实例

上述连接中的螺栓、钉、称为连接件。

这些连接件的受力形式是:杆件(如螺栓等)受到一对垂直于杆轴的大小相等、方向相反而作用线相距极近的力的作用,正如剪刀剪物一般(图 2-34),故称为剪切变形。

连接件的破坏形式有两种,第一种破坏形式:在相反力之间的各相邻截面发生滑移、错动,导致**剪切破坏**;第二种破坏形式:在外力直接压迫的部位及附近局部区域发生较大的变形而失效破坏,如圆截面的螺栓(铆钉)被压成扁圆,被连接的钢板在孔边部位可能会被压得起皱,这种破坏形式称之为**挤压破坏**。剪切变形大多发生在连接处(连接件及被连接件上)。

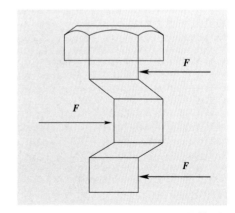

■ 图 2-34
连接件的受力和变形

2. 扭转

扭转变形是杆件的基本变形之一。杆的载荷特征是杆件受力偶作用,这力偶作用于与轴线垂直的平面内。就像用箭头表示力那样，可用双箭头表示力偶，双箭头的方向就是力偶矩矢的方向。力偶矩矢方向可用右手螺旋法则确定，即右手四个手指顺力偶转动的方向，大拇指所指方向即力偶矩矢方向。

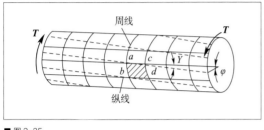

■ 图2-35
杆件受扭时的变形

因此，扭转变形的载荷特征也可表达为杆件受矩矢与轴线平行的力偶作用。

扭转的变形特征为纵向直线变成螺旋线，横截面绕轴线转动一定的角度，通常用 φ 表示，称为扭转角。B 截面相对于 A 截面的扭转角称为相对扭转角，记为 φ_{AB}，见图2-35。

工程中受纯扭转的杆件不多，但以扭转变形为主的构件却是很多，如传动轴、轮对轮轴、凸轮轴等。一般杆件受扭后，随截面会发生翘曲，允许横截面自由翘曲的扭转，称为自由扭转；反之，不允许自由翘曲的扭转称为约束扭转。

3. 弯曲

当杆件受到垂直于轴线的外力（即横向力）或受到位于轴线所在平面内的力偶（即力偶矩矢垂直于轴线的力偶）作用时，杆件的轴线会变弯，此类变形称为弯曲变形，以弯曲为主要变形的杆件称为梁。

梁是工程中最常见的杆件，如构架主梁、转向架枕梁、轮对等，如图2-36所示。

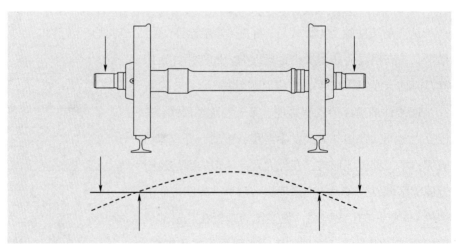

■ 图2-36
轮对

梁弯曲变形后，轴线成为一条曲线，若梁变形后轴线是一条在原轴线与形心主轴构成的平面内的平面曲线，此时弯曲称为平面弯曲。

工程上根据支承条件的不同把简单静定梁分成三种：

（1）简支梁：梁的两端分别为固定铰支座和活动铰支座。

（2）外伸梁：支承如同简支梁，但至少有一个铰支座不在梁端部，而是在梁的中部某处。

（3）悬臂梁：梁的一端是固定端，另一端是自由的。

梁在两个支座之间的部分称为跨，跨的长度称为跨径，常用 l 表示。跨径与梁的强度、刚度有密切关系，工程上为了提高梁的强度和刚度，常采用增加支承的办法，以减小跨径。

思考讨论

分析：
城市轨道交通车辆中的部件存在哪些变形形式？

课后练习

1. 任意平面力系对某点平衡的条件是_____。

2. 简支梁两端分别为固定铰支座和可动铰支座。如下图所示，在 C 处作用一集中载荷 F，梁重不计，试画梁 AB 的受力图。

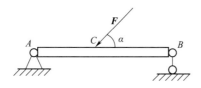

3. 如下图所示，已知：$F_1=50\text{kN}$、$F_2=100\text{kN}$、$AB=6\text{m}$。
求：F_1、F_2 对 A 点的矩。

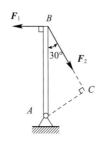

温馨提示

请完成分组训练2
见本教材配套分组训练活页。

城 市 轨 道 交 通 机 械 基 础
CHENGSHI GUIDAO JIAOTONG JIXIE JICHU

模块三

金属材料

◼ 模块描述

　　城市轨道交通车辆是按功能分类的多个子系统组成的紧密联系的综合系统，一般包括车体及客室内装、转向架、车门系统、车钩及缓冲装置、贯通道、制动与风源系统、空调和通风系统、电气牵引系统、辅助电源系统、列车控制和故障诊断系统、列车广播和乘客信息显示系统、乘客信息系统和闭路监控系统、车载信号系统、车辆无线通信系统等。其中，车体是容纳旅客和司机的部分，通常采用大断面铝型材、耐候钢或不锈钢全焊接结构。

　　目前，国内正在研制的未来新一代城市轨道交通车辆，采用先进的碳纤维技术。车体、转向架构架、驾驶室等均使用碳纤维复合材料制造，可使整车减重13%，且在强度及刚度等方面都有着显著优势，噪声、车体振动以及形变方面也获得大幅改善。

　　本模块主要介绍金属材料的力学性能，常用金属材料的牌号、特点和用途，并就常见热处理的特点和用途展开介绍。

◎ 知识目标

1. 理解金属材料力学性能的概念和特点；
2. 了解金属晶体的结构与金属的结晶；掌握非合金钢、合金钢、非铁金属等常用金属材料的牌号、性能特点和用途；
3. 了解热处理的原理；理解常用热处理方法的工艺特点和用途。

⚙ 能力目标

1. 能识读金属材料的牌号，并分析其性能特点；
2. 能够运用所学知识进行金属材料的选材及热处理工艺分析。

✸ 素质目标

1. 培养分析问题、解决问题的能力；
2. 培养严谨的工作态度。

⚠ 重点知识架构

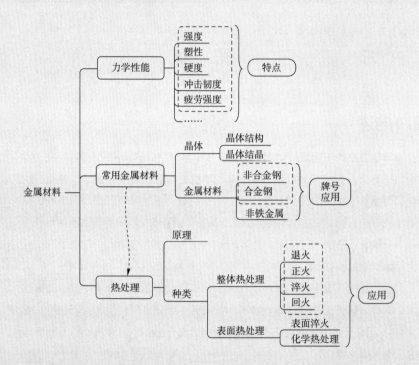

✦ 导学先行

模块三
课程导读

同学们可扫描二维码，观看本模块导学讲解，完成课前自主预习。

金属的力学性能 单元一

为设计和制造产品,必须了解和掌握材料的各种性能。

金属材料的性能包括使用性能和工艺性能两个方面,如图 3-1 所示。

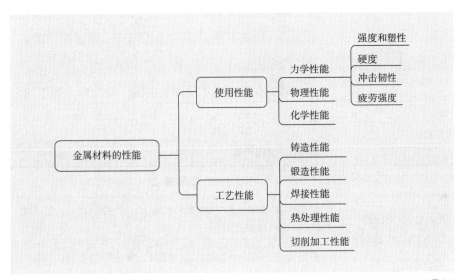

■ 图 3-1
金属材料的性能分类

使用性能是指金属材料在使用过程中表现出来的性质和特点,主要包括力学性能、物理性能(如密度、熔点、导热性、导电性等)和化学性能(如耐酸性、抗氧化性、耐热性等)。

工艺性能是金属材料被加工成所需零件的难易程度,主要包括铸造性能、锻造性能、焊接性能、热处理性能和切削加工性能等。

金属材料的力学性能(亦称机械性能)是指金属材料在力的作用下,所显示的与弹性和非弹性反应相关或涉及应力未应变关系的性能。主要有强度、塑性、硬度、冲击韧性、疲劳强度等。

金属材料的力学性能是评定金属材料质量的主要判据,也是金属构件设计时选材和强度计算的主要依据。

一、强度和塑性

1. 强度的测定

强度是指金属在静载荷作用下抵抗塑性变形和断裂的能力。

金属材料的强度通常由专门的试验来测定,其中应用最普遍的是拉伸试验。拉伸试验是在万能试验机上用静拉伸力对试样进行轴向拉伸,通过测量拉伸力和相应的伸长量,测量其力学性能的试验。

进行拉伸试验时,将试样两端分别紧固在拉伸试验机上,逐渐增加轴向拉力(又称拉伸力),连续记录拉伸力和试样的伸长量,直至试样被拉断。在拉伸试验中,拉伸力 F 和试样伸长量 ΔL 之间的关系曲线,称为力-伸长曲线。如图 3-2 所示,为低碳钢的力-伸长曲线图。

观察低碳钢的力-伸长曲线,拉伸分为如下四个阶段,见表 3-1。

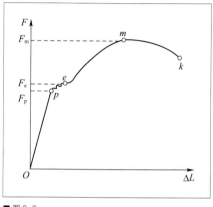

■ 图 3-2 低碳钢的力-伸长曲线

低碳钢的拉伸曲线 表 3-1

阶　　段	曲线特征	力学性能
Op 段:弹性变形阶段	直线	试样长度随着拉伸力的增大而增大,撤去外力后,试样变形消失,恢复原长
pe 段:屈服阶段	上下波动	在该阶段,拉力一旦超过 p,试样将发生塑性变形。当拉力增加到 e 时,在拉力不增加甚至略有减小的情况下,试样还将继续伸长,这种现象称为屈服
em 段:强化阶段	非线性增大	需要不断地增加拉力,试样才能继续伸长。随着塑性变形的增大,试样抵抗变形的内力也逐渐增大,这种现象称为形变强化,为整个拉伸过程中的最大拉力
mk 段:缩颈阶段	下降	拉力达到最大值后,试样中间某处的直径会发生局部收缩,称为"缩颈"。由于横截面面积减小,拉力不断减小

2. 强度指标

从表 3-1 可以看出,金属材料强度常用的指标有弹性极限、屈服极限和强度极限等。

弹性极限是用来表示材料发生纯弹性变形的最大限度。当金属材料单位横截面面积受到的拉伸外力达到这一限度以后,材料将发生弹塑性变形。对应于这一限度的应力值。屈服极限是用来表示材料抵抗微小塑性变形的能力。强度极限是材料抵抗外力破坏作用的最大能力，称为材料的强度极限。也就是说，当材料横截面上受到的拉应力达到材料的强度极限时，材料就会被拉断。

对于塑性金属来说，拉伸试样在承受最大拉应力之前，变形是均匀一致的。但超过强度极限后，金属开始出现缩颈现象，产生集中变形。

3. 塑性的测定

塑性是指金属在外力的作用下发生永久变形的能力。

塑性的测定同强度的测定一样，依旧采用拉伸试验，在万能试验机上用静拉伸力对试样进行轴向拉伸，通过测量伸长量的变化来测定。

4. 塑性指标

（1）断后伸长率：

$$\delta = \frac{l_1 - l_0}{l_0} \times 100\% \qquad (3-1)$$

（2）断面收缩率：

$$\psi = \frac{A_0 - A_1}{A_0} \times 100\% \qquad (3-2)$$

任何零件都要求材料具有一定的塑性。很显然，断后伸长率和断面收缩率越大，说明材料在断裂前发生的塑性变形量越大，也就是材料的塑性越好。塑性好的金属材料不仅能顺利地进行锻压等成型加工，而且在使用时如发生超载，还可以降低发生突然断裂的概率。所以大多数机械零件除要求具有较高的强度外，还要求具有一定的塑性。

分析：
研究强度的意义是什么？

——塑性材料和脆性材料

塑性变形是一种不可自行恢复的变形。工程材料及构件受载超过弹性变形范围之后将发生永久的变形，即卸除载荷后将出现不可恢复的变形，或称残余变形，这就是塑性变形。不是任何工程材料都具有塑性变形的能力。金属、塑料等都具有不同程度的塑性变形能力，故可称为塑性材料。

脆性材料在外力作用下（如拉伸、冲击等）仅产生很小的变形即发生破坏断裂。如玻璃、陶瓷、石墨、铸铁等，它们没有塑性变形能力。

工程上常把断后伸长率 $\delta \geqslant 5\%$ 的材料称为塑性材料，反之则为脆性材料。

分析：
低碳钢 $\delta = 20\% \sim 30\%$，试分析：此种低碳钢为塑性材料还是脆性材料？

二、硬度

硬度指金属材料抵抗外物压入其表面，造成局部塑性变形、压痕、划痕的能力，也是衡量金属材料软硬的一种性能指标。

1. 硬度的测定

硬度测定普遍采用压入法，是在规定静态试验力作用下，将一定规格压头压入材料表面，根据产生的压痕面积和深度来确定其硬度值。最常用的有布氏测试法、洛氏测试法和维氏测试法等，所测定的硬度值分别称为布氏硬度、洛氏硬度和维氏硬度。

（1）布氏硬度

如图 3-3 所示，布氏硬度是采用直径为 D 的淬火钢球或硬质合金钢球作为压头，以规定压力挤压材料表面并保持规定的时间，测量圆形压痕的直径 d，利用公式求出硬度值，或从专门编制的硬度表中查出对应的硬度值。

布氏硬度值是指压痕单位表面积上所承受的平均压力，用符号 HBW 表示。布氏硬度值可用下式计算。式中，只有 d 是变数，因此试验时只要测量出压痕直径 d(mm)，

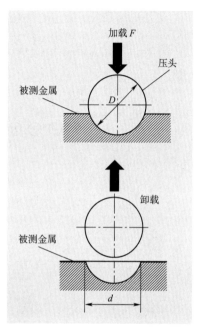
图 3-3 布氏硬度值的测定

即可通过计算或查表得出 HBW 值。布氏硬度值一般都不标出单位，只写明硬度的数值：

$$\text{HBS(HBW)} = \frac{2F}{\pi D(D - \sqrt{D^2 - d^2})} \quad (3-3)$$

测定布氏硬度较准确可靠，但一般 HBS 只适用于 450N/mm²（MPa）以下的金属材料，对于较硬的钢或较薄的板材不适用。布氏硬度往往以压痕直径来表示该材料的硬度，既直观，又方便。布氏硬度试验还可用于有色金属和软钢，采用小直径球压头可以测量小尺寸和较薄材料。布氏硬度计多用于原材料和半成品的检测，由于压痕较大，一般不用于成品检测。

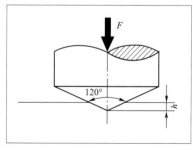
图 3-4 洛氏硬度值的测定

（2）洛氏硬度

洛氏硬度是以压痕塑性变形深度来确定硬度值的指标。试验方法如图 3-4 所示，采用顶角为 120° 的金刚石圆锥体或钢球，用载荷 F 压入被测材料表面，由压痕深度

h 求出材料的硬度,可以直接从洛氏硬度计的表盘上读出,它是一个相对值,一般规定每 0.002mm 压痕深度为一个洛氏硬度单位。

最常用的三种标尺为 A、B、C,即洛氏硬度用 HRA、HRB 和 HRC 来表示,要根据试验材料硬度的不同,选用不同硬度范围的标尺来表示:HRA 是采用 60kg 载荷和金刚石圆锥体求得的硬度,用于硬度较高的材料,如钢材薄板、硬质合金等;HRB 是采用 100kg 载荷和直径 1.588mm 淬硬的钢球求得的硬度,用于硬度较低的材料,如软钢、有色金属、退火钢等;HRC 是采用 150kg 载荷和金刚石圆锥体求得的硬度,用于硬度较高的材料,如淬火钢、铸铁等。

洛氏硬度在工业生产中最常用,适用于硬度较高的金属材料,如淬火钢及调质钢。

(3)维氏硬度

如图 3-5 所示,维氏硬度以 120kg 以内的载荷和锥面顶角为 136°的金刚正四棱锥体压入材料表面,用载荷值除以材料压痕凹坑的表面积,即为维氏硬度值(HV)。

维氏硬度计测量范围宽广,可以测量工业上所用到的几乎全部金属材料,从很软的材料(几个维氏硬度单位)到很硬的材料(3000 个维氏硬度单位)都可测量。

维氏硬度由于试验时加载的压力小,压入深度浅,对工件损伤小,特别适用于测量零件的表面淬硬层及经过表面化学处理的硬度,精度比布氏、洛氏硬度精确。但是维氏硬度的试验操作较麻烦,需要测量对角线的长度,然后查表进行计算,而且试样表面要求较高,所以测量效率较低,一般在生产上很少使用,多用于试验室及科研方面。

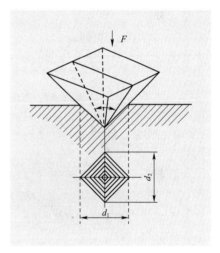

图 3-5
维氏硬度值的测定

这几种常见的硬度测定方法比较见表 3-2。

常见硬度测定方法对比　　　　表 3-2

硬度种类	压头形式	特　点	应用范围
布氏硬度(HBW)	淬火钢球或硬质合金钢球	硬度值较为准确;可查表得出硬度值	适用于测定各种退火及调质的钢材、非铁合金及铸铁等不太硬的工件;不适合测定太薄的工件和成品件

续上表

硬度种类	压头形式	特　　点	应　用　范　围
洛氏硬度(HR)	120°顶角的金刚石或钢球	准确性不如布氏硬度；可直接从试验机上读取硬度值	适用于测定布氏硬度值大于450或尺寸较小的工件及成品试件
维氏硬度(HV)	相对面夹角为136°的正四棱锥体金刚石	范围广，精度高，效率低；可查表得出硬度值	由于压痕较小，适用于测定较薄工件、工具表面或带镀层工件

2. 硬度研究的意义

硬度值的高低直接影响机械零件的耐磨性，一般情况下硬度值越高，耐磨性也越好。

硬度是一项综合的力学性能指标，从金属表面的局部压痕即可反映出材料的强度和塑性，因此在零件图上常常标注各种硬度指标来作为技术要求。

案例分析

请分析图3-6中技术要求体现的硬度指标。

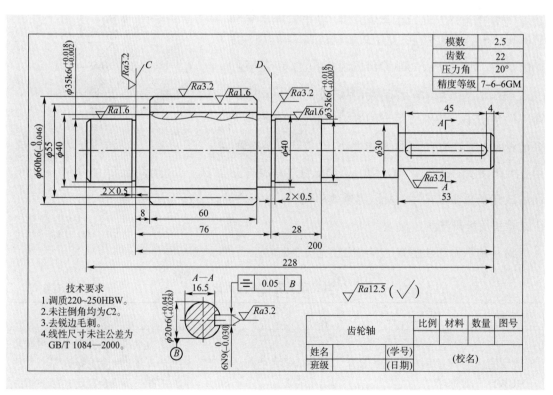

图3-6 齿轮轴零件图（尺寸单位：mm）

三、冲击韧性

韧性是指金属材料在动态力作用下抵抗断裂的能力,也即金属在断裂前吸收变形能量的能力。动态力,特别是冲击载荷,比静态力的破坏性要大得多。因此,需要采用测定冲击载荷下的冲击吸收功来确定韧性,用冲击韧度表示。为了测定金属的冲击吸收功,通常都采用夏比冲击试验。

1. 夏比冲击试验

如图 3-7 所示,在试验时,将带有缺口的试样安放在试验机的机架上,使试样的缺口位于两固定支座中间,并背向摆锤的冲击方向,将一定质量的摆锤升高至 h_0,则摆锤具有势能 A_{KV0}(V 形缺口试样)。当摆锤落下冲断试样后,摆锤继续上升至 h_1,此时摆锤的剩余势能为 A_{KV1}。则摆锤冲断试样所消耗的势能 $A_{KV} = A_{KV0} - A_{KV1}$,即为冲击吸收功,可以从试验机上直接读取,是表示金属冲击韧度的主要性能指标。

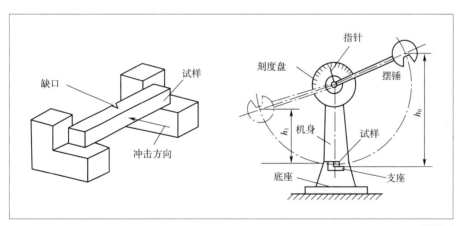

■ 图 3-7
夏比冲击试验原理图

2. 冲击试样

为了使试验结果不受其他因素影响,冲击试样要根据国家标准制作,如图 3-8、图 3-9 所示。

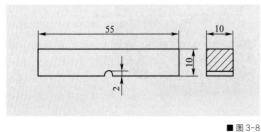

■ 图 3-8
U 形缺口试样

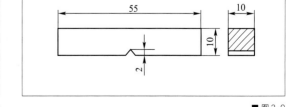

■ 图 3-9
V 形缺口试样

3. 冲击韧度

用试样断口处截面面积去除冲击吸收功即得冲击韧度。以 V 形缺口试样为例，其计算式为

$$a_{KV} = A_{KV}/S_N \qquad (3\text{-}4)$$

式中：a_{KV}——冲击韧度（J/cm^2）；

A_{KV}——冲击吸收功（J）；

S_N——试样断口处截面面积（cm^2）。

由此可见，冲击吸收功 A_{KV} 和冲击韧度 a_{KV} 越大，表示金属抵抗冲击试验力而不被破坏的能力就越强。

冲击试验操作简单，能灵敏地反映材料的品质、内部缺陷和冶炼及热处理工艺质量。因而在生产上广泛用它来检验材料的冷脆、回火脆性、裂纹等。

工程上把冲击韧度低的材料称为脆性材料，冲击韧度高的材料称为韧性材料。脆性材料在断裂前无明显的塑性变形，断口较平整，有金属光泽；韧性材料在断裂前有明显的塑性变形，断口呈现流线状，无光泽。

2020 年 11 月 2 日，荷兰鹿特丹附近 Spijkenisse 市，一列地铁列车冲出轨道，车损严重（图 3-10）。由此可见，城市轨道交通车辆在保证强度、硬度的前提下，还需要提高抗冲击的性能。

请分析、讨论：
如何提高金属材料的冲击韧度？

■ 图 3-10
地铁列车事故图片

四、疲劳强度

1. 疲劳现象的产生

零件在承受外部载荷作用时内部会产生应力,当外部载荷呈周期性变化时,应力也会做周期性变化,称为交变应力或循环应力。

机械零件工作时,需要承受交变应力的作用,虽然应力水平低于材料的屈服强度,但经过长时间的反复作用后,零件会产生裂纹或突然发生断裂破坏,这种现象称为金属的疲劳破坏,简称疲劳。

疲劳过程一般分三个阶段:裂纹萌生、裂纹扩展、构件断裂。

发生断裂时,零部件并无明显的宏观塑性变形,断裂前没有明显的预兆,而是突然地破坏。发生疲劳断裂产生的断口处能清楚地显示出裂纹源、扩展和最后断裂三个组成部分。如图3-11所示,典型的金属疲劳断口是由微裂源区、疲劳扩展区和瞬时断裂区三部分构成。

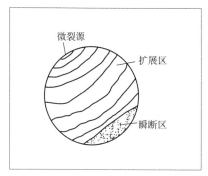

■ 图3-11
典型的金属疲劳断口

2. 疲劳强度

金属材料的疲劳性能由疲劳强度来衡量。

疲劳强度是指金属材料承受无限多次交变载荷的作用而不发生破坏的最大应力,它表示材料抵抗交变载荷作用而不发生疲劳破坏的能力。

在工程实际中,一般求疲劳极限,即对应于指定循环基数下的中值疲劳强度。一般来说,对于钢铁材料,循环基数为10^7;对于非铁金属,循环基数为10^8。

研究表明:疲劳断裂是在零件局部区域产生应力集中造成的。首先,形成微小的裂纹核心,即微裂源;随后,在循环应力作用下,裂纹继续扩展长大,由于疲劳裂纹不断扩展,零件的有效工作面逐渐减小,因此裂纹所在的断面上,零件所受应力不断增加。当应力超过材料的断裂强度时,就会形成最后瞬断区,发生疲劳断裂。

疲劳断裂是在循环应力作用下,经一定循环次数后发生的。在循环载荷作用下,金属承受一定的循环应力σ_{max}和断裂时相应的循环次数N之间的关系,可以用曲线来描述,这种曲线称为疲劳曲线,如图3-12所示。

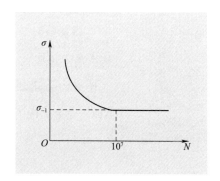

■ 图3-12
疲劳曲线示意图

思考讨论

试分析：
城市轨道交通车辆哪些部件需要考虑疲劳问题？

相关链接

一、使用性能（除力学性能之外）

1. 物理性能

金属材料的物理性能是指金属固有的属性，主要有密度、熔点、导电性、导热性、热膨胀性和磁性等。

(1) 密度

密度是物体的质量与其体积的比值。

根据密度大小，可将金属分为轻金属和重金属。一般将密度小于 $4.5g/cm^3$ 的金属称为轻金属，而把密度大于 $4.5g/cm^3$ 的金属称为重金属。材料的密度，直接关系到由它所制成设备的自重和效能，航空工业为了减轻飞行器的自重，需尽量采用密度小的材料，如钛及钛合金在航空工业中应用很广泛。

(2) 熔点

熔点是指材料从固态转变为液态的转变温度。

工业上一般把熔点低于 700℃ 的金属或合金称为易熔金属或易熔合金，把熔点高于 700℃ 的金属或合金称为难熔金属或难熔合金。在高温下工作的零件，应选用熔点高的金属来制作，而焊锡、熔断丝等则应选用熔点低的金属制作。

纯金属都有固定的熔点，合金的熔点决定于它的成分。例如，钢和生铁虽然都是铁和碳的合金，但由于含碳量不同，熔点也不同。熔点对于金属和合金的冶炼、铸造、焊接是重要的工艺参数。

(3) 导电性

导电性是指工程材料传导电流的能力。

衡量材料导电性能的指标是电阻率 ρ，ρ 越小，工程材料的导电性越好。纯金属中，银的导电性最好，其次是铜、铝。合金的导电性比纯金属差。导电性好的金属如纯铜、纯铝，适宜作导电材料。导电性差的某些合金，如 Ni-Cr 合金、Fe-Cr-Al 合金可用作电热元件（电阻丝等）。

(4) 导热性

导热性是指工程材料传导热量的能力。

导热性的大小用热导率 λ 来衡量，λ 越大，工程材料的导热性越好。金属中银的导热性好,铜、铝次之。纯金属的导热性又比合金好。

金属的导热性与导电性之间有密切的联系,凡是导电性好的金属,其导热性也好。导热性好的金属,在加热或冷却时,温度升高或降低就比较均匀和迅速。有些需要迅速散热的零件,如润滑油散热器、汽缸头等,就选用了导热性好的铜合金、铝合金来制作。维护工作中应注意防止导热性差的物质,如油垢、尘土等黏附在这些零件的表面,以免造成散热不良。

(5) 热膨胀性

热膨胀性是指工程材料的体积随受热而膨胀增大、冷却而收缩减小的特性。工程材料的热膨胀性的大小可用线胀系数 α 来衡量。

在实际工作中,应考虑材料的热膨胀性的影响。工业上常用热膨胀性使组合件紧密配合,如热压铜套筒就是利用加温时孔径扩大而压入衬套,待冷却后孔径收缩,使衬套在孔中固紧不动。铺设钢轨时,两根钢轨衔接处应留有一定的间隙,以便钢轨在长度方向有膨胀的余地。

热膨胀性对精密零件不利。因为切削热、摩擦热等,都会改变零件的形状和尺寸,有的造成测量误差。精密仪器或精密机床的工作常需要在标准温度 (20℃) 或规定温度下加工或测量就是这个原因。

(6) 磁性

磁性是指金属材料导磁的性能。

铁磁性材料 (如钴、铁等) 容易被外磁场磁化和吸引,顺磁性材料 (如锰、铬等) 在外磁场中只能微弱地被磁化,逆磁性材料 (如铜、锌等) 不但不会被外磁场吸引,还会削弱磁场。

铁磁性材料可用于制造变压器、电动机、仪器仪表;顺磁性材料和逆磁性材料可用来制造防磁结构件,如仪表外壳等。

2. 化学性能

金属材料的化学性能是指金属抵抗周围介质侵蚀的能力,包括耐腐蚀性和热稳定性。

(1) 耐腐蚀性

耐腐蚀性是指金属材料在常温下,抵抗氧、水蒸气及其他化学介质腐蚀破坏作用的能力。

腐蚀作用对材料危害极大,因此,提高金属材料的耐腐蚀性能,对于节约工程材料、延长工程材料的使用寿命,具有现实的经济意义。

船舶上所用的钢材须具有抗海水腐蚀的能力，储藏及运输酸类用的容器、管道应有较高的耐酸性能。

（2）热稳定性

热稳定性是指金属材料在高温下抵抗氧化的能力。

在高温条件下工作的设备，如锅炉、加热设备、喷气发动机上的部件需要选择热稳定性好的材料制造。

二、工艺性能

要将金属材料变成毛坯或零件，就要对其进行加工，以改变其形状和尺寸。按加工原理分，主要的加工方法有四种：铸造、锻压、焊接和切削加工。其中，切削加工主要用于零件的最终加工，而铸造、锻压和焊接主要用于生产毛坯，但在某些情况下也可以直接生产成品。

1. 铸造

将熔化的金属浇注到铸型的型腔中，待其冷却后得到毛坯或直接得到零件的加工方法称为铸造。通过铸造得到的毛坯或零件称为铸件。铸造的应用十分广泛，据统计，在机械设备中，铸件重量占整体重量的50%～80%。

2. 锻压

锻压是指锻造和板料冲压。

锻造是指金属加热后，用锤或压力机使其产生塑性变形，从而获得具有一定形状、尺寸和机械性能的毛坯或零件的加工方法。锻造广泛用于机床、汽车、拖拉机、化工机械中，如齿轮、连杆、曲轴、刀具、模具等都采用锻造加工。

板料冲压是指板料在机床压力作用下，利用装在机床上的冲模使其变形或分离，从而获得毛坯或零件的加工方法。

3. 焊接

焊接是一种永久性连接金属材料的工艺方法。它通过局部加热、加压或加热同时加压的方法，使分离金属借助原子间结合与扩散作用而连接起来的工艺方法，其应用十分广泛。

4. 切削加工

金属切削加工是利用金属切割工具，从金属坯件上切去多余的金属，从而获得成品或半成品金属零件的加工方法。切削加工分机械加工和钳工两大类，常用的机械加工有：车削、钻削、铣削、刨削、镗削及磨削加工。

常用金属材料 单元二

金属材料在人们的日常生活和生产活动中具有非常广泛的应用，从厨房的锅碗瓢盆，到出行所乘的汽车、城市轨道交通车辆，再到各种机械加工设备，都离不开金属材料。

一、金属材料基础知识

金属材料表现出各异的使用性能和工艺性能，都是源于微观结构的不同。

1. 金属的晶体结构

（1）晶体与非晶体

固态物质按原子排列的特点可分为晶体与非晶体两类。凡原子按一定规律排列的固态物质，称为晶体；原子在空间无规则排列的固态物质，称为非晶体。

非晶体的特点是：

①结构无序。

②没有固定的熔点。

③热导率（导热系数）和膨胀性小。

晶体是指组成原子呈规则排列的物质，其具有固定熔点的特性。

（2）金属晶格类型

晶体内部的原子是按一定的几何规律排列的。这种抽象的、用于描述原子在晶体中排列方式的空间几何图形称为结晶格子，简称晶格。

如图 3-13 所示，晶格是由许多形状、大小相同的几何单元重复堆积而成的。其中，能够完整地反映晶体特征的最小几何单元称为晶胞。

在已知的 80 多种金属元素中，大部分金属的晶格都属于下面三种类型：

①体心立方晶格：晶胞呈立方体，八个顶点和中心各有一个原子。

②面心立方晶格：晶胞呈立方体，八个顶点和六个面的中心各有一个原子。

③密排立方晶格：晶胞呈正六棱柱，十二个顶点和上、下面中心各排列一个原子，上、下底面之间还均匀分布着三个原子。

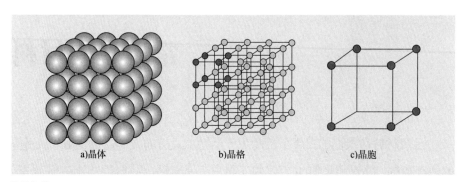

■ 图 3-13
晶体、晶格和晶胞示意图

常见晶格类型的钢球模型和对应的金属元素见表 3-3。

常见晶格类型一览表　　　　　　　表 3-3

晶格类型	晶胞（钢球模型）		常见金属
体心立方晶格			α-Fe，δ-Fe，Cr，V，Mo，W，Nb
面心立方晶格			γ-Fe，Al，Cu，Ni，Au，Ag
密排立方晶格			Mg，Zn，Be，Cd，α-Ti

（3）金属的实际晶体结构

①多晶体结构

多晶体结构如果晶体内部的晶格位向（即原子排列的方向）完全一致，则称该晶体为单晶体。单晶体只能用特殊的方法制得，如单晶硅、单晶锗等。实际上金属即使是体积很小，其内部也由许多晶格位向不同的微小晶体组成，每个小晶体相当于一个单晶体，其内部晶格位向是一致的，但小晶体之间的位相却不相同。

这种外形呈多面体颗粒状的小晶体称为晶粒，晶粒之间的交界称为晶界，如图3-14所示。由许多晶粒组成的晶体称为多晶体，其性能是位向不同的晶粒的平均性能，故可认为多晶体金属是各向同性的。

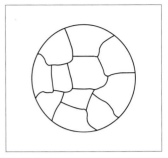

■ 图3-14
实际晶体结构

——细化晶粒的措施

在实际生产中，为了获得细晶组织，就要进行细化晶粒。常常采用以下措施：

（1）加快冷却速度：如铸造生产时降低浇注温度、采用蓄热大和散热快的金属铸型、铸型中局部加冷铁以及采用水冷铸型等。

（2）变质处理：在浇注前，将少量粉末物质加入到金属液中，促进形核或控制晶核长大，从而细化晶粒。

（3）附加振动：在结晶过程中，对金属液附加机械振动、超声波振动、电磁振动等，可以使生长中的枝晶破碎，使晶核数量增多，以细化晶粒。

试分析：
晶格、晶胞、晶粒、晶界之间的关系是什么？

② 晶体缺陷

实际晶体中，原子的排列并不像理想晶体那样规则和完整。由于诸多因素的影响，某些区域的原子排列受到干扰和破坏，这种区域称为晶体缺陷。

A. 点缺陷

点缺陷是晶体中呈点状的缺陷，即在三维空间三个方向上的尺寸都很小的晶体缺陷。如图3-15

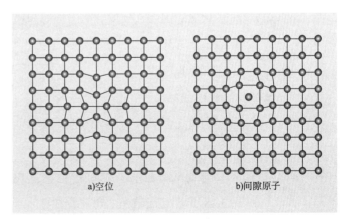

a) 空位　　　　b) 间隙原子

■ 图3-15
点缺陷

所示,最常见的点缺陷是晶格空位和间隙原子。晶格中原子空缺的位置叫空位;存在于晶格间隙的原子叫间隙原子。

B. 线缺陷

线缺陷包括刃型位错和螺型位错,如图 3-16 所示。

C. 面缺陷

面缺陷涉及较大范围(二维方向),如晶界、晶体的表面及堆垛层错,如图 3-17 所示。

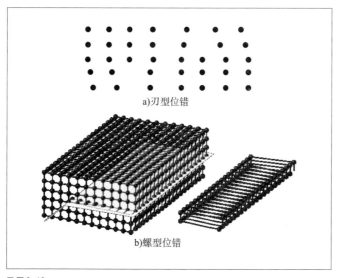

■ 图 3-16
线缺陷

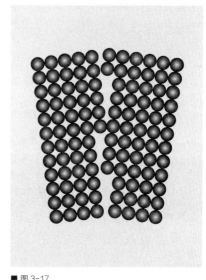

■ 图 3-17
面缺陷

(4)合金

一种金属元素同另一种或几种其元素,通过熔化或其方法结合在一起所形成的具有金属特性的物质。

合金的强度、硬度、耐磨性等机械性能比纯金属高许多;某些合金还具有特殊的电、磁、耐热、耐蚀等物理、化学性能。合金的应用比纯金属广泛得多。

2. 金属的结晶

(1)结晶

由液态金属转变为晶体的过程称为结晶。

(2)结晶过程

纯金属结晶的基本过程包括晶核的形成和晶核的长大两个过程。如图 3-18 所示,金属液在达到结晶温度时,首先形成一些极细小的微晶体——晶核,随后晶核不断吸收金属液中的原子而不断长大,直至金属液全部转化为晶体。

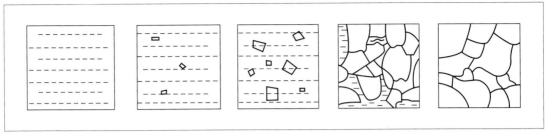

图 3-18
纯金属结晶过程示意图

合金的结晶过程如同纯金属一样，仍分为晶核形成和晶核长大两个过程，结晶时也需要一定的过冷度，最后形成由多晶体组成的晶体。但合金结晶后可形成不同类型的固溶体、金属化合物或机械混合物。

二、铁碳合金

钢铁主要由铁和碳两种基本元素构成，故钢铁又称为铁碳合金。

通常情况下，将碳含量在 0.0218%～2.11% 之间的铁碳合金称为钢；碳含量小于 0.0218% 的铁碳合金称为纯铁；碳含量大于 2.11% 的铁碳合金称为铸铁，见表 3-4。

铁碳合金分类（按含碳量分） 表 3-4

含碳量	$0 < \omega_C < 0.0218\%$	$0.0218\% \leq \omega_C \leq 2.11\%$	$\omega_C > 2.11\%$
铁碳合金分类	纯铁	钢	铸铁

试分析：
碳含量对铁碳合金的性能影响是什么？并说明城市轨道交通车辆的车体结构多采用哪种铁碳合金及其缘由。

钢是指以铁为主要元素，碳的质量分数在 0.0218%～2.11% 之间，并含有少量硅、锰、硫、磷等杂质元素的铁碳合金。

钢按照化学成分可分为非合金钢（碳素钢）和合金钢。

1. 非合金钢

非合金钢价格低廉，容易加工，能满足一般工程结构和机械零件的使用性能要求，是最广泛应用的材料。

（1）杂质元素对非合金钢性能的影响

非合金钢除含有铁和碳元素之外，还含有少量的硅（Si）、锰（Mn）、硫（S）、磷（P）等杂质元素。杂质元素对钢的组织和性能都有一定的影响。

①硅（Si）

硅是炼钢时加入硅铁脱氧而残留在钢中的，其含量一般小于 0.4%。硅能产生固溶强化，硅也是有益元素。

②锰（Mn）

锰是炼钢时加入锰铁脱氧而残留在钢中的。作为杂质存在时，其含量一般小于0.8%。锰是一种有益元素，可提高钢的强度和硬度，还能与硫形成MnS，以减轻硫的危害。

③硫（S）

硫是炼钢时由矿石和燃料带入钢中的。硫与铁形成化合物FeS，FeS与铁则形成低熔点（985℃）的共晶体分布在晶界上。当钢材加热到1100~1200℃进行锻压加工时，晶界上的共晶体会熔化而造成钢材在锻压加工过程中开裂，这种现象称为"热脆"。所以，硫是有害元素，其含量一般应严格控制在0.03%~0.05%以下。

④磷（P）

磷是炼钢时由矿石带入钢中的。磷可使钢的强度、硬度增加，但塑性和韧性显著降低，特别在低温时更为严重，这种现象称为"冷脆"。所以，磷是有害元素，其含量必须严格控制在0.035%~0.045%以下。

（2）非合金钢的分类

如图3-19所示，为非合金钢的分类一览。

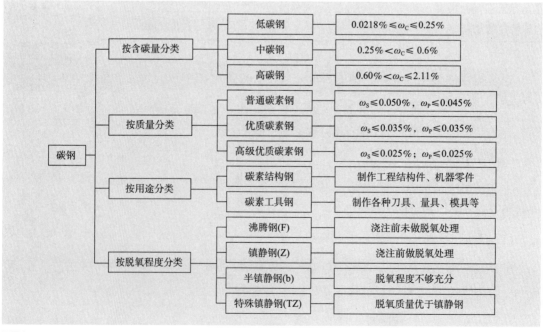

图3-19 非合金钢分类一览

①按钢的含碳量分类

非合金钢的分类（按含碳量分）见表3-5。

非合金钢的分类（按含碳量分）　　　表3-5

含碳量	$0.0218\% \leqslant \omega_C \leqslant 0.25\%$	$0.25\% < \omega_C \leqslant 0.60\%$	$0.60\% < \omega_C \leqslant 2.11\%$
非合金钢分类	低碳钢	中碳钢	高碳钢

②按钢的冶炼质量分类（以钢中S、P含量多少来分）

非合金钢的分类（按钢的冶炼质量分）见表3-6。

非合金钢的分类（按钢的冶炼质量分）　　　表3-6

非合金钢分类	钢的冶炼质量	
	ω_S	ω_P
普通碳素钢	$\leqslant 0.050\%$	$\leqslant 0.045\%$
优质碳素钢	$\leqslant 0.035\%$	$\leqslant 0.035\%$
高级优质碳素钢	$\leqslant 0.025\%$	$\leqslant 0.025\%$

③按钢的用途分类

A. 碳素结构钢：主要用于制作机械零件、工程结构件，一般属于低中碳钢。

B. 碳素工具钢：主要用于制作刀具，量具和模具，一般属于高碳钢。

④按脱氧程度分类

钢液中的过剩氧气与铁生成氧化物，对钢的力学性能会产生不良影响，因此须在浇注前对钢液进行脱氧，按脱氧的程度不同，可分为镇静钢、沸腾钢、半镇静钢和特殊镇静钢这四类。

A. 沸腾钢：是脱氧不完全的钢，这类钢化学成分不均匀，组织不够致密，质量较差。

B. 半镇静钢：其脱氧程度和性能介于镇静钢和沸腾钢之间。

C. 镇静钢：是脱氧完全的钢。这类钢化学成分均匀，内部组织致密，质量较高。

D. 特殊镇静钢：脱氧质量优于镇静钢，内部材质均匀，非金属夹杂物少，可满足特殊要求。

（3）非合金钢的牌号、特点及应用

①普通碳素结构钢

牌号表示方法：

$$Q+数字+（质量等级符号）+（脱氧方法符号）$$

其中：

A. Q 代表钢材的屈服强度，其后的数字表示屈服强度数值，单位是 MPa。

B. 质量等级符号分别为 A、B、C、D，A 为最低等级，D 为最高等级。

C. 脱氧方法符号中，F 表示沸腾钢、b 表示半镇静钢、Z 表示镇静钢、TZ 表示特殊镇静钢（镇静钢可不标符号，即 Z 和 TZ 都可不标）。

普通碳素结构钢的牌号及应用，见表 3-7。

普通碳素结构钢的牌号及应用　　　　表 3-7

牌号	屈服强度值（MPa）	用　　途
Q195	≥195	多用于装饰板、仪表壳、开关箱、防护罩、火车车厢等，或用作钢丝网、铆钉等
Q215	≥215	用作焊接钢管、地脚螺钉、螺栓、木螺钉、冲制铁铰链等五金零件
Q235	≥235	用以制作钢筋、桥梁、拉杆、连杆、船舶等，或对性能要求不太高的机械零件
Q255	≥255	用作钢筋、铆接件等
Q275	≥275	用于制造轴类、耐磨零件、钢轨接头夹板、车轮等

举例：Q235AF 含义：

②优质碳素结构钢

牌号表示方法：

$$数字+（Mn）+（脱氧方法符号）$$

其中：

A. 数字表示钢的含碳量，以万分数表示。

B. 锰含量较高的优质碳素结构钢，应将锰元素标出。

优质碳素结构钢中，08、10、15、20、25 等牌号属于低碳钢，其塑性好，易于拉拔、冲压、挤压、锻造和焊接，其中 20 钢用途最广，常用来制造螺钉、

举例：45Mn 含义：

螺母、垫圈、小轴以及冲压件、焊接件，有时也用于制造渗碳件。30、35、40、45、50、55等牌号属于中碳钢，其硬度和强度稍有提高，淬火后的硬度可显著增加；其中以45钢最为典型，它不仅强度、硬度较高，且兼有较好的塑性和韧性，即综合性能优良，在机械结构中用途最广，常用来制造轴、丝杠、齿轮、连杆、套筒、键、重要螺钉和螺母等。60、65、70、75等牌号属于高碳钢，它们经过淬火、回火后，不仅强度、硬度提高，且弹性优良，常用来制造小弹簧、发条、钢丝绳、轧辊等。

③碳素工具钢

牌号表示方法

$$T+数字+（Mn）+（脱氧方法符号）$$

其中：

A. 数字表示钢的含碳量，以千分数表示；如钢中的锰含量较高，则在钢号后附加锰的元素符号Mn。

B. 碳素工具钢分为优质碳素工具钢和高级优质碳素工具钢两类，牌号末尾加"A"，则为高级优质碳素工具钢。

碳素工具钢用于制造刃具、模具和量具。

④铸造碳钢

牌号表示方法：

$$ZG+数字+数字$$

其中：

两组数字依次为该牌号钢的最低屈服强度、最高抗拉强度，单位是MPa。

在用锻造方法难以生产，且用铸铁无法满足性能的情况下，采用铸造碳钢。铸造碳钢具有较高的强度、塑性和韧性，成本较低，一般用于制造形状复杂、力学性能要求较高的零件。可用于制造重型机械中承受大负荷的零件，如轧钢机机架、水压机底座等；在铁路车辆上用于制造受力大且承受冲击的零件，如摇枕、侧架、车轮和车钩等。

2. 合金钢

为了改善钢的某些性能或使之具有某些特殊性能，在炼钢时有意加入钢中的元素，称为合金元素。钢中加入的合金元素主要有：Si、Mn、Cr、Ni、W、Mo、V、Ti、Al、B、RE等。含有一种或几种合金元素的钢，称为合金钢。

举例：T8MnA
含义：

举例：ZG340-640
含义：

试分析：
在城市轨道交通车辆转向架构架的制造过程中，按照制造工艺可分为铸造构架和焊接构架。目前，城市轨道交通车辆多采用何种形式的转向架构架？

（1）合金钢的分类

合金钢的分类如图 3-20 所示。

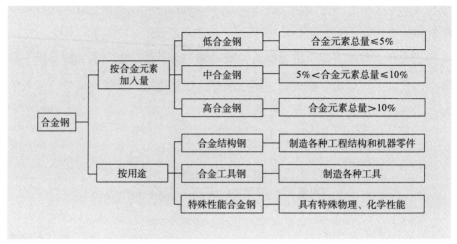

■ 图 3-20
合金钢分类一览

（2）合金钢的牌号、特点及应用

①合金结构钢

合金结构钢按用途可分为工程结构用钢和机械制造用钢。

A. 工程结构用钢

牌号表示方法：

$$Q+数字+（质量等级符号）+（脱氧方法符号）$$

其中：

Q 代表钢材的屈服强度，其后的数字表示屈服强度数值，单位是 MPa；

质量等级符号分别为 A、B、C、D；

脱氧方法符号分别为 F（沸腾钢）、b（半镇静钢）、Z（镇静钢，可不标出）、TZ（特殊镇静钢，可不标出）。

工程结构用钢，又称为普通低合金结构钢，用于制造在大气和海洋中工作的大型焊接结构件，如桥梁、车辆、船舶、输油气管、压力容器等。这类钢是在普通碳素结构钢的基础上，加入少量合金元素制成的钢。由于合金元素的作用，普通低合金结构钢与相同含量的普通碳素结构钢强度高得多，而且还具有良好的塑性、韧性、焊接性和较好的耐磨性，因此，采用普通低合金结构钢，代替普通碳素结构钢，可减轻结构重量，保证使用可靠，节约钢材。如用普通低合金结构钢 16Mn 代替 Q235 钢，一般可节约钢材 25%~30%。

思考讨论

举例：Q295A
含义：

普通低合金结构钢的牌号及应用，见表3-8。

低合金高强度结构钢的牌号及应用 表3-8

牌号	屈服强度值（MPa）	用 途
Q295	≥295	主要用于建筑结构、工业厂房、低压锅炉、油罐、管道、起重机、拖拉机及对强度要求不高的一般工程结构
Q345	≥345	主要用于船舶、锅炉、压力容器、石油储罐、桥梁，起重运输机械及其他较高载荷的焊接结构件
Q390	≥390	
Q420	≥420	用于大型船舶、桥梁、电站设备、中高压锅炉、高压容器、机车车辆、起重机械、矿山机械及其他大型焊接结构件
Q460	≥460	用于各种大型工程结构及要求强度高、载荷大的轻型结构等

B. 机械制造用钢

牌号表示方法：

数字+主要合金元素符号和数字+（微量合金元素符号）+（质量等级符号）

其中：

钢号开头的数字表示钢的含碳量，以万分数表示；

主要合金元素符号后面的数字一般以含量的百分之几表示，低于1.5%不标或标为1，介于1.5%～2.5%标为2，介于2.5%～3.5%标为3，以此类推；

钢中的钒V、钛Ti、铝Al、硼B、稀土RE等合金元素，均属微量合金元素，虽然含量很低，仍在钢号中标出；

高级优质钢在钢号最后加"A"，以区别于一般优质钢。

机械制造用钢，主要用于制造各种机械零件，它是在优质或高级碳素结构钢的基础上，加入合金元素制成的合金结构钢，这类钢一般都要经过热处理才能发挥其性能。

机械制造用合金结构钢，按用途和热处理特点，可分为合金渗碳钢、合金调质钢和合金弹簧钢等。

a. 合金渗碳钢

在机械制造中，有许多零件是在高速、重载、较强烈的冲击和受磨损条件下工作的，如汽车、拖拉机的变速齿轮十字轴以及内燃机凸轮轴等，要求零件的表面具有高硬度、高耐磨性，而芯部有足够的韧性，为了满足这样的

举例: 40Cr
含义:
举例: 38CrMoAlA
含义:
举例: 60Si2Mn
含义:
举例: 60Si2CrVA
含义:

性能要求，可采用合金渗碳钢。

合金渗碳钢的含碳量一般在 0.1%~0.25% 之间，加入的主要合金元素是铬 Cr、镍 Ni、锰 Mn、硼 B 等。为了细化晶粒，还加入少量的钒 V、钛 Ti 等元素。经过渗碳处理后，再进行淬火和低温回火处理，达到表面高硬度、高耐磨性和芯部高强度，并有足够韧性，20CrMnTi 是应用最广泛的合金渗碳钢。

b. 合金调质钢

一般指经过调质处理（淬火后高温回火）后使用的合金结构钢。这种钢经调质处理后，具有高强度和高韧性相结合的良好综合力学性能。

为了获得综合力学性能，必须具有合理的化学成分，合金调质钢的含碳量在 0.25%~0.5% 之间，主加合金元素为锰 Mn、铬 Cr、硅 Si、镍 Ni、硼 B 等，为了细化晶粒，还加入少量的钼 Mo、钨 W、钒 V、钛 Ti 等元素。合金调质钢，主要用于那些在重载和受冲击条件下工作的零件，如机床主轴、汽车后桥半轴、连杆等。40Cr 是合金调质钢中最常用的一种，其强度比 40 钢高 20%，并有良好的韧性。

c. 合金弹簧钢

合金弹簧钢是用于制造各种弹簧的专用合金结构钢。

弹簧是各种机构和仪表的重要零件，工作时产生弹性变形，在各种机械中起缓和冲击和吸收振动的作用，并可储存能量使机件完成规定动作。弹簧一般是在动载荷下工作，要求合金弹簧钢具有高的弹性极限、高疲劳强度、足够的塑性和任性及良好的表面质量，因此合金弹簧钢需要具有合理的化学成分，并进行适当的热处理。

合金弹簧钢的含碳量一般在 0.45%~0.75% 之间，加入主要元素有锰 Mn、硅 Si、铬 Cr 等，有些弹簧钢，还加入钼 Mo、钨 W、钒 V 等元素。合金弹簧钢，经淬火后进行中温回火处理。

② 合金工具钢

牌号表示方法：

数字 + 化学元素符号 +（质量等级 A）

其中：

数字表示钢的碳含量，以千分数表示；当 $\omega_C < 1\%$ 时，用一位数字表示碳含量的千倍；$\omega_C > 1\%$ 时，不标；其余元素同合金结构钢；高速工具钢例外，碳含量不标。

试分析：
加入 Si、Mn 的作用是什么？

合金工具钢，按用途可分为刃具钢、模具钢和量具钢。

A. 合金刃具钢

合金刃具钢分为低合金刃具钢和高速钢。

低合金刃具钢是在碳素工具钢的基础上，加入少量合金元素形成的一类钢，这类钢中常加入铬、锰、硅等元素，此外还加入钨、钒等元素，硬度、耐磨性、强度、淬透性均比碳素工具钢好。

典型的低合金刃具钢是 9CrSi 和 CrWMn，主要用于制造丝锥、板牙、铰刀等。

高速钢，是一种含钨、铬、钒等多种元素的高合金刃具钢。经过适当热处理后，具有高的硬度和耐磨性。高速钢主要用于制造切削速度较高的刃具和形状复杂、负荷较重的成型刀具，此外高速钢还可用于制造冷冲模、冷挤压模以及某些耐磨零件，但为了使高速钢具有良好性能，必须经过正确锻造和热处理。

常用的高速钢有 W18Gr4V、W6Mo5Cr4V2。

B. 合金模具钢

合金模具钢是指用于制造冲压、热锻、压铸等成型模具的钢。

根据工作条件不同，可分为冷变形模具钢和热变形模具钢。冷变形模具钢用来制造使金属在高温下成型的模具，如热锻模、压铸模等。热模具在高温下工作并承受很大的冲击力，因此，要求热模具钢要在高温下能保持足够的强度韧性和耐磨性。

常用的合金模具钢有 5CrMnMo、5CrNiMo、3Cr2W8。

C. 合金量具钢

合金量具钢，适用于制造测量工具的钢，如游标卡尺、千分尺、量块等，要求高硬度、高耐磨性和较高的尺寸稳定性。

常用的合金量具钢有 CrWMn、GCr15 等。

③滚动轴承钢

牌号表示方法

G+Cr+ 数字

其中：

数字表示铬的含量，以千分数表示。

滚动轴承钢，是制造各种滚动轴承的滚动体和内外套圈的专用钢。滚动

思考讨论

举例：9CrSi
含义：
举例：5CrMnMo
含义：
举例：CrWMn
含义：

轴承在工作时，承受着高而集中的交变应力，还有强烈的摩擦，因此，滚动轴承钢必须具有高而均匀的硬度和耐磨性、高的疲劳强度、足够的韧性和淬透性，以及一定的耐蚀性等。

常用的滚动轴承钢有 GCr15、GCr15SiMn 等。

④ 特殊性能钢

牌号表示方法

$$数字 + 化学元素符号 + 数字$$

举例：GCr15
含义：

其中：

前面的数字表示钢的碳含量，以千分数表示；当 $\omega_C < 0.03\%$ 时，标为"00+其他元素"；当 $0.03\% \leq \omega_C \leq 0.08\%$，标为"0+其他元素"；当 $\omega_C > 0.08\%$ 时，为含碳质量分数的千倍，其余同合金结构钢。

特殊性能钢是指具有特殊物理化学性能的钢，特殊性能钢的种类很多，在机械制造中常用的有不锈耐酸钢、耐热钢和耐磨钢。

A. 不锈耐酸钢

不锈耐酸钢，指在腐蚀介质中具有高的抗腐蚀能力的钢，一般称不锈钢。常用不锈钢有铬不锈钢和铬镍不锈钢。

铬不锈钢可抗大气、海水、蒸汽等的锈蚀，常用铬不锈钢为 Cr13 型不锈钢。

举例：1Cr17
含义：
举例：
00Cr17Ni14Mo2
含义：
举例：0Cr19Ni9
含义：
举例：4Cr9Si2
含义：
举例：ZGMn13
含义：

铬镍不锈钢主要用于制造在强腐蚀介质中工作的设备，如管道、容器等。

典型牌号：1Cr13、2Cr13、3Cr13、7Cr17、1Cr17、0Cr18Ni9。

B. 耐热钢

钢的耐热性是高温抗氧化性和高温强度的总称，耐热钢通常分为抗氧化钢和热强钢。

抗氧化钢的特点是，在高温下有较好的抗氧化能力，并有一定强度，这类钢主要用于制造长期工作在高温下的零件，如各种加热炉底板、渗碳箱等。

常用的抗氧化钢有 4Cr9Si2、1Cr13SiAl。

热强钢的特点是在高温下有良好的抗氧化能力，并具有较高的高温强度。

常用的热强钢有 15CrMo、4Cr14Ni4WMo。

C. 耐磨钢

耐磨钢通常是指高锰钢。耐磨钢要求具有表面硬度高、耐磨、芯部韧性好、强度高等特点,用于制造在强烈冲击下工作的零件,如铁路道岔、拖拉机履带、挖土机铲齿等。这种钢基本上都是铸造成型的。

典型型号:ZGMn13。

3. 铸铁

铸铁是指平均碳含量大于 2.11% 的铁碳合金。

铸铁具有良好的铸造性、耐磨性、减振性和切削加工性,且价格低廉,因此铸铁在工业生产中获得广泛应用。但因铸铁的塑性、韧性较差,不能用压力加工方法成型零件,只能用铸造的工艺方法。

(1) 分类

铸铁种类很多,根据碳存在形式的不同,铸铁可分为白口铸铁、灰口铸铁和麻口铸铁三类;根据内部石墨所处形态的不同,铸铁可分为灰铸铁、球墨铸铁、蠕墨铸铁和可锻铸铁。

(2) 牌号

①灰铸铁牌号表示方法:

$$HT+数字$$

其中:

数字表示最低抗拉强度。

②球墨铸铁牌号表示方法:

$$QT+数字+数字$$

其中:

前面数字表示最低抗拉强度,后面数字表示最低伸长率。

③蠕墨铸铁牌号表示方法:

$$RuT+数字$$

其中:数字表示最低抗拉强度。

④可锻铸铁牌号表示方法:

$$KT+H+数字+数字$$

其中:

数字表示最低抗拉强度,后面数字表示最低伸长率。

(3) 特点及应用

白口铸铁断口呈白亮色,性能硬而脆,不易切削加工,在机械工业中很少直接应用。

思考讨论

试分析：
在碳钢中加入合金元素，就获得了合金钢，那么，在铸铁中加入一定量的合金元素，能获得（　　）？这对铸铁产生何种影响？

灰铸铁、球墨铸铁、蠕墨铸铁和可锻铸铁的牌号、特点及应用见表3-9。

灰铸铁、球墨铸铁、蠕墨铸铁和可锻铸铁的牌号、特点及应用　　表3-9

分　类	石墨形态	特　点	应　用
灰铸铁	片状	断口呈暗灰色，具有一定的力学性能和切削加工性能	低载荷和不重要零件，如盖、外罩、手轮、支架、重锤等
球墨铸铁	球状	具有中高等强度、韧性和塑性，综合性能较高，耐磨性和减振性良好，铸造工艺性能良好	承受冲击、振动的零件，轮毂、驱动桥壳、减速器壳、拨叉等
蠕墨铸铁	蠕虫状	导热性和耐热疲劳性比球墨铸铁高；切削加工性优于球墨铸铁	增压器废气进气壳体、汽车底盘零件等
可锻铸铁	团絮状	有较高强度、塑性和冲击韧度，特别是低温冲击性能较好，耐磨性和减振性优于普通碳素钢	弯头、三通管件、中低压阀门等

三、非铁金属

通常将铁或以铁为主而形成的材料，称为钢铁材料；除钢铁材料以外的其他金属称为非铁金属。非铁金属冶炼较困难，成本较高，故产量和使用量远不如钢铁材料。但是，非铁金属具有的某些特殊物理、化学性能，使之成为现代工业中一种不可缺少的重要工程材料，广泛用于机械制造、航空、航海、化工、电气等领域。

常用的非铁金属有：铝及铝合金、铜及铜合金等。

1. 铝及铝合金

（1）工业纯铝

牌号表示方法：

$$Al+数字$$

其中：

最后三位数字表示铝的最低百分含量。

工业纯铝呈银白色，是一种轻金属，面心立方晶格、无同素异晶转变、熔点低、密度小，具有优良的加工工艺性能、电导性、热导性和耐大气腐蚀能力。工业纯铝是$\omega_{Al}=99.00\% \sim 99.80\%$的纯铝，主要用来制作电线、电缆、散热片、配置合金等。

思考讨论

举例：A199.6
含义：

（2）铝合金

①分类

如图 3-21 所示，铝合金分为变形铝合金和铸造铝合金两大类。变形铝合金又分为不能热处理强化的铝合金和能热处理强化的铝合金。

举例：5A05
含义：

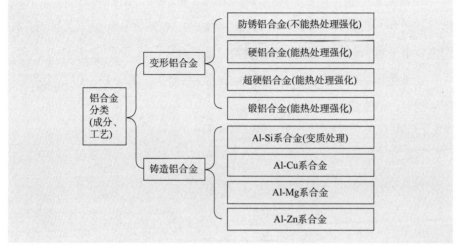

■ 图3-21
铝合金分类

举例：ZL102
含义：

②铝合金的牌号表示

A. 变形铝合金

牌号表示方法：

$$数字 + 字母 + 数字$$

其中：

第一位数字表示铝合金的组别；

第二位字母表示原始合金的改型情况，A 为原始合金，B~Y 为原始合金的改型合金；

最后两位数字用于区分同一组中不同的铝合金。

试分析：
在钢中加入 Si、Mn 元素，作用：_____

B. 铸造铝合金牌号

牌号表示方法：

$$ZL + 数字$$

其中：

字母后面的第一个数字表示合金类别，后两位为顺序号。

③特点及应用

铝合金是在 Al 中加入 Si、Cu、Mg、Zn、Mn 等元素，用于提高强度。

铝及铝合金是应用最广的非铁金属材料，其产量仅次于钢铁，广泛用于电气、汽车、车辆、化工等领域，也是航空工业的主要结构材料。

2. 铜及铜合金

（1）工业纯铜

纯铜呈紫红色，熔点1083℃，密度为$8.96g/cm^3$，面心立方晶格、无同素异晶转变，良好的电导性、热导性、耐蚀性、抗磁性和加工工艺性能。纯铜主要用于制作电线、电缆、导热材料及配置合金。

工业纯铜的代号用"T"加顺序号表示，共有T1、T2、T3、T4四个牌号。序号越大，纯度越低。

（2）铜合金

①分类

铜合金分类如图3-22所示。

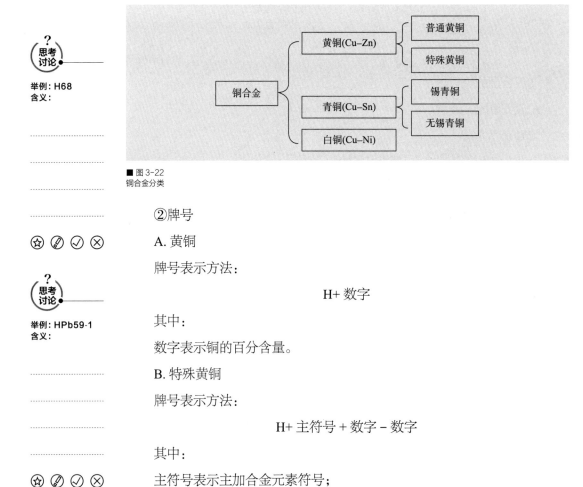

■ 图3-22
铜合金分类

②牌号

A. 黄铜

牌号表示方法：

$$H+ 数字$$

其中：

数字表示铜的百分含量。

B. 特殊黄铜

牌号表示方法：

$$H+ 主符号 + 数字 - 数字$$

其中：

主符号表示主加合金元素符号；

前面的数字表示铜的百分含量；

后面的数字表示合金元素的百分含量。

③特点及应用

A. 黄铜

单相黄铜 H68，有较高的强度，较好的冷、热变形能力，较好的耐蚀性，用于制造形状复杂、耐蚀的零件。双相黄铜 H62，有较高的强度，可进行热变形加工，广泛用于制作热轧、热压零件或由棒材经机加工制造各种零件。

特殊黄铜是在普通黄铜中加入其他合金元素的黄铜。加入的合金元素有铅、锡、铝、硅、锰、铁、镍等，以改善切削加工性、提高耐蚀性、铸造性能和力学性能等。

B. 青铜

a. 锡青铜

以锡为主要添加元素的铜基合金。常用锡青铜一般 ω_{Sn}=3%～14%，其中压力加工锡青铜 ω_{Sn}<7%。锡青铜的耐磨性好、无磁性和冷脆现象，可用于制作轴承、轴套等耐磨零件及弹簧等弹性元件。锡青铜的铸造收缩率小，用于铸造形状复杂、致密性要求不高、耐磨、耐蚀的零件。

b. 无锡青铜

无锡青铜是含铝、铍、硅、铅、锰等合金元素的铜基合金。主要有铝青铜、铍青铜等。铝青铜缺点是可焊性较差。铸造铝青铜用来制造齿轮、轴套、涡轮等强度耐磨性较高的摩擦零件。铍青铜用于弹性元件及钟表、仪器的零件，电焊机电机等。

C. 白铜

白铜是以镍为主要添加元素的铜基合金，呈银白色，有金属光泽。

当把镍熔入红铜里，含量超过 16% 时，产生的合金色泽就变得洁白如银，镍含量越高，颜色越白。白铜中镍的含量一般为 25%。

纯铜加镍能显著提高强度、耐蚀性、硬度、电阻和热电性，并降低电阻率温度系数。因此，白铜较其他铜合金的力学性能、物理性能都要优良，延展性好、硬度高、色泽美观、耐腐蚀、富有深冲性能，广泛应用于造船、石油化工、电器、仪表、医疗器械、日用品、工艺品等领域。

单元三 热处理

一、概述

采用适当的方式对固态金属材料进行加热、保温及冷却,以获得预期所需的组织结构与性能的工艺过程称为热处理。

基本上所有的热处理都需要经过加热、保温、冷却三个过程。在零件加工工艺规程中,热处理工序的要求用热处理工艺曲线表示。如图 3-23 所示,热处理工艺曲线是描述热处理加热、保温和冷却要求的时间-温度曲线,是操作者完成热处理操作的主要依据。

热处理的种类很多,根据热处理的目的和工艺方法的不同,热处理可分为整体热处理和表面热处理两大类,如图 3-24 所示。

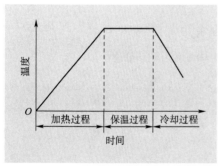

■ 图 3-23
热处理工艺曲线

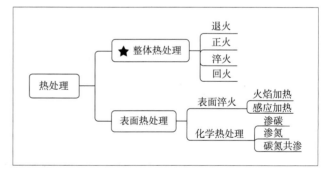

■ 图 3-24
热处理种类

二、钢的整体热处理

钢的整体热处理是指对钢件整体进行加热,经保温后以一定方法冷却,以改变钢件的内部组织和整体力学性能的热处理工艺方法。

整体热处理可分为预先热处理和最终热处理。其中,预先热处理是消除前道工序的某些缺陷,为后续工序做准备的热处理,如:退火、正火等;最终热处理是获得零件所需要的使用性能的热处理,如:淬火、回火等。

1. 钢的退火

(1) 定义

退火是将钢件加热到某一温度，经过一定时间的保温后，缓慢冷却（一般为随炉冷却）以使内部组织均匀化，从而获得预期力学性能的热处理工艺。

(2) 目的

①降低材料的强度和硬度，提高塑性，为后续机械加工做准备。

②减小材料内部组织的不均匀性，细化晶粒，消除内部应力。

③为后续的热处理做好组织准备。

(3) 种类

不同成分的钢在退火时所需的加热温度和冷却方式各不相同，通常可将退火分为完全退火、等温退火、均匀化退火、去应力退火、球化退火、再结晶退火等。

2. 钢的正火

(1) 定义

正火是将钢加热到某一温度，保温后从炉中取出在空气中冷却的一种操作方法。

(2) 特点

正火的冷却速度较退火快些，所得到的组织较细，强度和硬度较高。

正火是在炉外冷却，不占用加热设备，生产周期比退火短，生产效率高，能量消耗少，工艺简单、经济，所以低碳钢多采用正火来代替退火。

(3) 正火的应用

①普通结构件的最终热处理。

正火可以消除铸造或锻造生产中的过热缺陷，细化组织，提高力学性能。

②改善低碳钢和低碳合金钢的切削加工性。

硬度在 160~230HB 的金属，易切削加工，金属硬度高，不但难以加工，而且刀具易磨损，能量耗费也大，硬度过低，加工又易粘刀，使刀具发热和磨损，且加工零件表面会很粗糙。

③作为中碳结构钢制作的较重要零件的预先热处理。

正火常用来为较重要零件进行预先热处理。例如，对中碳结构钢正火，可消除热加工所造成的组织缺陷，并且它对减小工件淬火变形与开裂，提高淬火质量有积极作用。

试分析：
退火和正火有何区别？

④消除过共析钢中的网状二次渗碳体，为球化退火做组织准备。

3. 钢的淬火

（1）定义

将钢加热到一定温度，保温后在水或油中快速冷却的操作工艺称为淬火。

（2）目的

提高钢的强度、硬度和耐磨性。

（3）特点

工件淬火后，其性能是硬而脆，并存在着由于冷却过快而造成的内应力，往往会引起工件变形甚至开裂的危险。

（4）常用淬火介质

①自来水（30℃以下）

优点：经济、便宜、易于实现自动化。

应用：主要用于形状简单，截面较大的碳钢零件淬火。

②盐水（10%～15% NaCl 或 NaOH，Na_2CO_3 水溶液，30℃）

冷却特性：冷却速度比自来水快。

应用：用于水淬不透的、形状简单的碳钢。

③油（20 号机油，40～80℃）

冷却特性：冷却速度低于水。

缺点：淬硬能力低；易于老化。

应用：适用于合金钢淬火。

——钢的淬透性与淬硬性

淬透性表示的是钢在淬火时所能得到的淬硬层深度。

钢的淬硬性指的是钢在淬火能达到的最高硬度。用不同的钢制成相同形状和尺寸的工件，在同样条件下淬火，淬透性好的钢淬硬层较深，淬透性差的钢淬硬层较浅。

4. 钢的回火

钢淬火后一般都必须要进行回火处理，回火决定了钢在使用状态的组织和寿命，因此是很主要的热处理工序。

（1）定义

将经过淬火的钢加热到一定温度，保持一定时间，然后冷却到室温以获得所需组织和性能的热处理工艺。

（2）目的

①降低淬火钢的脆性和内应力，防止变形或开裂。

②调整和稳定淬火钢的结晶组织，以保证工件不再发生形状和尺寸的改变。

③获得需要的力学性能，即获得所要求的强度、硬度和韧性，以满足各种工件的不同使用要求。

（3）分类及应用

①低温回火（150~250℃）

低温回火是为了降低淬火钢的应力和脆性，提高韧性，而保持高硬度和耐磨性。

主要用于各类高碳钢的刀具、冷作模具、量具、滚动轴承、渗碳或表面淬火件等。

②中温回火（350~500℃）

中温回火可显著减小工件的淬火应力，具有较高的弹性极限和屈服极限，并有一定的韧性。

主要用于各种弹簧、弹性夹头及锻模的处理。

③高温回火（500~650℃）

高温回火可使工件获得强度、硬度、塑性和韧性都较好的综合力学性能。

淬火后高温回火的热处理称为调质处理，简称调质，常用于受力情况复杂的重要零件，如各种轴类、齿轮、连杆等。

三、钢的表面热处理

在冲击载荷和摩擦条件下工作的零件，要求其表面具有高的硬度和耐磨性，而芯部应具有足够的塑性和韧性。对于工件表面和芯部不同的性能要求，难于从选材和普通热处理解决，而表面热处理能满足这类零件的要求。

常用的表面热处理方法有表面淬火和化学热处理两种。

1. 表面淬火

仅对工件表面进行淬火的工艺称为表面淬火。

表面淬火常见的有火焰加热表面淬火和感应加热表面淬火。

(1) 火焰加热表面淬火

火焰加热表面淬火是用火焰加热零件表面,并用水快速冷却的热处理工艺。淬硬层一般为 2~6mm。

优点:方法简便;不需要特殊设备。

缺点:需要操作熟练,否则容易过热,造成淬火质量不稳定。

应用:适用于单件、小批量生产零件,如轧钢机齿轮、轧辊;矿山机械齿轮、轴;机床导轨、齿轮等。

(2) 感应加热表面淬火

感应加热表面淬火是利用感应电流通过工件表面产生热效应,工件表面受热,并进行快速冷却的淬火工艺。

为了得到不同的淬硬层深度,可采用不同频率的电流进行加热,应用举例见表3-10。

感应加热的频率选择 表 3-10

类别	频率范围(kHz)	淬硬层深度(mm)	应用举例
高频感应加热	200~300	0.5~2	在摩擦条件下工作的零件,如小齿轮、小轴
中频感应加热	1~10	2~8	承受扭曲、压力载荷的零件,如曲轴、大齿轮、主轴
工频感应加热	50	10~15	承受扭曲、压力载荷的大型零件,如冷压辊

感应加热淬硬层可控制,淬火质量好,生产效率高,易实现机械化和自动化;但设备较复杂,适用于大批量生产。

——激光加热表面淬火

工艺:将高功率密度的激光束照射到工件表面,使表面快速加热,依靠工件本身热传导迅速自冷而获得一定淬硬层的工艺操作。

硬化层：1～2mm。

特点：淬火质量好，组织超细化，硬度高、脆性极小、工件变形小、不需要回火、节约能源、无污染、效率高、便于自动化，但是设备昂贵。

应用：汽车、拖拉机的汽缸套、汽缸、活塞环、凸轮轴等零件。

2. 钢的化学热处理

（1）定义

将工件置于某种化学介质中，通过加热、保温和冷却，使介质中的某些元素渗入工件表层以改变工件表层的化学成分、组织结构和性能，从而达到"表硬心韧"的性能特点。

（2）目的

除提高钢件表面硬度，耐磨性及疲劳极限外，也能提高零件的抗腐蚀性、抗氧化性，以代替昂贵的合金钢。

（3）化学热处理的过程

分解、吸收和扩散。

（4）可渗的元素

有碳、氮、硼、铬、铝、硅、硫等，常用的有渗氮和渗碳。

钢的渗碳，目的是提高钢件表层碳含量。渗碳后工件经淬火及低温回火，表面获得高硬度，而其内部又具有高的韧性。

钢的渗氮，目的是提高零件表面的硬度、耐磨性、耐蚀性及疲劳强度。渗氮后一般深度为 0.1～0.6mm。

渗氮与渗碳相比，有如下特点：渗氮温度高，工件变形很小。钢件渗氮后不用淬火，就可以获得比渗碳高得多的硬度。渗氮零件具有很好的耐蚀性。渗氮的缺点就是生产周期长，成本较高；渗氮层脆而薄，故不宜承受集中、冲击载荷。

齿轮选材若选用低碳钢（20钢、25钢），则需进行哪些热处理工艺？

提示：

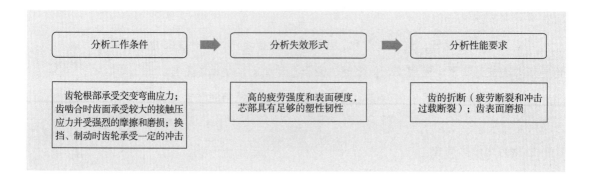

试分析：
若上述齿轮选材换成中碳钢(40钢 45钢)，则需进行哪些热处理工艺？

由此，得出工艺路线如下：

下料→锻造→正火→机加工→渗碳+淬火+低温回火→喷丸→精磨→成品。

课后练习

1. 衡量材料塑性好坏的主要指标有_____和_____。

2. _____是金属在静载荷作用下抵抗塑性变形和断裂的能力。

3. 常用的硬度试验方法有_____、_____和_____等。

4. 金属的力学性能主要有强度、塑性、硬度、_____和_____等。

5. 常见的晶格类型有_____、_____和密排六方晶格。

6. 表面热处理包括_____和_____。

7. 回火的种类有：低温回火、_____和_____。

8. 化学热处理按渗入元素的不同可分为_____、_____和碳氮共渗等。

9. 热处理工艺过程由_____、_____和冷却三个阶段组成。

10. 常用的预备热处理工序是_____和_____；常用的最终热处理工序是_____和_____。

11. 整体热处理包括退火、正火、_____和_____。

12. 凸轮、曲轴、齿轮等零件在工作时，既承受冲击，表面又受摩擦，这些零件要求具有"表硬心韧"的使用性能，常采用_____达到此要求。

请完成分组训练 3
见本教材配套分组训练活页。

模块四

平面机构

📀 模块描述

　　平面机构承载力较大，接触面积大，结构简单，在生产和生活中应用广泛，用于各类大型机械和设备中，如装载机、起重机、铁路机车车轮、纺织机械、发动机中的配气系统等；在城市轨道交通车辆中的应用也很多，如用在司机控制器上、直流传动城市轨道交通车辆的调速控制系统。

　　本模块主要介绍平面机构的运动副和自由度、铰链四杆机构的基本类型和判别方法以及凸轮机构的基本知识。

◎ 知识目标

1. 理解机器、机械、机构和构件的特点；
2. 了解自由度的概念，掌握平面机构自由度的计算；
3. 掌握铰链四杆机构的基本类型和判别方法，了解铰链四杆机构的运动形式转换与应用，理解铰链四杆机构的演化形式和传动特性；
4. 理解凸轮机构的分类、运动过程和应用；了解凸轮从动件的常用运动规律。

❀ 能力目标

1. 能区分机器、机构、构件和零件；
2. 能够运用所学知识进行铰链四杆机构的类型判别。

素质目标

1. 培养分析问题、解决问题的能力；
2. 培养严谨的工作态度。

重点知识架构

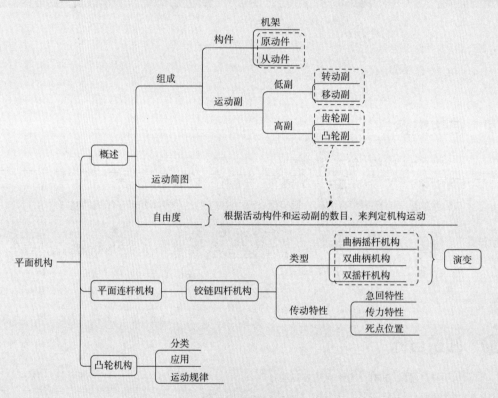

导学先行

同学们可扫描二维码，观看本模块导学讲解，完成课前自主预习。

模块四
课程导读

平面机构的自由度 单元一

随着生产不断发展,现代机械已经渗入到了社会的各个领域。无论是衣食住行还是科研开发,都离不开机械产品的使用。服装、食品、建筑、交通、矿业、医药、传媒、化工和印刷等行业的生产效率都与机械产品的使用息息相关。

机械传动是指采用各种机构、传动装置和零件来传递运动和动力的传动方式。

机械是指机器和机构的总称。

机器一般具备以下特征:都是人为的各种实物的组合体;组成机器的各种实物间具有确定的相对运动;可代替或减轻人的劳动,有效地实现机械功转换为机械能。

机构是具有确定相对运动的各种实物的组合,它只符合机器的前两个特征。也就是说,从结构和运动学的角度分析,机器和机构之间并无区别,都是具有确定相对运动的各种实物的组合。

分析:
机器和机构的不同点?

——机器的组成

机器由若干个不同零件组装而成,零件是组成机器的最小单元,也是机器的制造单元。各种机器经常用到的零件称为通用零件,如轴、螺栓、螺母、齿轮和弹簧等。在特定的机器中用到的零件称为专用零件,如起重机的吊钩、内燃机的曲轴、连杆等。

无论是哪一种机器,其机构、功能有所不同,但都由四大部分组成,如图4-1所示。

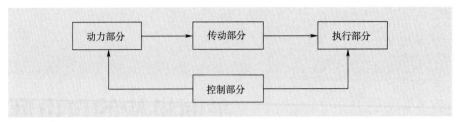

图 4-1 机器的组成部分

（1）动力部分

这是机器的动力来源，如城市轨道交通车辆的电机、汽车的内燃机。没有动力源，机器就失去了价值。

（2）执行部分

这是直接完成工作任务的部分，如城市轨道交通车辆的轮对、工业机器人的手持部分。

（3）传动部分

这是从动力源到执行部分的运动与动力的传递环节，如城市轨道交通车辆转向架上的齿轮传动箱，机床的变速、变向等。

（4）控制部分

能够使机器的原动部分、传动机和工作机部分按一定的顺序和规律运动，完成所需的工作循环，如城市轨道交通车辆的电气控制设备、汽车的转向盘等。

一、平面机构的组成和运动简图

1. 平面机构的组成

机构中所有构件都在一个平面或相互平行的平面内运动的机构称为平面机构。

平面机构中每个构件都不是自由构件，而是以一定的方式与其他构件组成动连接。这种使两构件直接接触并能产生一定运动的连接，称为运动副。

机构就是由若干构件和若干运动副组合而成的。

（1）构件

构件是机器的运动单元，一般由若干个零件刚性连接而成，也可以是单一的零件。

①机架（或固定件）

用来支承活动构件的构件。在分析研究机构中活动构件的运动时，常以机架作为参考坐标系。

②原动件

运动规律已知的活动构件。它的运动是由外界输入的,故又称为输入构件。

③从动件

机构中随着原动件的运动而运动的其余活动构件。从动件的运动规律取决于原动件的运动规律和机构的组成情况。

（2）运动副

两构件组成的运动副,可通过点、线、面接触来实现。根据组成运动副的两构件之间的接触形式,运动副可分为低副和高副。

①低副

两构件以面接触组成的运动副称为低副。

两构件间的相对运动为转动的,称为转动副,如图 4-2a）、b）所示的轴承与轴颈连接、铰链连接等；两构件间的相对运动为直线运动的,称为移动副,如图 4-3 所示。

分析：
构件、零件、机器、机构之间的关系？

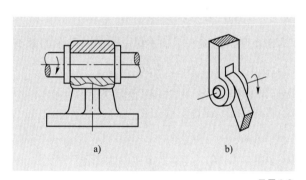

■ 图 4-2
转动副

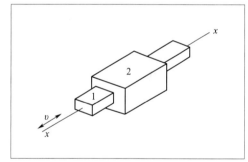

■ 图 4-3
移动副

②高副

两构件以点或线接触组成的运动副称为高副。

如图 4-4 所示,凸轮机构中构件 1 与构件 2 组成的高副,构件 1 沿公法线 $n—n$ 方向的移动受到约束,而构件 1 相对于构件 2 可沿接触点 A 的切线 $t—t$ 方向移动,同时也可绕 A 点转动；如图 4-5 所示,

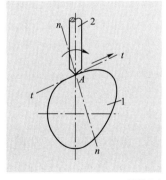

■ 图 4-4
凸轮机构

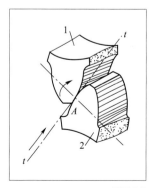

■ 图 4-5
齿轮机构

齿轮机构中构件 1 与构件 2 组成的高副，构件 1 相对于构件 2 可沿接触线 t—t 方向移动，同时也可绕 A 点转动。

2. 平面机构运动简图

（1）机构运动简图的定义

构件的外形和结构一般都很复杂，在研究机构运动时，为了突出与运动有关的因素，往往将那些无关的因素（如构件的形状、组成构件的零件数目和运动副的具体结构等）简化，仅用简单的线条和规定的符号来代表构件和运动副，并按一定的比例表示各种运动副的相对位置。这种表示机构各构件之间相对运动的简化图形，称为机构运动简图。

（2）平面机构运动简图的绘制

①构件表示

在机构运动简图中，构件一般用线段或小方块来表示，并标明该构件参与构成的运动副，如图 4-6 所示。

其中，当一个构件参与组成两个运动副时，该构件可用如图 4-6a）所示的图形表示。其中，小圆圈表示转动副，方块表示移动副。当一个构件参与组成三个运动副时，该构件常用三角形表示，如图 4-6b）所示。机架的表示方法是在表示机架的构件上绘制若干短斜线，如图 4-6c）所示。

在机构简图中，原动件上通常画有箭头，用以表示运动方向。

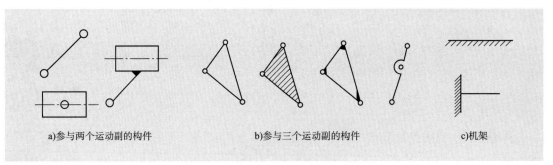

a）参与两个运动副的构件　　b）参与三个运动副的构件　　c）机架

■图 4-6
构件表示方法

②运动副表示

A. 转动副

转动副用一个小圆圈表示，小圆圈的圆心代表转动的轴线。

如图 4-7a）、b）所示，分别为转动副中的活动铰链和固定铰链。若转动副中的转动轴线不垂直于纸面，可采用如图 4-7c）所示的表示方法。

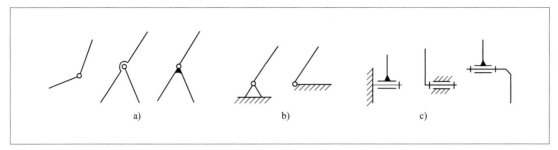

■ 图 4-7
转动副的表示方法

B. 移动副

移动副一般用方块或线段表示移动的构件，用直线表示移动的方向。

组成移动副的两个构件都未固定时，采用图 4-8a) 所示的表示方法；有一个构件固定为机架时的移动副如图 4-8b) 所示。

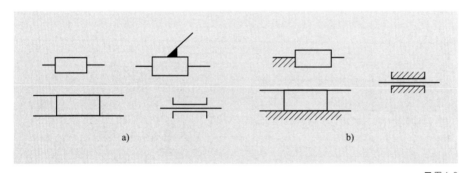

■ 图 4-8
移动副的表示方法

C. 高副

高副通常用两构件接触时的轮廓曲线来表示。

例如，齿轮副可用齿轮啮合时轮齿的轮廓或两个相切的节圆来表示，如图 4-9a) 所示；凸轮副可用凸轮的轮廓曲线和从动件在接触处的形状来表示，如图 4-9b) 所示。

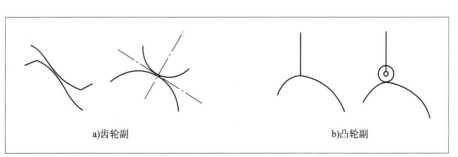

■ 图 4-9
高副的表示方法

分析：
图 4-9a) 和图 4-9b) 的运动特点有何区别？

二、平面机构的自由度及具有确定运动的条件

1. 平面机构的自由度

平面机构的自由度就是该机构中各构件相对于固定机架所具有的独立运动的数目。平面机构自由度与组成机构的构件数目、运动副的数目及运动副的性质有关。

当两个构件组成运动副之后，它们的相对运动就受到约束。这种对构件的独立运动的限制称为约束。约束增多，自由度就相应减少。由于不同种类的运动副引入的约束不同，所以保留的自由度也不同。

移动副约束了沿一个轴方向的移动和在平面内转动这两个自由度，只保留沿另一个轴方向移动的自由度，即产生两个约束；如图4-10所示，转动副约束了沿两个轴移动的自由度，只保留一个转动的自由度，即引入两个约束。

分析：
空间机构的每个活动构件有几个自由度？

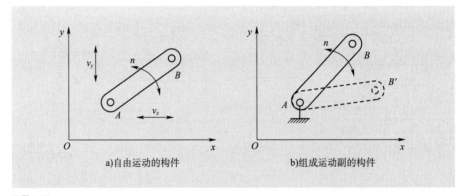

a) 自由运动的构件　　　b) 组成运动副的构件

■ 图 4-10
平面构件的自由度

高副只约束了沿接触处公法线方向移动的自由度，保留点接触处的转动和沿接触处公切线方向移动的两个自由度，即引入一个约束。

由以上分析可知，在平面机构中，每个低副引入两个约束，使机构失去两个自由度；每个高副引入一个约束，使机构失去一个自由度。

若某机构由 N 个构件组成，除去机架，机构中共有 $n = N-1$ 个活动件。构件在连接之前，全部活动件共有 $3n$ 个自由度。而在连接后，构件的自由度由于运动副的约束而减少。

设在机构中有 P_L 个低副、P_H 个高副，则该机构全部运动副的约束数目共有 $2P_L + P_H$ 个。因此，活动构件的自由度总数减去运动副引入的约束总数，就是该机构的自由度数，用 F 表示，则平面机构自由度的计算公式为

$$F = 3n - (2P_L + P_H) = 3n - 2P_L - P_H \qquad (4\text{-}1)$$

例 4-1： 计算如图 4-11 所示汽车活塞连杆机构的自由度。

解：

该机构总共有 4 个构件，活动构件数目为 3 个，其中有 3 个转动副和 1 个移动副，没有高副。

由自由度公式计算得：

$$F = 3n - 2P_L - P_H = 3 \times 3 - 2 \times 4 - 1 \times 0 = 1$$

该机构的自由度为 1。

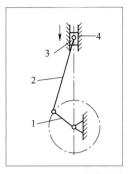

■ 图 4-11
汽车连杆活塞机构

2. 机构具有确定运动的条件

由自由度公式可知，机构的自由度必须大于零，则该机构除机架之外的其他构件才能够运动。如果机构的自由度计算等于零，所有构件就都不能运动。通常用具有一个独立运动的构件作主动件。

因此，机构具有确定运动的充分必要条件是：

构件系统的自由度必须大于零，且自由度数目必须等于原动件的数目。即

$$F = W \geqslant 1 \qquad (4\text{-}2)$$

3. 计算机构自由度时的注意事项

（1）复合铰链

两个以上构件在同一处以转动副相连接组成的运动副，称为复合铰链。

如图 4-12 所示为三个构件在同一处构成复合铰链。由其机构简图 4-12b）、c）可知，此三构件共组成两个共轴线转动副。

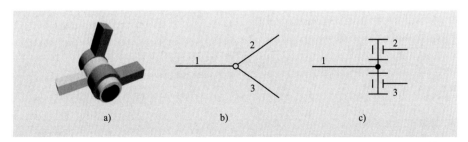

■ 图 4-12
复合铰链

当由 m 个构件组成复合铰链时，则应当组成 $(m-1)$ 个共轴线转动副。

分析：
原动件数不等于自由度数时，机构的运动情况。

分析：
复合铰链对自由度计算的影响。

例 4-2：计算图 4-13 所示的复合杆机构的自由度。

解：

C 点存在复合铰链。

则自由度

$$F = 3n - 2P_L - P_H = 3 \times 5 - 2 \times 7 - 1 \times 0 = 1$$

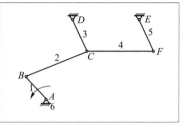

■ 图 4-13 复合杆机构

（2）局部自由度

机构中常出现一些不影响整个机构运动的局部的独立运动，称为局部自由度。

在计算机构自由度时，应将局部自由度去除。

如图 4-14a）所示的平面凸轮机构中，为了减轻高副接触处的磨损，在从动件上安装一个滚子 4，使其与凸轮轮廓线滚动接触。显然，滚子绕其自身轴线转动与否并不影响凸轮与从动件间的相对运动，因此，滚子绕其自身轴线的转动为机构设想将滚子 4 与从动件 3 固连在一起作为一个构件来考虑，如图 4-14b）所示。

分析：
局部自由度对自由度计算的影响是什么？

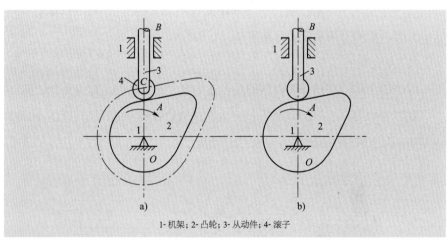

1-机架；2-凸轮；3-从动件；4-滚子

■ 图 4-14 凸轮机构

例 4-3：计算图 4-14 所示凸轮机构的自由度。

解：

本机构存在局部自由度。

自由度

$$F = 3n - 2P_L - P_H = 3 \times 2 - 2 \times 2 - 1 \times 1 = 1$$

（3）虚约束

机构中与其他运动副所起的限制作用重复、对机构运动不起新的限制作用的约束，称为虚约束。

在计算机构自由度时，虚约束应当除去不计。

平面机构中的虚约束常出现在重复运动副、两点距离不变、对称机构等情形中。

①重复运动副

当两构件在多处接触并组成相同的运动副时，将会引入虚约束。如图 4-15a）所示，凸轮从动件 3 与机架 4 形成两个移动副，则其中一个为虚约束；如图 4-15b）所示，曲轴 2 与机架形成两个转动副，则其中一个为虚约束；如图 4-15c）所示，构件 2 与构件 3 在 D 和 D' 两处形成两个高副，则其中一个为虚约束，此外两个移动副中也有一个为虚约束。在计算自由度时，均应按一个运动副计算。

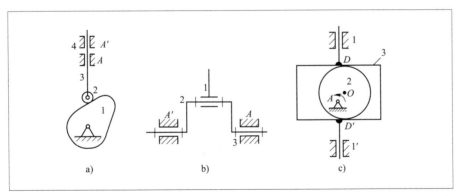

■ 图 4-15
重复运动副引入的虚约束

②两点距离不变

机构中两构件之间两点的距离始终保持不变，此时若用一个构件连接这两点，将会引入虚约束，如图 4-16 所示。这种情况下计算机构的自由度时，应将距离不变两点之间的构件去掉。如图 4-16a）所示，机构运动时，构件 2 上的 E 点与构件 4 上的 F 点之间距离始终不变，故构件 5 引入了虚约束，在计算机构自由度时应将其去掉。同理，图 4-16b）中的构件 5 也引入了虚约束。

③对称机构

机构中对运动不起独立约束作用但结构相同的对称部分,会引入虚约束。如图 4-17 所示的行星轮系安装 3 个行星轮,以保证轮系的均匀受力。但从传递运动的要求来看,只需要一个行星轮即可,其余两个行星轮均引入虚约束。在计算自由度时,只需考虑一个行星轮。

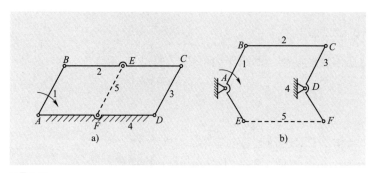

■ 图 4-16
两点距离不变引入的虚约束

■ 图 4-17
对称机构引入的虚约束

分析:
虚约束对自由度计算的影响是什么?

虚约束虽然不影响机构的运动关系,但可以增强机构的刚性、保证受力的均匀,所以工程实际中虚约束仍是必需的。此外,含有虚约束的机构在制造和装配时,应满足所需的几何精度要求,否则虚约束将变成实约束,阻碍机构的正常运动。

例 4-4: 计算图 4-18 所示汽车配气机构的自由度。

解:

由于构件 2 与构件 1 连接处存在 1 个局部自由度,构件 6 上存在 1 个虚约束,故机构中有 6 个活动构件,6 个转动副,2 个移动副,共计 8 个低副,另有一个高副。

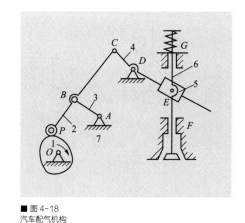

■ 图 4-18
汽车配气机构

自由度

$$F = 3n - 2P_L - P_H = 3 \times 6 - 2 \times 8 - 1 \times 1 = 1$$

平面连杆机构 单元二

平面连杆机构是将所有构件用低副连接而成的平面机构。由于低副通过面接触而构成运动副，故其接触处的压强小，承载能力大，耐磨损，寿命长，且因其形状简单，制造容易，这类机构容易实现转动、移动及其转换。它的缺点是低副中存在的间隙不易消除，会引起运动误差；另外，平面连杆机构不易准确地实现复杂运动。

平面连杆机构中，最简单的是由四个构件组成的，简称平面四杆机构。它的应用非常广泛，而且是组成多杆机构的基础。

一、铰链四杆机构的基本形式及类型判定

全部用转动副组成的平面四杆机构称为铰链四杆机构。

如图 4-19 所示，铰链四杆机构的固定件 4 称为机架；与机架用转动副相连接的杆 1 和杆 3 称为连架杆；不与机架直接连接的杆 2 称为连杆。其中，连架杆 1 是能做整周转动的连架杆，称为曲柄；而连架杆 3 为仅能在某一角度摆动的连架杆，称为摇杆。

对于铰链四杆机构来说，机架和连杆总是存在的，因此可按连架杆是曲柄还是摇杆，将铰链四杆机构分为三种基本形式：曲柄摇杆机构、双曲柄机构和双摇杆机构。

1. 铰链四杆机构的基本形式

（1）曲柄摇杆机构

如图 4-19 所示，在铰链四杆机构中，若一个连架杆为曲柄，另一个连架杆为摇杆，则此铰链四杆机构称为

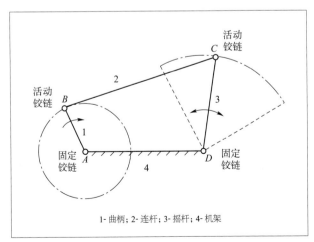

■ 图 4-19
曲柄摇杆机构

曲柄摇杆机构。

如图4-20所示，为调整雷达天线俯仰角的曲柄摇杆机构。曲柄1缓慢地匀速转动，通过连杆2使摇杆3在一定的角度范围内摇动，从而调整天线俯仰角的大小。

（2）双曲柄机构

铰链四杆机构中，若两个连架杆均为曲柄，称为双曲柄机构。

■ 图4-20
雷达天线

在双曲柄机构中，如果两曲柄的长度不相等，主动曲柄等速回转一周，从动曲柄变速回转一周，如惯性筛，如图4-21所示。

如果两曲柄的长度相等，且连杆与机架的长度也相等，称为平行双曲柄机构。这种机构运动的特点是两曲柄的角速度始终保持相等，在机器中应用也很广泛，如铁路机车车轮联动机构，如图4-22所示。

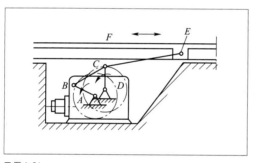
■ 图4-21
惯性筛

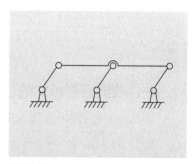
■ 图4-22
机车车轮联动机构

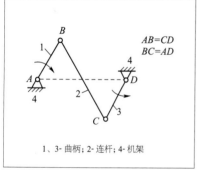
■ 图4-23
公交车门启闭机构

此外，连杆与机架的长度相等且两曲柄长度相等长，曲柄转向相反的双曲柄机构，称为反向双曲柄机构。如图4-23所示，公交车门上两曲柄的转向相反，角速度也不相同。牵动主动曲柄的延伸端，能使两扇车门同时开启或关闭。

（3）双摇杆机构

铰链四杆机构中，若两个连架杆均为摇杆，称为双摇杆机构。

如图4-24所示，为鹤式起重机机构，当摇杆 CD 摇动时，连杆 BC 上悬挂重物的 M 点做近似的水平直线移动，从而避免了重物平移时因不必要的升降引起的功耗。

两摇杆长度相等的双摇杆机构，称为等腰梯形机构。如图 4-25 所示，轮式车辆的前轮转向机构就是等腰梯形机构的应用实例。车子转弯时，与前轮轴固连的两个摇杆的摆角 β 和 δ 不等。如果在任意位置都能使两前轮轴线的交点 P 落在后轮轴线的延长线上，则当整个车身绕 P 点转动时，四个车轮都能在地面上做纯滚动，避免轮胎因滑动而损伤。等腰梯形机构就能近似地满足这一要求。

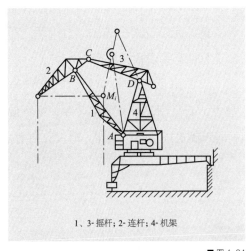

1、3-摇杆；2-连杆；4-机架

图 4-24
鹤式起重机

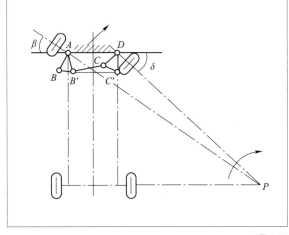

图 4-25
轮式车辆的前轮转向机构

2. 铰链四杆机构的类型判定

由上述可知，铰链四杆机构三种基本类型的主要区别就在于有无曲柄或有几个曲柄存在，这就是判别铰链四杆机构类型的主要依据。

连架杆成为曲柄必须满足以下两个条件：

①最短构件和最长构件长度之和小于或等于其他两构件长度之和（杆长之和条件）。

②连架杆与机架中至少有一个为最短构件（最短杆条件）。

在铰链四杆机构中，如果满足条件①，则当各杆长度不变而取不同杆为机架时，可以得到不同类型的铰链四杆机构。

（1）如图 4-26 所示，取最短杆相邻的构件（杆 2 或杆 4）为机架时，最短杆 1 为曲柄，而另一连架杆 3 为摇杆，如图 4-26a）所示两个机构均为曲柄摇杆机构。

（2）取最短杆为机架，其连架杆 2 和 4 均为曲柄，如图 4-26b）所示的机构为双曲柄机构。

思考讨论

分析：
生活中的平面四杆机构还有哪些？

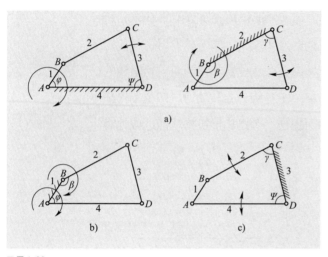

■ 图 4-26
铰链四杆机构

（3）取最短杆的对边（杆 3）为机架，则两连架杆 2 和 4 都不能做整周转动，如图 4-26c）所示的机构为双摇杆机构。

如果铰链四杆机构中的最短杆与最长杆长度之和大于其余两杆长度之和，则该机构中不可能存在曲柄，无论取哪个构件作为机架，都只能得到双摇杆机构。

由上述分析可知，判断铰链四杆机构的类型，先看是否满足杆长条件，若是满足杆长之和条件，再看最短杆条件，可判定铰链四杆机构类型；若不满足杆长之和条件，则没有曲柄，只能是双摇杆机构。

二、铰链四杆机构的演化

在实际机械中，平面连杆机构的形式是多种多样的，连接的低副或为转动副，或为移动副，但其中绝大多数含移动副的平面连杆机构是在铰链四杆机构的基础上发展和演化而成。下面介绍几种常用的演化机构。

1. 曲柄滑块机构

在如图 4-27a）所示的曲柄摇杆机构中，摇杆 3 上 C 点的轨迹是以 D 为圆心、以摇杆 3 的长度 L_3 为半径的圆弧。

如果将转动副 D 扩大，使其半径等于 L_3' 并在机架上按 C 点形成一弧形槽，摇杆 3 做成与弧形槽相配的弧形块，如图 4-27b）所示。此时，虽然转动副 D 的外形改变，但机构的运动特性并没有改变。若将弧形槽的半径增至无穷大，则转动副 D 的中心移至无穷远处，弧形槽变为直槽，转动副 D 则转化为移动副，构件 3 由摇杆变成了滑块，于是曲柄摇杆机构就演化为曲柄滑块机构，如图 4-27c）所示。此时，移动方位线不通过曲柄回转中心，故称为偏置曲柄滑块机构。曲柄转动中心至其移动方位线的垂直距离称为偏距 e，当移动方位线通过曲柄转动中心 A 时（即 $e=0$），则称为对心曲柄滑块机构，如图 4-27d）所示。曲柄滑块机构广泛应用于内燃机、空压机及冲床设备中。

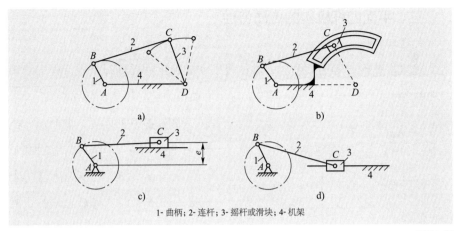

1-曲柄；2-连杆；3-摇杆或滑块；4-机架

■ 图 4-27
四杆机构的演变

2. 导杆机构

导杆机构可以看作是在曲柄滑块机构中选取不同构件为机架演化而成。

如图 4-28a) 所示为曲柄滑块机构。如将其中的曲柄 1 作为机架，如图 4-28b) 所示，此时连杆 2 作为主动件，则连杆 2 和构件 4 将分别绕铰链 B 和 A 转动。若 $AB<BC$，则杆 2 和杆 4 均可做整周回转，故称为转动导杆机构；若 $AB>BC$，则杆 4 只能做往复摆动，故称为摆动导杆机构。

3. 定块机构

在图 4-28c) 所示的曲柄滑块机构中，若取杆 3 为固定件，即可得到定块机构。

这种机构常用于手压抽水机及抽油泵中。

4. 摇块机构

在图 4-28d) 所示的曲柄滑块机构中，若取杆 2 为固定件，即可得到摇块机构。这种机构广泛应用于摆动式内燃机和液压驱动装置内。

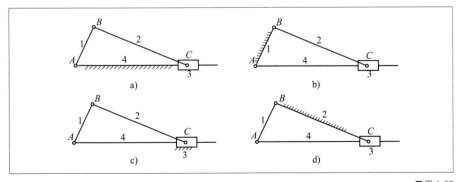

■ 图 4-28
导杆机构

三、平面四杆机构的传动特性

1. 急回特性

输入件曲柄做等速转动时,做往复摆动的输出件摇杆在空载行程中的平均速度大于工作行程中的平均速度,这一性质称为连杆机构的急回特性。

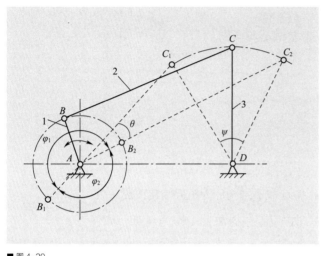

■图4-29
曲柄摇杆机构极限位置

如图4-29所示为一曲柄摇杆机构,其曲柄 AB 在转动一周的过程中,有两次与连杆 BC 共线。在这两个位置,铰链中心 A 与 C 之间的距离 AC_1 和 AC_2 分别为最短和最长,因而摇杆 CD 的位置 C_1D 和 C_2D 分别为两个极限位置。摇杆在两极限位置间的夹角 ψ 称为摇杆的摆角。

当曲柄由位置 AB_1 顺时针转到位置 AB_2 时,曲柄转角 $\varphi_1=180°+\theta$,这时摇杆由极限位置 C_1D 摆到极限位置 C_2D,摇杆摆角小,而当曲柄顺时针再转过角度 $\varphi_2=180°-\theta$ 时,摇杆由位置 C_2D 摆回到位置 C_1D,其摆角仍然是 φ。虽然摇杆来回摆动的摆角相同,但对应的曲柄转角却不等($\varphi_1>\varphi_2$);当曲柄匀速转动时,对应的时间也不等($t_1>t_2$),这反映了摇杆往复摆动的快慢不同。令摇杆自 C_1D 摆至 C_2D 为工作行程,这时铰链 C 的平均速度是 $v_1=C_1C_2/t_1$;摆杆自 C_2D 摆回至 C_1D 为空回行程,这时 C 点的平均速度是 $v_2=C_1C_2/t_2$。$v_1<v_2$ 表明摇杆具有急回运动的特性。牛头刨床、往复式运输机等机械利用这种急回特性来缩短非生产时间,提高生产率。

急回运动特性可用行程速比系数 K 表示,即

$$K=\frac{v_1}{v_2}=\frac{C_1C_2/t_1}{C_1C_2/t_2}=\frac{t_1}{t_2}=\frac{\varphi_1}{\varphi_2}=\frac{180°+\theta}{180°-\theta} \qquad (4-3)$$

式中:θ——摇杆处于两极限位置时曲柄所对应的位置夹角,称为极位夹角。

将行程速比系数公式整理后,得极位夹角的计算公式:

$$\theta=180°\frac{K-1}{K+1} \qquad (4-4)$$

由以上分析可知:极位夹角 θ 越大,K 值越大,机构的急回作用也越显著,

但机构运动的平稳性也越差。

2. 传力特性

平面连杆机构不仅要求保证实现预定的运动规律，而且还应当保证传力效率高，并具有良好的传力特性。通常以压力角或传动角表明连杆机构的传力特性。

如图 4-30 所示为曲柄摇杆机构，由于连杆 BC 为二力杆件，它作用于从动摇杆 3 上的力 P 是沿 BC 方向的。作用在从动件上的驱动力 P 与该力作用点绝对速度之间所夹的锐角 α 称为压力角。由图可见，力 P 在 v_c 方向的有效分力为 $P_t = P\cos\alpha$，它可使从动件产生有效的转动力矩，显然压力角越大越好。而 P 在垂直于 v_c 方向的分力 $P_n = P\cos\alpha$ 则为无效分力，它不仅无助于从动件的转动，反而增加了从动件转动时的摩擦阻力矩。因此，

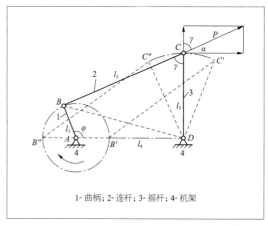

1- 曲柄；2- 连杆；3- 摇杆；4- 机架

■图 4-30
曲柄摇杆机构最小传动角位置

希望压力角越小越好。由此可知，压力角 α 越小，机构的传力性能越好，理想情况是 $\alpha = 0$，所以压力角是反映机构传力效果好坏的一个重要参数。一般设计机构时都必须注意控制最大压力角不超过许用值。

在实际应用中，为度量方便起见，常用压力角的余角 γ 来衡量机构传力性能的好坏，γ 称为传动角。显然，γ 值越大对机构传动越有利，理想情况是 $\gamma = 90°$。

由于机构在运动中，压力角和传动角的大小随机构的不同位置而变化。γ 角越大，则 α 越小，机构的传动性能越好；反之，传动性能越差。为了保证机构的正常传动，通常应使传动角的最小值 γ_{min} 大于或等于其许用值 $[\gamma]$。一般机械中，推荐 $[\gamma] = 40° \sim 50°$。对于传动功率大的机构，如冲床、颚式破碎机中的主要执行机构，为使工作时得到更大的功率，可取 $\gamma_{min} = [\gamma] \geqslant 50°$。对于一些非传动机构，如控制、仪表等机构，也可取 $[\gamma] < 40°$，但不能过小。

3. 死点位置

在图 4-31 所示的曲柄摇杆机构中，当摇杆 CD 为主动件、曲柄 AB 为从动件时，当摇杆处在两个极限位置时，连杆 BC 与曲柄 AB 共线。若不计各构件质量，则这时连杆加给曲柄的力将通过铰链 A 的中心，这时连杆 BC 无论

给从动件曲柄 AB 的力多么大都不能推动曲柄运动,机构所处的这种位置称为死点位置。

当机构处于死点位置时,从动件将出现卡死或运动不确定的现象。为使机构能够通过死点位置继续运动,需对从动曲柄施加外力或安装飞轮以增加惯性。如家用缝纫机的脚踏机构,就是利用皮带轮的惯性作用使机构能通过死点位置。

但在工程实践中,有时也常常利用机构的死点位置来实现一定的工作要求,如图 4-32 所示的工件夹紧装置,当工件需要被夹紧时,就是利用连杆 BC 与摇杆 CD 形成的死点位置,这时工件经杆传给杆的力,通过杆的传动中心 D,此时无论工件对夹头的作用力多大,也不能使杆绕 D 转动,因此工件依然被可靠地夹紧。

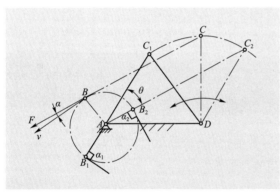

■ 图 4-31
曲柄摇杆机构

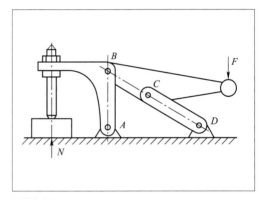

■ 图 4-32
工件夹紧装置

凸轮机构 单元三

凸轮机构通常由原动件凸轮、从动件和机架组成。由于凸轮与从动件组成的是高副，所以属于高副机构。

凸轮机构的功能是将凸轮的连续转动或移动转换成从动件的连续或不连续的移动或摆动。

与连杆机构相比，凸轮机构便于准确地实现给定的运动规律和轨迹；但凸轮与从动件构成的是高副，所以易磨损，凸轮轮廓的制造较为困难和复杂。

一、凸轮机构的分类和应用

1. 凸轮机构的分类

凸轮机构的类型很多，通常按凸轮、从动件的形状以及从动件的运动形式分类。

（1）按凸轮的形状分

①盘形凸轮

如图 4-33 所示的内燃机气门机构中，凸轮绕固定轴旋转，其向径（曲线上各点到回转中心的距离）发生变化。

②移动凸轮

这种凸轮外形通常呈平板状，可以看作是回转中心位于无穷远处的盘形凸轮。它相对于机架做直线往复移动，如图4-34所示。

③圆柱凸轮

凸轮是一个具有曲线凹槽的圆柱形构件。它可以看成是将移动凸轮卷成圆柱体演化而成的，自动车床进刀机构中的凸轮如图 4-35 所示。

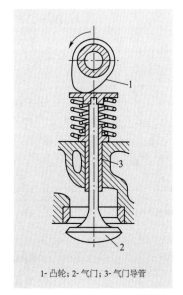

1- 凸轮；2- 气门；3- 气门导管

■ 图 4-33
内燃机气门机构

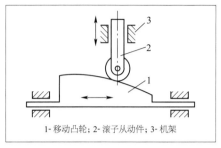

■ 图 4-34
移动凸轮机构

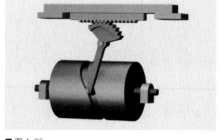

■ 图 4-35
自动车床进刀机构

（2）按从动件端部形式分

①尖顶从动件

如图 4-36a) 所示，尖顶能与复杂的凸轮轮廓保持接触，因而能实现任意预期的运动规律，但尖顶极易磨损，故只适用于低速、轻载场合。

②滚子从动件

如图 4-36b) 所示，为了减轻尖顶磨损，在从动件的顶尖处安装一个滚子。滚子与凸轮轮廓之间为滚动，磨损较轻，可用来传递较大的动力，应用最为广泛。

③平底从动件

如图 4-36c) 所示，这种从动件与凸轮轮廓表面接触处的端面做成平底（即为平面），结构简单，与凸轮轮廓接触面间易形成油膜，润滑状况好，磨损轻。当不考虑摩擦时，凸轮对从动件的作用力始终垂直于平底，故受力平稳，传动效率高，常用于高速场合。它的缺点是不能用于凸轮轮廓有凹曲线的凸轮机构中。

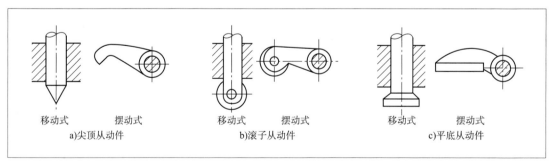

■ 图 4-36
从动件种类

（3）按从动件的运动形式分

分为直动和摆动从动件，根据工作需要选用一种凸轮和一种从动件形式组成直动或摆动凸轮机构。凸轮机构在工作时必须保证从动件相关部位与凸轮轮廓曲线始终接触，可采用重力、弹簧力或特殊的几何形状来实现。

2. 凸轮机构的应用

在要求较高的往复运动系统中，凸轮可以实现设计中需要的速度变化，替代曲柄滑块机构，广泛应用在纺织机械以及发动机中的配气系统（进、气阀门的控制）中。

城市轨道交通车辆的司机控制器、直流传动系统，以及城市轨道交通车辆的调速控制系统也采用凸轮控制器。

分析： 对从动件的直动和摆动形式进行举例说明。

直流传动的城市轨道交通车辆采用凸轮调阻的调速控制方式。

如图 4-37 所示，这种调速方式是通过凸轮控制电阻进行的有级调节。通过转动绝缘方轴带动凸轮转动，使触点断开或闭合，凸轮和接触器可形成不同的开闭组合，接入或切除若干启动电阻，以调节牵引电机端电压。

试分析该凸轮机构的类型。

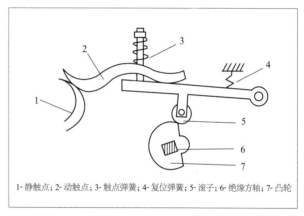

1- 静触点；2- 动触点；3- 触点弹簧；4- 复位弹簧；5- 滚子；6- 绝缘方轴；7- 凸轮

■ 图 4-37
城市轨道交通车辆的凸轮调阻装置

二、从动件的常用运动规律

1. 凸轮机构的基本尺寸参数及工作过程

如图 4-38 所示，以对心尖顶直动从动件盘形凸轮机构为例，说明原动件凸轮与从动件间的工作过程和有关名称。以凸轮轮廓最小向径 r_b 为半径所作的圆称为凸轮基圆。在图示位置时，从动件处于上升的最低位置，其尖顶与凸轮在 A 点接触。

（1）推程

当凸轮以等角速度 ω 顺时针方向转动时，凸轮向径逐渐增大，将推动从动件按一定的运动规律运动。在凸轮转过一个 φ_0 角度时，从动件尖顶运动到 B' 点，此时尖顶与凸轮 B 点接触，AB' 是从动件的最大位移，用 h 表示，称为从动件推程（或行程），对应的凸轮转角 φ_0 称为凸轮推程运动角。

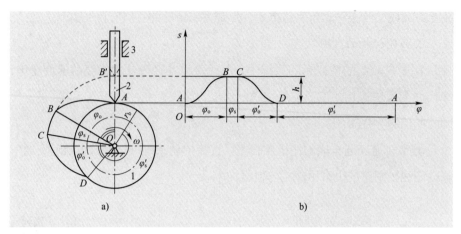

■ 图 4-38
凸轮的工作过程

（2）远休止角

当凸轮继续转动时，凸轮与尖顶从 B 点移到 C 点接触，由于凸轮的向径没有变化，从动件在最大位移处 B' 点停留不动，这个过程称为从动件远休止，对应的凸轮转角 φ_s 称为凸轮的远休止角。

（3）回程

当凸轮接着转动时，凸轮与尖顶从 C 点移到 D 点接触，凸轮向径由最大变化到最小（基圆半径 r_b），从动件按一定的运动规律返回到起始点，这个过程称为从动件回程，对应的凸轮转角 φ_o' 称为凸轮回程运动角。

（4）近休止角

当凸轮再转动时，凸轮与尖顶从 D 点又移到 A 点接触，由于该段基圆弧上各点向径大小不变，从动件在最低位置不动（从动件的位移没有变化），这一过程称为近休止，对应转角 φ_s' 称为近休止角。

此时凸轮转过了一整周。若凸轮再继续转动，从动件将重复推程、远休止、回程、近休止四个运动过程，是典型的升—停—回—停的双停歇循环；从动件运动也可以是一次停歇或没有停歇的循环。

以凸轮转角 φ 为横坐标、从动件的位移 s 为纵坐标，可用曲线将从动件在一个运动循环中的工作位移变化规律表示出来，如图 4-39 所示，该曲线称为从动件的位移线图（$s-\varphi$ 图）。由于凸轮通常做等速运动，其转角与时间成正比，因

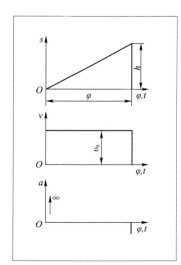

■ 图 4-39
凸轮等速运动规律

此该线图的横坐标也代表时间 t。根据 s-φ 图，可以求出从动件的速度线图（v-φ 图）和从动件的加速度线图（a-φ 图），统称为从动件的运动线图，反映出从动件的运动规律。

2. 从动件常用运动规律

由于凸轮轮廓曲线决定了从动件的位移线图（运动规律），那么，凸轮轮廓曲线也要根据从动件的位移线图（运动规律）来设计。因此，在用图解法设计凸轮时，首先应当根据机器的工作要求选择从动件的运动规律，作出位移线图。从动件经常利用推程完成做功，这里以推程为例，介绍从动件几种常用的基本运动规律。

（1）等速运动规律

从动件做等速运动时，其位移、速度和加速度的运动线图，如图 4-39 所示。在此阶段，经过时间 t_o（凸轮转角为 φ_o），从动件完成升程 h，所以从动件速度 $v_o = h/t_o$ 为常数，速度线图为水平直线，从动件的位移 $s = v_o t$，其位移线图为一斜直线，故又称为直线运动规律。

当从动件运动时，其加速度始终为零，但在运动开始和运动终止位置的瞬时，因有速度突变，故这一瞬时的加速度理论上由零突变为无穷大，导致从动件产生理论上无穷大的惯性力，使机构产生强烈的刚性冲击。实际上，由于材料弹性变形的缓冲作用使得惯性力不会达到无穷大，但仍将引起机械的振动，加速凸轮的磨损，甚至损坏构件。因此，等速运动规律只适用于低速和从动件质量较小的凸轮机构中。

为了避免刚性冲击或强烈振动，在实际应用时可采用圆弧、抛物线或其他曲线对凸轮从动件位移线图的两端点处进行修正，如图 4-40 所示。

（2）等加速等减速运动规律

这种运动规律从动件的加速度等于常数。通常从动件在推程的前半行程做等加速运动，后半行程做等减速运动，其加速度和减速度的绝对值相等。从动件加速度分别在推程的始末点和前后半程的交接处也有突变，但其变化为有限值，由此而产生的惯性力变化也为有限值。这种由惯性力的有限变化对机构所造成的冲击、振动和噪

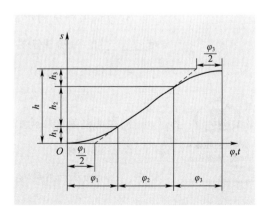

■图 4-40
凸轮加速等减速运动规律

声要较刚性冲击小，称为柔性冲击。因此，等加速等减速运动规律也只适用于中速、轻载的场合。

扫描二维码
查看答案

> **思考讨论**

凸轮机构属于高副机构，凸轮与从动件之间的接触应力大，容易出现磨损和点蚀，而且多数凸轮机构在工作时还会承受一定的冲击，这就要求凸轮和从动件的工作表面具有高硬度、高耐磨性及高接触强度，同时芯部具有良好的韧性。

分析：

（1）对于低速、轻载的场合，凸轮材料如何选用？

（2）对于中速、中载的场合，凸轮材料如何选用？

（3）对于高速、高载的场合，凸轮材料如何选用？

> **课后练习**

1. 机器和机构的总称为_____。机器与机构的区别是_____能完成机械功或转换机械能；而_____只能完成传递运动和力或改变运动的形式。

2. 机器一般由_____、_____、_____、_____和_____组成。城市轨道交通车辆的牵引电机属于_____部分，车轮属于_____部分。

3. 曲柄摇杆机构中，传动角越大，机构传动性能越_____；压力角越_____，传动性能越好。

4. 在铰链四杆机构中，当满足杆长之和条件后，要得到双曲柄机构，应取_____为机架。

5. 在曲柄摇杆机构中，若以_____为主动件，机构将会存在死点位置。

6. 凸轮机构由_____、_____和_____三个基本构件组成。在运动副中，凸轮与从动件的接触属于_____副。

温馨提示
请完成分组训练4
见本教材配套分组训练活页。

模块五

机械传动

📖 模块描述

城市轨道交通车辆是城市公共交通的旅客运载工具,其不仅要保证运行的安全、准点、快速,还要为乘客提供良好的服务条件,使乘客乘车舒适、方便。机械传动在城市轨道交通车辆中起到了非常重要的作用,所谓机械传动,是指利用机械方式传递动力和运动。随着生活水平的不断提高,人们对生活方式的要求也越来越高,那么就需要有更多更智能的机械来帮助人们,满足人们对生产和生活的更高追求。

本模块主要任务是讲解齿轮传动、带传动、链传动等机构的特点及应用。

◎ 知识目标

1. 熟悉带传动及链传动的特点及类型;
2. 理解带传动的工作原理;理解弹性滑动、打滑的概念及区别;
3. 了解带传动及链传动的张紧及维护方法;
4. 理解渐开线齿廓啮合基本定律及渐开线齿轮正确啮合条件;
5. 掌握渐开线标准直齿圆柱齿轮主要尺寸计算方法;
6. 了解齿轮的失效形式及预防措施。

⚙ 能力目标

1. 能够利用齿轮的主要参数计算齿轮相关数据;
2. 能够解决带传动的打滑现象。

素质目标

1. 培养分析问题、解决问题的能力；
2. 培养严谨的工作态度。

重点知识架构

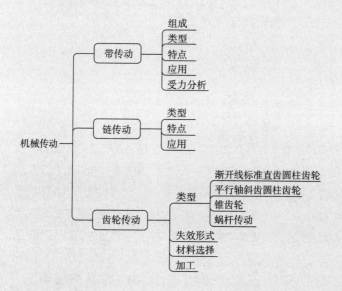

模块五
课程导读

导学先行

同学们可扫描二维码，观看本模块导学讲解，完成课前自主预习。

带传动 单元一

一、带传动概述

1. 带传动定义

带传动是利用张紧在带轮上的柔性带进行运动或动力传递的一种机械传动。

带传动一般由主动带轮 1、从动带轮 2、紧套在两带轮上的传动带 3 及机架组成,如图 5-1 所示。

2. 带传动类型

当主动轮转动时,通过带和带轮间的摩擦力,驱使从动轮转动并传递动力。

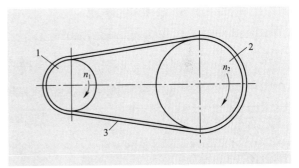

■ 图 5-1
带传动简图

根据传动原理的不同,有靠带与带轮间的摩擦力传动的摩擦型带传动,也有靠带与带轮上的齿相互啮合传动的同步带传动。

(1)摩擦型带传动

按带的截面形状不同,带传动可分为平带传动(图 5-2a)、V 带传动(图 5-2b)、多楔带传动(图 5-2c)、圆形带传动(图 5-2d)等。

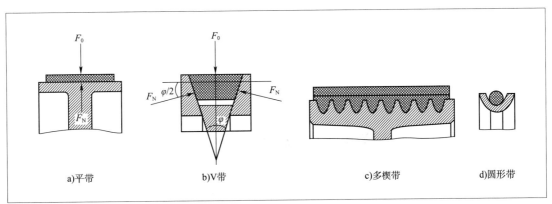

a)平带　　　　b)V带　　　　c)多楔带　　　　d)圆形带

■ 图 5-2
带传动类型

①平带传动

平带的截面形状为矩形,靠带与带轮接触内表面产生的摩擦力来传递运动和动力。

平带结构简单,传动效率较高,在传动中心距较大的场合应用较多。

② V 带传动

V 带传动是靠 V 带的两侧面与轮槽侧面压紧产生摩擦力进行动力传递的。

与平带传动比较,V 带传动的摩擦力大,因此可以传递较大功率。V 带较平带结构紧凑,而且 V 带是无接头的传动带,所以传动较平稳,是带传动中应用最广的一种传动。

③多楔带传动

多楔带又称复合三角带,它是一种新型传动带,是在平带基体下附有若干纵向三角形楔的环形带,楔形面是工作面。它的应用较广泛,特别适用于要求三角带根数较多或轮轴线垂直于地面的传动。

④圆形带传动

圆形带的截面形状为圆形,仅用于如缝纫机、仪器仪表等低速、小功率的传动。

(2)啮合式带传动

同步带传动(图 5-3)是一种典型的啮合式带传动,同步带传动是靠带上的齿与带轮上的齿槽的啮合作用来传递运动和动力的。同步带传动在工作时带与带轮之间不会产生相对滑动,能够获得准确的传动比,因此它兼有带传动和齿轮啮合传动的特性和优点。

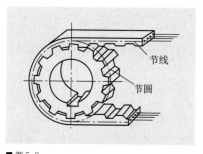

■图 5-3 同步带传动

思考讨论

分析:
带传动与其他机构传动相比有哪些特点?

3. 带传动应用

带传动多用于原动机与工作机之间的传动,一般传递的功率 $P \leqslant 100 \text{kW}$,带速 $v=5 \sim 25 \text{m/s}$,传动效率 $\eta=0.90 \sim 0.95$,传动比 $i \leqslant 7$。

带传动中因摩擦会产生电火花,故不能用于有爆炸危险的场合。

二、带传动工作情况分析

1. 带传动中的受力分析

带呈环形,以一定的张紧力 F_0 套在带轮上,使带和带轮相互压紧。

静止时,带两边的拉力相等,均为 F_0(图 5-4a);传动时,由于带与轮面间摩擦力的作用，带两边的拉力再相等（图 5-4b）。绕进主动轮的一边，拉力由 F_0 增加到 F_1，称为紧边拉力；而另一边带的拉力由 F_0 减为 F_2，称为松边拉力。两边拉力差 $F = F_1 - F_2$ 即为带的有效拉力，它等于沿带轮的接触弧上摩擦力的总和。

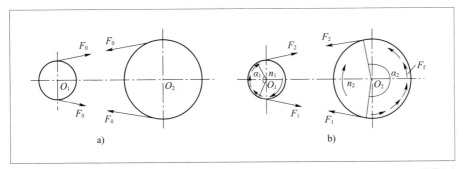

图 5-4
带传动的受力分析

在一定条件下，摩擦力有一定限值，如果工作阻力超过极限值，带就在轮面上打滑，传动不能正常工作。

设带传动传递的功率为 $P(\text{kW})$、带速为 $v(\text{m/s})$，则有效拉力 $F(\text{N})$ 为

$$F = F_1 - F_2 = 1000P/v \quad (5-1)$$

由上式可知，在传动能力范围内，F 的大小和传递的功率 P 及带速 v 有关。

当传递功率增大时，带的有效拉力即带两边拉力差值也要相应增大。带的两边拉力的这种变化实际上反映了带和带轮接触面上摩擦力的变化。

2. 弹性滑动与打滑

（1）弹性滑动

传动带在工作时，受到拉力的作用要产生弹性变形。由于紧边和松边所受到的拉力不同，其所产生的弹性变形也不同（图 5-4b）。

当传动带绕过主动轮时，其所受的拉力由 F_1 减小至 F_2，传动带的变形程度也会逐渐减小。由于此弹性变形量的变化，造成传动带在传动中会沿轮面滑动，致使传动带的速度低于主动轮的速度（转速）。同样，当传动带绕过从动轮时，带上的拉力由 F_1 增加至 F_2，弹性变形量逐渐增大，使传动带沿着轮面也产生滑动，此时带的速度高于从动轮的速度。这种由于传动带的弹性变形而造成的滑动称作弹性滑动。

弹性滑动将引起下列后果：从动轮的圆周速度低于主动轮；降低传动效率；引起传动带的磨损；发热使传动带温度升高。

在带传动中，由于摩擦力使传动带的两边发生不同程度的拉伸变形，摩擦力是这类传动所必需的，所以弹性滑动也是不可避免的。

（2）打滑

紧边拉力 F_1 和松边拉力 F_2 的大小，取决于初拉力 F_0 及有效圆周力 F_e；而 F_e 又取决于传递的功率 P 及带速 v。

显然，当其他条件不变且 F_0 一定时，这个摩擦力 F_f 不会无限增大，而有一个最大的极限值。如果所要传递的功率过大，使 $F_e > F_f$，传动带就会沿轮面出现显著的滑动现象。这种现象称为打滑，从而导致带传动不能正常工作。

打滑将造成传动带的严重磨损，传动带的运动处于不稳定状态，致使传动失效。

不能将弹性滑动和打滑混淆起来，打滑是由于过载所引起的传动带在带轮上的全面滑动，工作中应该避免。在传动突然超载时，弹性滑动可以起到过载保护作用，避免其他零件发生损坏。

包角 α 是指带与带轮接触弧所对的圆心角。包角的大小，反映传动带与带轮轮圆表面间接触弧的长短。

包角越小，接触弧长越短，接触面间所产生的摩擦力总和也越小。为了提高平带传动的承载能力，包角就不能太小，一般要求小带轮上的包角 $\alpha > 120°$。由于大带轮上的包角总是比小带轮上的包角大，因此，只需验算小带轮上的包角是否满足要求即可。

三、普通 V 带和 V 带轮

1. V 带传动

V 带传动是靠 V 带的两侧面与轮槽侧面压紧产生摩擦力进行动力传递的。与平带传动比较，V 带传动的摩擦力大，因此可以传递较大功率。V 带较平带结构紧凑，而且 V 带是无接头的传动带，所以传动较平稳，是带传动中应用最广的一种传动。

V 带有普通 V 带、窄 V 带、宽 V 带、汽车 V 带、大楔角 V 带等。其中，以普通 V 带和窄 V 带应用较为广泛，下文主要讨论普通 V 带传动。

（1）V 带的结构

标准 V 带都制成无接头的环形带，一般分为帘布结构（图 5-5a）和线绳结构（图 5-5b）两种，两种结构均由顶胶（伸张层）、抗拉体（强力层）、底胶（压缩层）和包布层组成。

伸张层和压缩层在V带与带轮接触工作时因弯曲而分别被伸张和压缩，这两层材质一般为胶料。强力层是V带的主要承力层，常用V带主要采用帘布结构；线绳结构比较柔软，抗弯曲疲劳性能也较好，但拉伸强度低，仅适用于载荷不大、小直径带轮和转速较高的场合。包布层用胶帆布制成，对V带起保护作用。

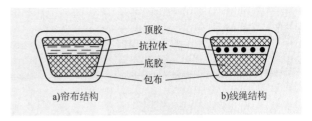

图 5-5
V带结构

（2）V带的规格

V带有基准宽度制和有效宽度制，这里采用的是基准宽度制。普通V带已标准化，标准普通V带通常制成无接头的环形带。

在《带传动　普通V带和窄V带　尺寸（基准宽度制）》（GB/T 11544—2012）中，按V带截面尺寸由小到大分为Y、Z、A、B、C、D、E七种型号，各型号的截面尺寸见表5-1。

普通V带的截面尺寸　　　　表5-1

型号	节宽 b_p (mm)	顶宽 b (mm)	高度 h (mm)	楔角 α (°)
Y	5.3	6	4	40
Z	8.5	10	6	40
A	11.0	13	8	40
B	14.0	17	11	40
C	19.0	22	14	40
D	27.0	32	19	40
E	32.0	38	23	40

2.V带带轮

V带带轮结构由轮缘、腹板和轮毂组成（图5-6）。轮缘是带轮的工作部分，制有梯形轮槽。轮毂是带轮与轴的连接部分，轮缘与轮毂则用腹板连接成一整体。

带轮材料一般采用灰铸铁和铸钢。当带的圆周速度 $v \leqslant 25$ m/s 时，用灰铸铁；当带的圆周速度 $v > 25$ m/s 时，宜用铸钢。功率小时可用铝合金或工程塑料。

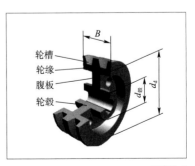

图 5-6
带轮的结构

分析：
V带带轮最常用的材料是什么？

V带轮按腹板结构的不同分为实心轮（图 5-7a）、腹板轮（图 5-7d）、孔板轮（图 5-7c）和椭圆轮（图 5-7b）四种典型结构。

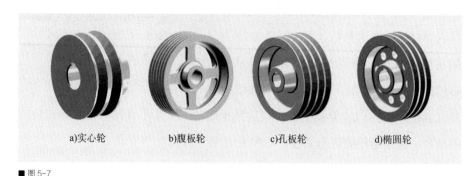

a)实心轮　　b)腹板轮　　c)孔板轮　　d)椭圆轮

■ 图 5-7
带轮的种类

四、带传动的张紧

1. 张紧的概念

带传动是摩擦传动，适当的张紧力（初拉力）可提供足够的正压力，进而产生足够的最大摩擦力，是保证带传动正常工作的重要因素。张紧力不足，传动带将在带轮上打滑，使传动带急剧磨损；张紧力过大，则会使带容易疲劳拉断，寿命降低，也使轴和轴承上的作用力增大。一般规定，用一定的载荷加在两带轮中点的传动带上，使它产生一定的挠度来确定张紧力是否合适。通常，在两带轮相距不大时，以用拇指能在传动带的中部压下 15mm 左右为宜。

传动带因长期受拉力作用，将会产生塑性变形而伸长，从而造成张紧力减小，传递能力降低，致使传动带在带轮上打滑。为了保持传动带的传递能力和张紧程度，常用张紧轮和调节两带轮间的中心距进行调整。

2. 张紧的方法

（1）利用张紧轮调整张紧力

平带传动中，张紧轮对安装在传动带的松边外侧并靠近小带轮处。

为了防止 V 带在传动过程中受交变应力作用，应把张紧轮放在松边内侧，并靠近大带轮处，如图 5-8a）所示。

（2）利用调整中心距的方法来调整张紧力

图 5-8b）所示为用于水平（或接近水平）传动时的装置，利用调整螺钉来调整中心距的大小，以改变传动带的张紧程度。

图 5-8c）所示为用于垂直（或接近垂直）传动时的调整装置，利用电动机自重和调整螺钉来调整中心距的大小，以改变传动带的张紧程度。

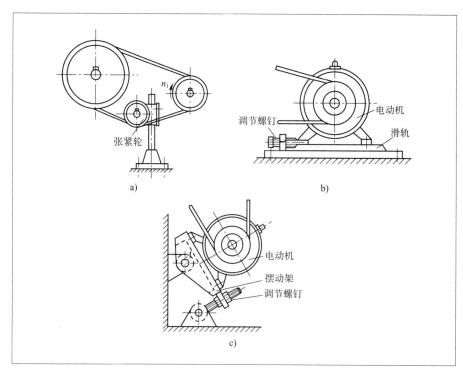

■ 图 5-8
带传动的张紧装置

3. 带传动的安装和维护

为了延长传动带的使用寿命，保证传动的正常运转，必须正确地安装、使用、维护。

（1）安装时，两轴线应平行，主动带轮与从动带轮的轮槽应对正。两带轮相对应的 V 形槽的对称面应重合，误差不应过大，以防带侧面磨损加剧。

（2）安装 V 带时应按规定的初拉力张紧。装带时不能强行撬入，应将中心距缩小，待 V 带进入轮槽后再加大中心距张紧。

（3）V 带在轮槽中应有正确的位置，安装在轮槽内的 V 带顶面应与带轮外缘相平，带与轮槽底面应有间隙。

（4）选用 V 带时要注意型号和长度，型号应和带轮轮槽尺寸相符合。新旧不同的 V 带不得同时使用。如发现有的 V 带出现疲劳撕裂现象时，应及时更换全部 V 带。

（5）为确保安全，带传动应设防护罩。

（6）V 带不应与酸、碱、油接触，工作温度不宜超过 60℃。

分析：
带传动的张紧方法除了以上两种之外还有哪些？

单元二 链传动

一、链传动概述

1. 链传动定义

链传动是通过链条将具有特殊齿形的主动链轮的运动和动力传递到具有特殊齿形的从动链轮的一种传动方式。

链传动是由主、从动链轮和链条组成,如图 5-9 所示。

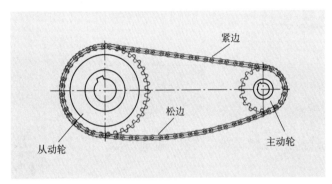

■ 图 5-9
链传动组成

2. 链传动种类

链传动的种类有多种,按照用途不同,链可分为起重链、牵引链和传动链三大类。

起重链主要用于起重机械中提起重物,其工作速度 $v \leqslant 0.25 \text{m/s}$;牵引链主要用于链式输送机中移动重物,其工作速度 $v \leqslant 4 \text{m/s}$;传动链用于一般机械中传递运动和动力,通常工作速度 $v \leqslant 15 \text{m/s}$;传动链根据结构的不同又可分为套筒链、滚子链(图 5-10a)、弯板链(图 5-10b)和齿形链(图 5-10c)等。

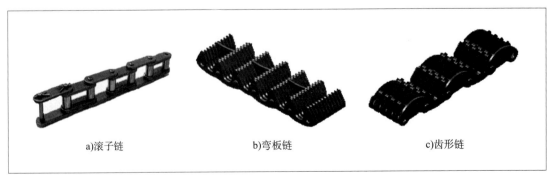

a) 滚子链　　　　b) 弯板链　　　　c) 齿形链

■ 图 5-10
传动链的种类

3. 链传动应用

链传动适用于两平行轴线中心距较大、瞬时传动比无严格要求以及工作环境恶劣的场合，广泛应用于农业、建筑、石油、采矿、起重、金属切削机床、摩托车和自行车等各种机械中。

二、滚子链

滚子链是一种标准件，由内链板 1、外链板 2、销轴 3、套筒 4 和滚子 5 组成，如图 5-11 所示。

当链节进入、退出啮合时，滚子沿齿滚动，实现滚动摩擦，减轻磨损。套筒与内链板、销轴与外链板分别用过盈配合固链，使内、外链板可相对回转。为减轻重量，内链板常制成 8 字形并保持链条各截面的强度接近相等。

把一根以上的单列链并列、用长销轴连接起来的链称为多排链，如图 5-12 所示为双排链。链的排数愈多，承载能力愈高，但链的制造与安装精度要求也愈高，且愈难使各排链受力均匀，将大大降低多排链的使用寿命，故排数不宜超过四排。当传动功率较大时，可采用两根或两根以上的双排链或三排链。

> **思考讨论**
>
> 分析：
> 链传动与带传动相比有哪些优点？

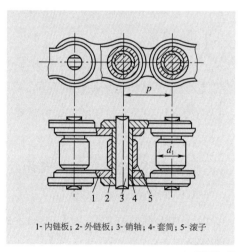

1- 内链板；2- 外链板；3- 销轴；4- 套筒；5- 滚子

■ 图 5-11
滚子链的结构

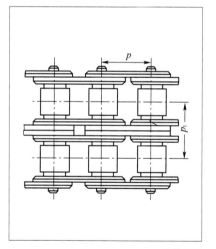

■ 图 5-12
双排链

为了形成链节首尾相接的环形链条，要用接头加以连接。链的接头形式如图 5-13 所示。当链节数为偶数时，采用连接链节（图 5-13a、b），其形状与链节相同，接头处用钢丝锁销或弹簧卡片等止锁件将销轴与连接链板固定；当链节数为奇数时，则必须加一个过渡链节（图 5-13c）。过渡链节的链板在工作时受有附加弯矩，故应尽量避免采用奇数链节。

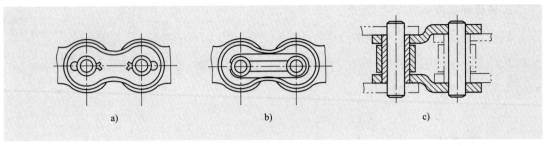

图 5-13 链的接头形式

三、链传动的布置和张紧

1. 链传动的布置

(1) 两链轮轴线平行,且两链轮的回转平面必须位于同一铅垂平面内。

(2) 两链轮的中心连线最好是平的,或两链轮中心连线与水平面成 45°以下的倾斜角。

(3) 尽量避免两链轮上下布置。必须采用两链轮上下布置时,应采取以下措施:中心距可调整;设张紧装置;上、下两轮应错开,使其轴线不在同一铅垂面内。

(4) 一般使链条的紧边在上、松边在下。否则,松边在上,链条松弛下垂后可能与紧边相碰,也可能发生与链轮卡死的现象。

2. 链传动的张紧

链传动的松边如果垂度过大,将会引起啮合不良和链条振动的现象,所以必须进行张紧。常用的张紧方法有:

(1) 调整中心距

向外侧移动链轮,增大中心距。

(2) 缩短链长

当中心距不可调时,可去掉 1~2 个链节。

(3) 采用张紧装置

如图 5-14 所示为采用张紧轮。

利用张紧轮进行张紧时,张紧轮应当安装在链条松边的内侧或外侧,以增加参与啮合的齿轮数量,从而提高链传动的平稳性。

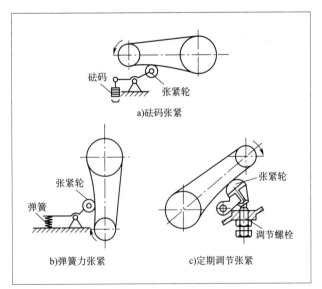

图 5-14 链传动中张紧轮的安装

课后练习

1. 传动带张紧的目的是什么?
2. 带传动的主要失效形式有什么?
3. 常用摩擦型带传动有几种类型?
4. 传动带的弹性滑动是怎样产生的?
5. 链传动的种类是什么?
6. 链传动的张紧方法是什么?
7. 链传动的特点是什么?

思考讨论

分析:
链传动张紧方法还有哪些?

单元三 齿轮传动

一、齿轮传动概述

1. 齿轮传动定义

齿轮传动是指由齿轮副传递运动和动力的装置，它是现代各种设备中应用十分广泛的一种机械传动方式。

2. 齿轮传动类型

（1）按齿轮传动轴的相对位置和轮齿方向，齿轮传动分类如图 5-15 所示。

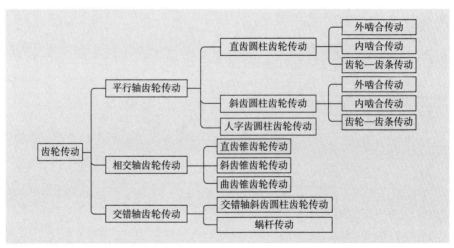

■图 5-15
齿轮传动的类型

其中，根据齿轮副两传动轴的相对位置不同，分为平行轴齿轮传动、相交轴齿轮传动和交错轴齿轮传动三种，见表 5-2。平行轴齿轮传动属平面传动，相交轴齿轮传动和交错轴齿轮传动属空间传动。

（2）据齿轮传动的工作条件不同，分为闭式齿轮传动和开式齿轮传动。前者齿轮副封闭在刚性箱体内，能保证良好的润滑；后者齿轮副外露，易受灰尘及有害物质侵袭，且不能保证良好的润滑。

（3）根据轮齿齿廓曲线不同，分为渐开线齿轮传动、摆线齿轮传动和圆弧齿轮传动等，其中渐开线齿轮传动应用最广。

（4）根据齿面硬度不同，分为软齿面齿轮传动和硬齿面齿轮传动。当两轮（或其中有一轮）齿面硬度≤350HBW 时，称为软齿面传动；当两轮的齿面硬度均大于 350HBW 时，称为硬齿面传动。软齿面齿轮传动常用于对精度要求不太高的一般中、低速齿轮传动，硬齿面齿轮传动常用于要求承载能力强、结构紧凑的齿轮传动。

3. 齿轮传动的特点和应用

齿轮传动的特点和应用见表 5-2。

齿轮传动的特点和应用　　　　　　　　　　表 5-2

分　类	名　称	示　意　图	特点和应用
平行轴齿轮传动	直齿圆柱齿轮传动	外啮合直齿圆柱齿轮传动	两齿轮转向相反，轮齿与轴线平行，工作时无轴向力重合度较小，传动平稳性较差，承载能力较低； 多用于速度较低的传动，尤其适用于变速器的换挡齿轮
		内啮合直齿圆柱齿轮传动	两齿轮转向相同重合度大，轴向距离小，结构紧凑，效率较高
		齿轮齿条传动	齿条相当于半径为无限大的齿轮用于转动到直线移动的运动变换
	斜齿轮传动	外啮合斜齿圆柱齿轮传动	两齿轮转向相反，轮齿与轴线成一夹角，工作时存在轴向力，所需支承较复杂，重合度较大，传动较平稳，承载能力较高； 适用于速度较高，载荷较大或要求结构紧凑的场合

续上表

分　类		名　称	示　意　图	特点和应用
平行轴齿轮传动	人字齿轮传动	外啮合人字齿圆柱齿轮传动		两齿轮转向相反承载能力高，轴向力能抵消，多用于重载传动
相交轴齿轮传动	圆锥齿轮传动	直齿锥齿轮传动		两轴线相交，轴交角为90°的应用较广； 制造和安装简便，传动平稳性较差，承载能力较低，轴向力较大； 用于速度较低（>5m/s），载荷小而稳定的运转
		曲齿锥齿轮传动		两轴线相交重合度大，工作平稳，承载能力高，轴向力较大且与齿轮转向有关； 用于速度较高及载荷较大的传动
交错轴齿轮传动	圆锥齿轮传动	螺旋齿轮传动		两轴线交错； 两齿轮点接触，传动效率低； 适用于载荷小，速度较低的传动
		蜗杆传动		两轴线交错，一般为90°； 传动比较大，一般$i=10\sim80$； 结构紧凑，传动平稳，噪声和振动小，传动效率低，易发热

二、渐开线标准直齿圆柱齿轮

1. 渐开线的形成及其特点

（1）渐开线的形成

渐开线齿轮牙齿的两侧齿廓是由两段对称的渐开线组成。

当一直线 L 沿一半径为 r_b 圆的圆周做纯滚动，该直线从位置Ⅰ顺时针滚动到位置Ⅱ时，直线上的任意点 K 的轨迹 AK 就是该圆的渐开线。该圆称为渐开线的基圆，直线 L 称为该渐开线的发生线，如图5-16所示。

（2）渐开线的基本性质

分析渐开线的形成过程（图5-16）可知，渐开线有以下几个重要性质：

①直线长 $BK=$ 弧长 AB。

② BK 是基圆的切线，也是 K 点的法线。

③同一基圆所产生的两条渐开线，彼此之间法线距离相等（图5-17）。

④渐开线上各点的曲率半径不等。渐开线上越近基圆的部分，曲率半径越小，曲率越大，即渐开线越弯曲；离基圆越远的部分，曲率半径越大，曲率越小，即渐开线越平坦。

⑤渐开线的形状取决于基圆的大小。只有在基圆大小相同时才能有完全相同的渐开线。

⑥发生线沿基圆做纯滚动时，在转过同样的 φ 角时，其上一点描绘的渐开线弧长随着渐开线向外延伸而逐渐增大。即弧长 K_3K_4 > 弧长 K_2K_3 > 弧长 K_1K_2 >……（图5-17）。

⑦基圆内无渐开线。

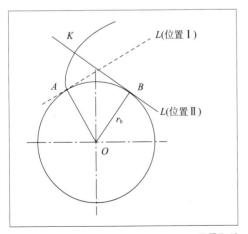

■图5-16
渐开线的形成

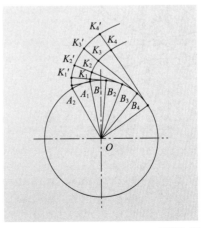

■图5-17
同一基圆的两条渐开线

?思考讨论

分析：
齿轮传动与带传动相比有哪些特点？

?思考讨论

分析：
基圆内为何无渐开线？

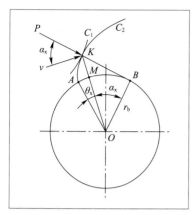

图 5-18 渐开线齿廓的压力角

（3）渐开线齿廓的压力角

当一对渐开线齿廓 C_1 和 C_2 相互作用时（图 5-18），在从动轮渐开线齿廓 C_2 上所受正压力 P 的方向沿着接触点 K 的法线方向（不考虑摩擦），即图示 KB 方向。受力后，从动轮绕 O 轴转动，渐开线齿廓 C_2 上的 K 点速度 v 的方向与 OK 垂直。这个压力方向与速度方向之间的夹角 α_x 就是渐开线齿廓上任意点 K 的压力角。

从图中看出，OK 与 OB 之间的夹角就等于 α_x，在 $\triangle OBK$ 中，由于基圆半径 r_b 不变，所以渐开线齿廓上的各点压力角随 r_x 的变化而变化，即渐开线齿廓上各点的压力角不等。当 K 点远离中心 O，即 r_x 增大，α_x 随之增大；当 K 点越接近基圆，即 r_x 越小，α_x 越小；当 K 点在基圆上时，r_x 等于 r_b，α_x 等于零。

2. 齿廓啮合基本定律

（1）传动比恒定的意义

齿轮传动的最基本要求之一是瞬时传动比恒定不变，为常数。

主动齿轮以等角速度回转时，如果从动齿轮的角速度为变量，将产生惯性力。这种惯性力会引起机器的振动和噪声，影响工作精度，还会影响齿轮的寿命。

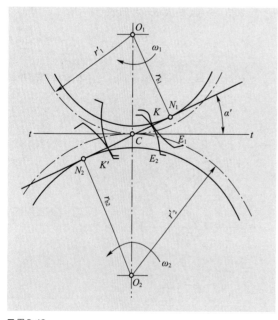

图 5-19 渐开线齿廓的啮合特性

（2）齿廓啮合基本定律

为保证瞬时传动比恒定不变，即

$$i_{12} = \omega_1 / \omega_2 = 常数 \qquad (5\text{-}2)$$

式中：ω_1、ω_2——两齿轮 1、2 的瞬时角速度。

则两齿轮的齿廓曲线应满足：不论两齿廓曲线在任何位置相切接触，过接触点所做的两齿廓曲线的公法线 t—t 与两轮的连心线 O_1O_2 交于一定点 C（图 5-19）。这个定点称为两啮合齿轮的节点。以两齿轮的转动中心 O_1、O_2 为圆心，过节点 C 所做的两个相切的圆称为该对齿轮的节圆。

可以证明：$i_{12} = \omega_1 / \omega_2 = O_1C / O_2C$。

由于 O_1C 与 O_2C 两线段为定长，所以

传动比 i_{12} =常数。两齿轮啮合传动可视为两轮的节圆在做纯滚动。

3. 标准渐开线直齿圆柱齿轮的基本参数及尺寸计算

渐开线直齿圆柱齿轮形状是完全相同的轮齿均匀分布在圆柱体的圆周上，每个轮齿的两侧齿廓曲线是渐开线。两侧齿廓是在同一基圆上生成的两条相反方向的渐开线中的一段曲线。

（1）齿轮各部分的名称及代号（图 5-20）

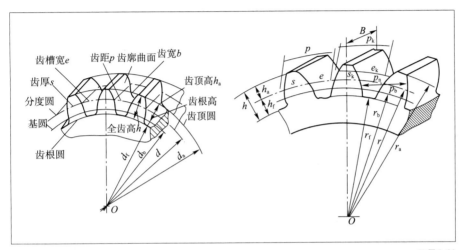

■ 图 5-20
渐开线直齿圆柱齿轮各部分的名称

① 齿顶圆

轮齿齿顶所在的圆称为齿顶圆。齿顶圆直径为 d_a，半径为 r_a，齿顶圆上的压力角为 α_a，齿顶圆上的轮齿尺寸都带有下标"a"。

② 齿根圆

轮齿齿槽底部所在的圆称为齿根圆。齿根圆直径为 d_f，半径为 r_f，齿根圆上的压力角为 α_f，齿根圆上的轮齿尺寸都带有下标"f"。

③ 任意圆

介于齿顶圆与齿根圆之间的任意一个圆称为任意圆。任意圆直径为 d_k，半径为 r_k，任意圆上的压力角为 α_k，任意圆上的轮齿尺寸都带有下标"k"。

④ 基圆

轮齿齿廓渐开线曲线的生成圆称为基圆。基圆直径为 d_b，半径为 r_b，基圆上的压力角 $\alpha_b = 0°$，基圆上的轮齿尺寸都带有下标"b"。

⑤ 分度圆

为便于齿轮的设计、制造、测量和安装，规定某一个圆为齿轮的基准圆，

对上述等式进行证明。

* 注：两个齿轮啮合时才会产生节点、节圆，单个齿轮没有这些概念。

称为齿轮的分度圆。分度圆直径为 d，半径为 r，分度圆压力角为 α，分度圆上的轮齿尺寸都不带下标。齿轮的上述各圆都是以齿轮的转动中心为圆心的同心圆。

⑥齿距

在任意圆周上相邻两齿同侧齿廓对应两点之间的弧长称为齿距，用 p_k 表示。

⑦齿厚

在任意圆周上的齿距 p_k 中，轮齿两侧齿廓的弧长称为齿厚，用 s_k 表示。

⑧齿槽宽

在任意圆周上的齿距 p_k 中，齿槽两侧齿廓的弧长称为齿槽宽，用 e_k 表示。不同的圆上有不同的齿距、齿厚和齿槽宽。例如，齿顶圆是 p_a、s_a、e_a；齿根圆是 p_f、s_f、e_f；基圆是 p_b、s_b、e_b；分度圆是 p、s、e。

显然，在齿轮的任意圆周上有：$p_k = s_k + e_k$，并且有：$zp_k = \pi d_k$。

对于分度圆也有：$p = s + e$，$zp = \pi d$。

（2）标准渐开线直齿圆柱齿轮的基本参数

①齿数 z

一个齿轮的轮齿个数称为齿数，用 z 表示。齿数是齿轮的基本参数之一，在齿轮设计中来选定，它将影响轮齿的几何尺寸和渐开线曲线的形状。

②模数 m

在分度圆上齿距 p 与 π 的比值 $m = p/\pi$ 为国家制定的标准系列值，称为齿轮的模数。齿轮的模数是齿轮的基本参数，用符号 m 表示，单位是 mm。由

$$zp = \pi d \qquad (5-3)$$

$$d = pz/\pi \qquad (5-4)$$

得齿轮的分度圆的直径 $d = mz$，半径 $r = mz/2$。

模数由齿轮承载能力计算而得到，它反映了轮齿的大小，模数越大，轮齿的尺寸越大，齿轮相应尺寸也越大，齿轮的承载能力越高。我国规定的标准模数系列见表 5-3。

齿 轮 模 数 系 列　　　　　　　表 5-3

第一系列	0.1	0.12	0.15	0.2	0.25	0.3	0.4	0.5	0.6	0.8	1	1.25	1.5	2
第二系列	0.35	0.7	0.9	1.75	2.25	2.75	(3.25)	3.5	(3.75)	4.5	5.5	(6.5)	7	9

注：优先选用第一系列，括号内的数值尽量不用，单位是 mm。

③压力角 α

渐开线中的 $r_k = r_b / \cos\alpha_k$ 说明不同的向径 r_k，对应的渐开线的压力角 α_k 也不同。向径越大，其对应的压力角也越大；基圆向径 r_b 对应的压力角为 $\alpha_b = 0°$，分度圆向径 r 所对应的压力角为 α。规定分度圆半径 r 所对应的渐开线压力角 $\alpha = 20°$，为标准值，称为齿轮压力角。它也是齿轮的基本参数之一。

分度圆上有 $r = r_b / \cos\alpha$，得齿轮基圆半径 $r_b = r\cos\alpha$，直径 $d_b = d\cos\alpha = mz\cos\alpha$。

④齿顶高系数 h_a^*

分度圆到齿顶圆的径向距离称为齿轮的齿顶高，用 h_a 表示。

有 $h_a = h_a^* m$，其中 h_a^* 称为齿顶高系数。标准规定：正常齿 $h_a^* = 1$、短齿 $h_a^* = 0.8$。h_a^* 也是齿轮的基本参数。

⑤顶隙系数 c^*

分度圆到齿根圆的径向距离称为齿轮的齿根高，用 h_f 表示。

有 $h_f = (h_a^* + c^*)m$，其中 c^* 称为顶隙系数。标准规定：正常齿 $c^* = 0.25$、短齿 $c^* = 0.3$。c^* 也是齿轮的基本参数。

齿根圆到齿顶圆的径向距离称为齿轮的齿高，用 h 表示：

$$h = h_a + h_f = (2h_a^* + c^*)m \quad (5-5)$$

综上所述：z、m、α、h_a^*、c^* 是标准渐开线齿轮尺寸计算的五个基本参数。

若齿轮的模数 m、压力角 α、齿顶高系数 h_a^*、顶隙系数 c^* 均为标准值，并且在齿轮分度圆上的齿厚与齿槽宽相等，即 $s = e$ 称为标准齿轮。

由于 $p = s + e = \pi m$，所以 $s = e = p/2 = \pi m/2$。

若齿轮的模数 m、压力角 α、齿顶高系数 h_a^*、顶隙系数 c^* 均为标准值，并且在齿轮分度圆上的齿厚与齿槽宽不相等，即 $s \neq e$ 称为变位齿轮。

（3）外啮合标准渐开线直齿圆柱齿轮尺寸计算

标准齿轮的齿廓形状是由齿轮的基本参数所决定，已知这五个基本参数就可以计算出齿轮各部分的几何尺寸。为了使用方便，外啮合标准直齿圆柱齿轮各部分几何尺寸的计算见表5-4。

外啮合标准直齿圆柱齿轮几何尺寸计算　　表5-4

名　称	符　号	计算公式	名　称	符　号	计算公式
分度圆直径	d	$d = mz$	齿根圆直径	d_f	$d_f = d - 2h_f$

续上表

名　称	符　号	计算公式	名　称	符　号	计算公式
齿顶高	h_a	$h_a = h_a^* m$	齿距	p	$p = \pi m$
齿根高	h_f	$h_f = (h_a^* + c^*)m$	基圆直径	d_b	$d_b = d\cos\alpha$
全齿高	h	$h = h_a + h_f$	齿厚	s	$s = \pi m/2$
齿顶圆直径	d_a	$d_a = d + 2h_a$	齿槽宽	e	$e = \pi m/2$

例 5-1： 为修配损坏的标准直齿圆柱齿轮，实测齿全高为 8.98mm，齿顶圆直径为 135.98mm，试确定该齿轮的模数 m、分度圆直径 d、齿顶圆直径 d_a、齿根圆直径 d_f、齿距 p、齿厚 s 与齿槽宽 e。

解：

由表 5-4 可知

$$h = h_a + h_f = (2h_a^* + c^*)m$$

对于正常齿

$$h_a^* = 1, \quad c^* = 0.25$$

$$m = h/(2h_a^* + c^*) = 8.98/(2\times1+0.25) = 3.991(\text{mm})$$

根据计算出的 m，查表 5-3 取接近的标准模数，查表后取 $m = 4$。

$$z = (d_a - 2h^*m)/m = (135.98 - 2\times1\times4)/4 = 31.995$$

齿数应为

$$z = 32$$

分度圆直径

$$d = mz = 4\times32(\text{mm})$$

齿顶圆直径

$$d_a = d + 2h_a = d + 2h_a m = 128 + 2\times1\times4 = 136(\text{mm})$$

齿根圆直径

$$d_f = d - 2h_f = d - 2(h_a^* + c^*)m = 128 - 2\times(1+0.25)\times4 = 118(\text{mm})$$

齿距

$$p = \pi m = 3.1416\times4 = 12.5664(\text{mm})$$

齿厚

$$s = \pi m / 2 = (3.1416 \times 4) / 2 = 6.2832 \text{(mm)}$$

齿槽宽

$$e = \pi m / 2 = (3.1416 \times 4) / 2 = 6.2832 \text{(mm)}$$

4. 一对渐开线齿轮的啮合

一对齿轮在啮合过程中，必须能保证瞬时传动比恒定不变、保证能够相互啮合、保持连续啮合传动和具有正确的安装中心距。

（1）啮合特性

①啮合线

一对齿廓啮合时（图5-21），两齿廓接触点的轨迹称啮合线。当齿廓 C_1 与 C_2 啮合时，啮合接触点 K_1、K_2 都在两基圆的内公切线 N—N 上，所以 N—N 则为该对的啮合线。两齿廓啮合点的实际轨迹是一线段 B_1B_2，称为实际啮合线段；N_1N_2 是理论上可能的最长啮合线，称为理论啮合线段，N_1 点和 N_2 点称作极限啮合点，显然 $B_1B_2 \leqslant N_1N_2$。

②节圆和啮合角

啮合线 N_1N_2 与两齿轮的中心连线 O_1O_2 的交点 P 称为节点，通过节点 P

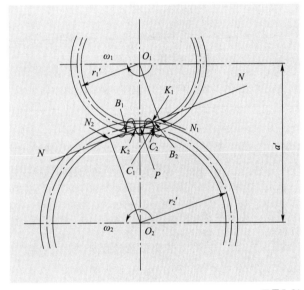

■ 图5-21
渐开线齿轮圆柱的啮合

分别以 O_1P 和 O_2P 为半径所作的圆称为节圆，节圆半径记为 r'。

节圆实际上是啮合过程中做纯滚动的圆。节圆是在啮合传动时存在的，对于单个齿轮并不存在节圆。两个标准齿轮在标准中心距间啮合时，其节圆与分度圆重合。节圆半径与啮合传动时的中心距有关，当啮合中心距为 a' 时，两轮的节圆半径：

$$a' = O_1P + O_2P = r_1' + r_2' \quad (5-6)$$

啮合角 a' 是两轮节圆上的压力角：

$$\cos\alpha' = \frac{a}{a'}\cos\alpha \quad (5-7)$$

一对标准齿轮在标准中心距间啮合传动时，其啮合角 a' 等于分度圆压

力角 α:

$$p_{b1} = \pi m_1 \cos\alpha_1 \qquad (5\text{-}8)$$

$$p_{b2} = \pi m_2 \cos\alpha_2 \qquad (5\text{-}9)$$

$$\pi m_1 \cos\alpha_1 = \pi m_2 \cos\alpha_2 \qquad (5\text{-}10)$$

$$m_1 \cos\alpha_1 = m_2 \cos\alpha_2 \qquad (5\text{-}11)$$

（2）正确啮合的基本条件

①正确啮合条件

一对直齿圆柱啮合传动齿轮的正确啮合的基本条件是两轮的基节必须相等，即

$$p_{b1} = p_{b2} \qquad (5\text{-}12)$$

推导得出，正确啮合条件是两轮的模数和压力角分别相等，即

$$m_1 = m_2 \qquad (5\text{-}13)$$

$$\alpha_1 = \alpha_2 \qquad (5\text{-}14)$$

②连续传动条件

一对啮合传动齿轮的连续传动的条件是实际啮合线段 B_1B_2 应大于或等于齿轮基节 p_b。通常把实际啮合线段 B_1B_2 与基节 p_b 的比值称为重叠系数 ε：

$$\varepsilon = \frac{B_1B_2}{p_b} \geqslant 1 \qquad (5\text{-}15)$$

5. 变位齿轮简介

（1）变位齿轮的概念

用齿条型刀具加工齿轮时，若不采用标准安装，而是将刀具远离或靠近轮坯回转中心，则刀具的分度线不再与被加工齿轮的分度圆相切。这种采用改变刀具与被加工齿轮相对位置来加工齿轮的方法称为变位修正法。采用这种方法加工的齿轮称为变位齿轮。

通过改变标准刀具对齿轮毛坯的径向位置或改变标准刀具的齿槽宽切制出的齿形为非标准渐开线齿形的齿轮。切制轮齿时，改变标准刀具对齿轮毛坯的径向位置称为径向变位。如果刀具齿条远离轮坯中心向外移动，刀具齿轮的分度线与毛坯齿轮的分度圆相离，加工出的齿轮称为正变位齿轮，如图 5-22 所示。刀具齿条

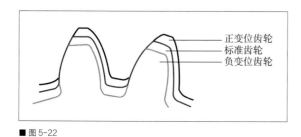

■图 5-22
变位齿轮

靠近轮坯中心向里移动，刀具齿轮的分度线与毛坯齿轮的分度圆相交，加工出的齿轮称为负变位齿轮，如图 5-22 所示。改变标准刀具的齿槽宽称为切向变位。最常用的是径向变位，切向变位一般用于圆锥齿轮的变位。

（2）变位齿轮的应用

①避免根切

用齿条形刀具加工标准齿轮（$\alpha=20°$，$h_a^*=1$），在齿数 $z<17$ 时会发生根切，从而限制了 $z<17$ 的齿轮的应用。

采用正变位齿轮，可以减少发生根切时的齿数。

②增加强度

一对相互啮合的标准齿轮，由于小齿轮的齿根较窄，所以在所用材料和热处理相同的情况下，抗弯强度小于大齿轮。同时因小齿轮单个齿的啮合频次大于大齿轮，小齿轮的寿命小于大齿轮。

采用正变位齿轮，可提高小齿轮寿命。

③调整齿轮副的啮合中心距

标准齿轮只适用于标准啮合中心距，在设计中，常常出现实际中心距与标准中心距不一样的情况，可以用变位齿轮来调整齿轮副的啮合中心距。

三、斜齿圆柱齿轮

1. 斜齿圆柱齿轮传动特点

直齿轮的齿廓曲面是发生面在基圆柱上做纯滚动时，发生面上一条与齿轮轴相平行的直线 B—B 所展成的渐开线曲面，如图 5-23a）所示。

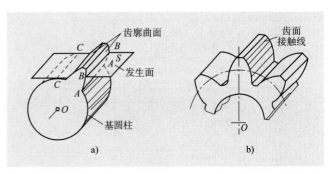

■ 图 5-23
直齿圆柱齿轮

当两个直齿圆柱齿轮啮合时，两齿廓曲面的接触线是齿廓曲面与啮合面（即两齿轮基圆柱的内公切面）的交线。该接触线是与齿轮轴线平行的直线，如图 5-23b）所示。因此直齿轮在进入啮合和退出啮合时，在理论上是以整个齿宽同时进入和同时退出的，即突然加载和突然卸载，这会使传动的平稳性较差，而冲击、振动和噪声较大。

斜齿圆柱齿轮齿廓曲面的形成原理与直齿圆柱齿轮相似，但是如图 5-24a）所示，发生面上的直线 B—B 不平行于基圆柱的轴线，而是与其有一个角度 β_b。

分析：
为什么齿数 $z<17$ 时会发生根切？

当发生面沿着基圆柱面做纯滚动时，B—B 的轨迹就是斜齿圆柱齿轮的齿廓曲面。该齿廓曲面与基圆柱面的交线 A—A 是一条螺旋线，其螺旋角等于 β_b，称为斜齿轮基圆柱上的螺旋角。斜齿轮的齿廓曲面与其分度圆柱面相交的螺旋线的切线与齿轮轴线之间所夹的锐角（以 β 表示）称为斜齿轮分度圆柱上的螺旋角，简称为斜齿轮的螺旋角。轮齿螺旋的旋向有左、右旋之分。

当两斜齿轮啮合时，两齿廓曲面的接触线仍是齿廓曲面与啮合面的交线，它是与齿轮轴线倾斜的直线。故当轮齿的一端进入啮合时，轮齿的另一端要滞后一个角度才能进入啮合，即轮齿从一端进入啮合，从另一端退出啮合，其接触线由短变长，再由长变短，如图 5-24b) 所示。斜齿轮轮齿在交替啮合时，载荷是逐渐加上，再逐渐卸掉的，故传动较平稳，冲击、振动和噪声较小，适宜于高速、重载传动。但与直齿圆柱齿轮相比，由于存在轴向力 F，需要安装能承受轴向力的轴承。

2. 斜齿圆柱齿轮的基本参数

如图 5-25 所示，为斜齿圆柱齿轮分度圆柱的展开图，螺旋线展开所得的斜直线与轴线之间的夹角 β 称为分度圆柱面螺旋角，它是斜齿轮的一个重要参数，可定量地反映轮齿的倾斜程度。螺旋角太小，不能充分显示斜齿轮传动的优点，而螺旋角太大，则轴向力太大，将给支承设计带来不利和困难，一般取 $\beta = 8° \sim 20°$。

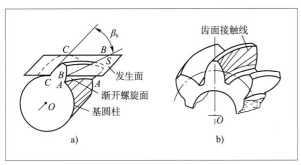

■ 图 5-24
斜齿圆柱齿轮

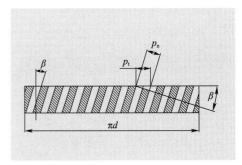

■ 图 5-25
斜齿轮的法向与端面参数

除螺旋角 β 以外，斜齿轮与直齿轮一样，也有模数、齿数、压力角、齿顶高系数和顶隙系数 5 个参数。但由于存在螺旋角，斜齿轮的各参数均有端面和法面之分，且两者之间均有一定的对应关系。由图 5-25 可知，法面齿距 p_n 和端面齿距 p_t 的关系为

$$p_n = p_t \cos\beta \tag{5-16}$$

因为
$$m = p/\pi \quad (5\text{-}17)$$
所以
$$m_n = m_t \cos\beta \quad (5\text{-}18)$$

加工斜齿轮时，刀具沿着螺旋线方向，即垂直于法面方向切齿，故斜齿轮的法面参数与刀具相同，即法向模数和法向压力角均为标准值。

3. 标准斜齿圆柱齿轮啮合传动

（1）斜齿圆柱齿轮的传动比

两齿轮的角速度（或是转速）之比等于两齿轮齿数的反比。即
$$i_{12} = \omega_1/\omega_2 = z_2/z_1 \quad (5\text{-}19)$$

齿轮传动的传动比不宜过大，一般斜齿圆柱齿轮传动的传动比 $i_{12} = 2 \sim 8$。

（2）斜齿圆柱齿轮传动正确啮合的条件

斜齿圆柱齿轮传动的正确啮合条件，除了两齿轮的模数和压力角分别相等外，它们的螺旋角必须相匹配，否则两啮合齿轮的齿向不同，不能进行啮合。因此斜齿传动正确啮合条件为

$$\beta_1 = \pm\beta_2 \quad (5\text{-}20)$$
$$m_{n1} = m_{n2} = m \quad (5\text{-}21)$$
$$\alpha_{n1} = \alpha_{n2} = \alpha \quad (5\text{-}22)$$

β 前的"+"用于内啮合（表示旋向相同）；"-"号用于外啮合（表示旋向相反）。

（3）斜齿圆柱齿轮传动标准中心距 a

标准斜齿圆柱齿轮啮合传动保持两个分度圆相切，其中心距为标准中心距 a：

$$a = (d_1 + d_2)/2 = m_n(z_1 + z_2)/2\cos\beta \quad (5\text{-}23)$$

由该式可以看出，设计斜齿轮传动时，可用改变螺旋角来调整中心距的大小，以满足对中心距的要求。

四、直齿锥齿轮

1. 锥齿轮概述

如图 5-26 所示，锥齿轮机构主要用来传递两相交轴之间的运动和动力。

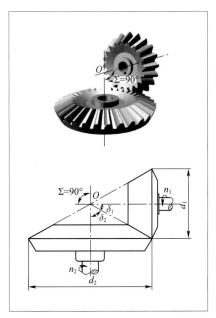

图 5-26 直齿锥齿轮传动

由于锥齿轮的轮齿分布在圆锥面上,所以齿形从大端到小端逐渐缩小。一对锥齿轮传动时,两个节圆锥做纯滚动。与圆柱齿轮相似,圆柱齿轮中的各有关"圆柱",在这里都变成了"圆锥",锥齿轮相应的有基圆锥、分度圆锥、齿顶圆锥、齿根圆锥。

锥齿轮按两轮啮合的形式不同,可分为外啮合、内啮合及平面啮合三种。锥齿轮的轮齿有直齿、斜齿及曲齿(圆弧齿)等多种形式。

由于直齿锥齿轮的设计、制造和安装均较简便,故应用最为广泛。曲齿锥齿轮由于传动平稳、承载能力较大,故常用于高速重载的传动场合,如汽车、拖拉机中的差速器齿轮等。

锥齿轮机构两轴的交角$\Sigma = \delta_1 + \delta_2 = 90°$的锥齿轮传动应用最广泛。

2. 直齿锥齿轮传动的参数

现在多采用等顶隙锥齿轮传动形式,即两轮顶隙从轮齿大端到小端都是相等的等顶隙直齿锥齿轮传动。

直齿锥齿轮因为大端尺寸大,便于计算和测量,所以直齿锥齿轮几何尺寸和基本参数均以大端为标准。

其基本参数有模数m(符合国家标准系列值)、压力角α、齿顶高系数h_a^*、顶隙系数c^*、齿数z、分度圆锥角δ。标准直齿锥齿轮$\alpha = 20°$、$h_a^* = 1$、$c^* = 0.2$。

3. 直齿锥齿轮传动

(1)正确啮合条件

一对圆锥齿轮的啮合传动相当于一对当量圆柱齿轮的啮合传动,故其正确啮合的条件为:两圆锥齿轮大端的模数和压力角分别相等,即

$$m_1 = m_2 = m \tag{5-24}$$

$$\alpha_1 = \alpha_2 = \alpha \tag{5-25}$$

(2)传动比

由图5-26得:

$$r_1 = R\sin\delta_1, \quad r_2 = R\sin\delta_2 \tag{5-26}$$

圆锥齿轮传动的传动比为

$$i_{12} = \omega_1/\omega_2 = r_2/r_1 = z_2/z_1 = \sin\delta_2/\sin\delta_1 \tag{5-27}$$

当两轴的交角$\Sigma = \delta_1 + \delta_2 = 90°$时,有$i_{12} = \tan\delta_2$。

直齿锥齿轮传动的传动比:

$$i_{12} = 3 \sim 5 \tag{5-28}$$

五、蜗杆传动

1. 蜗杆传动概述

蜗杆传动主要由蜗杆1和蜗轮2组成,如图5-27所示。蜗杆与蜗轮组成平面高副;蜗杆、蜗轮与机架组成转动副。蜗杆用以传递空间两交错垂直轴之间的运动和动力,通常轴间交角为90°。一般情况,蜗杆是主动件,蜗轮是从动件。

蜗杆传动适用于传动比大,而传递功率不大(一般小于50kW),且做间歇运转。因此,广泛应用在汽车、起重运输机械和仪器仪表中。

1- 蜗杆;2- 蜗轮

■ 图 5-27
蜗杆传动

2. 蜗杆传动特点

(1)蜗杆传动的优点

①传动比大。

一般动力机构中 $i=8\sim80$;在分度机构中可达 $600\sim1000$。

②蜗杆零件数目少,结构紧凑。

③蜗杆传动类似于螺旋传动,传动平稳,噪声小。

④一般具有自锁性。

即只能由蜗杆带动蜗轮,不能由蜗轮带动蜗杆,故可用在升降机构中,起安全保护作用。

(2)蜗杆传动的缺点

①传动效率低

蜗杆传动由于齿面间相对滑动速度大,齿面摩擦严重,故在制造精度和传动比相同的条件下,蜗杆传动的效率比齿轮传动低,一般只有 $0.7\sim0.8$。具有自锁功能的蜗杆机构,效率则一般不大于 0.5。

②制造成本高

为了降低摩擦,减轻磨损,提高齿面抗胶合能力,蜗轮齿圈常用贵重的青铜制造,成本较高。蜗杆传动时,要求有良好的润滑和散热。

3. 蜗杆传动的类型

蜗杆传动按照蜗杆的形状不同,可分为圆柱蜗杆传动(图 5-28a)、环面蜗杆传动(图 5-28b)。圆柱蜗杆传动除与图 5-28a)相同的普通蜗杆传动,还有圆弧齿蜗杆传动(图 5-28c)。

分析:
蜗杆传动是减速传动还是加速传动?

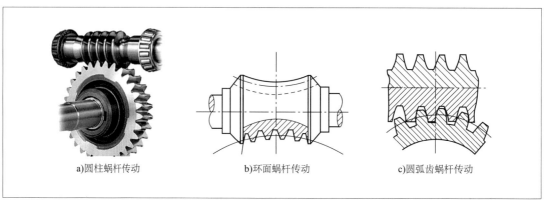

■ 图 5-28
蜗杆传动的类型

圆柱蜗杆机构又可按螺旋面的形状，分为阿基米德蜗杆机构和渐开线蜗杆机构等。圆柱蜗杆机构加工方便，环面蜗杆机构承载能力较高。

4. 蜗杆机构的正确啮合条件

（1）中间平面

通过蜗杆轴线并与蜗轮轴线垂直的平面定义为中间平面，如图 5-29 所示。在此平面内，蜗杆传动相当于齿轮齿条传动。计算公式与圆柱齿轮相同。

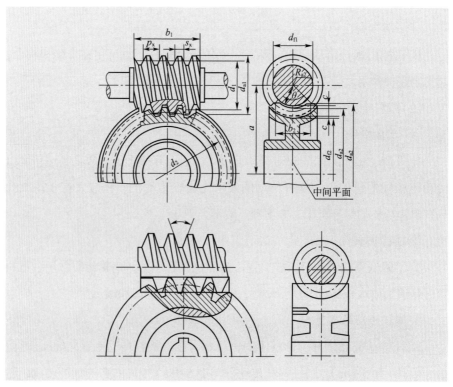

■ 图 5-29
蜗轮传动中间平面

（2）正确啮合条件

根据齿轮齿条正确啮合条件，蜗杆轴平面上的轴面模数 m_{x1} 等于蜗轮的端面模数 m_{t2}；蜗杆轴平面上的轴面压力角 α_{x1} 等于蜗轮的端面压力角 α_{t2}；蜗杆导程角 γ 等于蜗轮螺旋角 β，且旋向相同，即

$$m_{x1} = m_{t2} = m \tag{5-29}$$

$$\alpha_{x1} = \alpha_{t2} = \alpha \tag{5-30}$$

$$\gamma = \beta \tag{5-31}$$

5. 蜗杆机构基本参数

（1）蜗杆头数 z_1、蜗轮齿数 z_2

蜗杆头数 z_1 一般取 1、2、4。头数 z_1 增大，可以提高传动效率，但加工制造难度增加。

蜗轮齿数一般取 $z_2 = 28 \sim 80$。若 $z_2 < 28$，传动的平稳性会下降，且易产生根切；若 z_2 过大，蜗轮的直径 d_2 增大，与之相应的蜗杆长度增加、刚度降低，从而影响啮合的精度。

（2）传动比

$$i = \frac{n_1}{n_2} = \frac{z_2}{z_1} \tag{5-32}$$

（3）蜗杆分度圆直径 d_1 和蜗杆直径系数 q

加工蜗轮时，用的是与蜗杆具有相同尺寸的滚刀，因此加工不同尺寸的蜗轮，就需要不同的滚刀。为限制滚刀的数量，并使滚刀标准化，对每一标准模数，规定了一定数量的蜗杆分度圆直径 d_1。

蜗杆分度圆直径与模数的比值称为蜗杆直径系数，用 q 表示，即

$$q = \frac{d_1}{m} \tag{5-33}$$

模数一定时，q 值增大则蜗杆的直径 d_1 增大、刚度提高。因此，为保证蜗杆有足够的刚度，小模数蜗杆的 q 值一般较大。

（4）蜗杆导程角 γ

$$\tan\gamma = \frac{L}{\pi d_1} = \frac{z_1 \pi m}{\pi d_1} = \frac{z_1 m}{d_1} = \frac{z_1}{q} \tag{5-34}$$

式中：L——螺旋线的导程，$L = z_1 p_{x1} = z_1 \pi m$；

p_{x1}——轴向齿距。

> **? 思考讨论**
>
> 分析：
> 蜗杆传动的失效形式有哪些？

通常,螺旋线的导程角 $\gamma = 3.5° \sim 27°$,导程角在 $3.5° \sim 4.5°$ 范围内的蜗杆可实现自锁,升角大时传动效率高,但蜗杆加工难度大。

6. 蜗杆、蜗轮的材料选择

基于蜗杆传动的失效特点,选择蜗杆和蜗轮材料组合时,不但要求有足够的强度,而且要有良好的减磨、耐磨和抗胶合的能力。

实践表明,较理想的蜗杆副材料是:青铜蜗轮齿圈匹配淬硬磨削的钢制蜗杆。

(1) 蜗杆材料

对高速重载的传动,蜗杆常用低碳合金钢(如 20Cr、20CrMnTi)经渗碳后,表面淬火使硬度达 56~62HRC,再经磨削。对中速中载传动,蜗杆常用 45 钢、40Cr、35SiMn 等,表面经高频淬火使硬度达 45~55HRC,再磨削。对一般蜗杆可采用 45、40 等碳钢调质处理(硬度为 210~230HBS)。

(2) 蜗轮材料

常用的蜗轮材料为铸造锡青铜(ZCuSn10P1,ZCuSn6Zn6Pb3)、铸造铝铁青铜(ZCuAl10Fe3)及灰铸铁 HT150、HT200 等。锡青铜的抗胶合、减磨及耐磨性能最好,但价格较高,常用于 $v \geqslant 3m/s$ 的重要传动;铝铁青铜具有足够的强度,并耐冲击,价格便宜,但抗胶合及耐磨性能不如锡青铜,一般用于 $v \leqslant 6m/s$ 的传动;灰铸铁用于 $v \leqslant 2m/s$ 的不重要场合。

六、齿轮失效形式、材料及结构

1. 齿轮传动的失效形式

齿轮在传动过程中,常见失效形式有轮齿折断、齿面点蚀、齿面磨损、齿面胶合及齿面塑性变形等五种形式。

(1) 轮齿折断

轮齿折断形式有两种:一种是在交变载荷作用下,齿根弯曲应力超过允许限度时,齿根处产生微小裂纹,随后裂纹不断扩展,最终导致轮齿疲劳折断;另外一种是轮齿短过载或受冲击载荷发生突然折断,如图 5-30a) 所示。

防止轮齿折断的措施有:限制齿根上的弯曲应力;降低齿根处的应力集中;选用合适的齿轮参数和几何尺寸;强化处理(如喷丸、碾压)和良好的热处理工艺等。

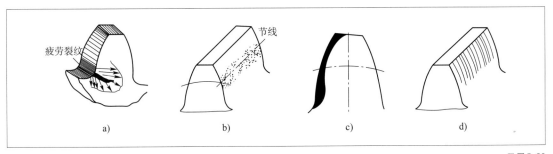

图 5-30 齿轮常见失效形式

(2) 齿面点蚀

轮齿齿面在载荷的反复交变作用下，当轮齿表面接触应力超过允许限度时，表面发生微小裂纹，以致小颗粒的金属剥落形成麻坑（图 5-30b），称为齿面疲劳点蚀。点蚀的产生破坏了渐开线的完整性，从而引起振动和噪声，继而恶性循环导致传动不能正常进行。在润滑防护良好的闭式（有箱体防护）传动中，软齿面齿轮（硬度≤350HBS）易发生齿面点蚀。在开式（无箱体防护）齿轮传动中，齿面磨损大，还未形成点蚀表面即被磨掉，所以通常见不到点蚀现象。

防止齿面点蚀的措施有：限制齿面接触应力；提高齿面硬度；降低齿面的粗糙度值；采用黏度高的润滑油等。

(3) 齿面磨损

在开式传动中，轮齿工作面间进入灰尘杂物，会引起齿面磨损。齿面磨损后（图 5-30c），齿厚变薄，渐开线齿廓被破坏，引起冲击、振动和噪声，最后导致轮齿因强度不足而折断。

防止磨损的措施有：提高齿面硬度；降低表面粗糙度值；改善工作条件，采用适当的防尘罩；在润滑油中加入减磨剂并保持润滑油的清洁等。

(4) 齿面胶合

在高速、重载传动中，由于齿面的压力大、相对滑动速度高，会导致局部温度过高，使齿面油膜破裂，产生接触齿面金属黏结，随着齿面的相对运动，使金属从齿面上撕落，这种现象称为齿面胶合，如图 5-30d) 所示。

防止胶合的措施有：提高齿面硬度；采用黏度较大或抗胶合性能好的润滑油；降低齿面粗糙度值等。

(5) 齿面塑性变形

硬度不高的齿面在重载荷作用下，可能产生局部的塑性变形。这种失效

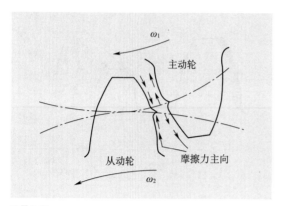

■ 图 5-31
齿面塑性变形

常在过载严重和起动频繁的传动中出现，如图 5-31 所示。

防止齿面塑性变形的措施有：保证良好的润滑；减小表面粗糙度数值；选用屈服强度较高的材料等。

2. 齿轮常用材料

为了保证齿轮工作的可靠性，提高其使用寿命，齿轮的材料及其热处理应根据工作条件和材料的特点来选取。

（1）齿轮材料基本要求

对齿轮材料的基本要求是：应使齿面具有足够的硬度和耐磨性，以获得较高的抗点蚀、抗磨损、抗胶合和抗塑性变形的能力；齿芯具有足够的韧性，以获得较高的抗弯曲和抗冲击载荷的能力；同时应具有良好的加工工艺性和热处理工艺性能，以达到齿轮的各种技术要求。

（2）齿轮材料

常用的齿轮材料有优质碳素结构钢 20、45 等；合金结构钢 20Cr、40Cr、35SiMn 等；铸钢、铸铁和非金属材料等。

一般多采用锻件或轧制钢材；当齿轮结构尺寸较大，轮坯不易锻造时，可采用铸钢；开式低速传动时，可采用灰铸铁或球墨铸铁；高速齿轮易产生齿面点蚀，宜选用齿面硬度高的材料；低速重载的齿轮易产生齿面塑性变形，轮齿也易折断，宜选用综合性能较好的钢材；受冲击载荷的齿轮，宜选用韧性好的材料；对高速、轻载而又要求低噪声的齿轮传动，也可采用非金属材料，如塑料、尼龙等。

3. 齿轮的结构

通过齿轮传动的强度计算，只能确定出齿轮的主要尺寸，如齿数、模数、齿宽、螺旋角、分度圆直径等，而齿圈、轮辐、轮毂等的结构形式及尺寸大小，通常都由结构设计而定。

齿轮的结构设计与齿轮的几何尺寸、毛坯、材料、加工方法、使用要求及经济性等因素有关。进行齿轮的结构设计时，必须综合地考虑上述各方面的因素。通常是先按齿轮的直径大小，选定合适的结构形式，然后再根据荐用的经验数据，进行结构设计。

(1) 齿轮轴

对于直径很小的钢制齿轮,当为圆柱齿轮时,若齿根键槽底部的距离 $y < 2m_t$ (m_t 为端面模数);当为锥齿轮时,按齿轮小端尺寸计算而得的 $y < 1.6m$ 时,均应将齿轮和轴做成一体,

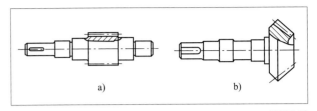

图 5-32 齿轮轴

叫作齿轮轴,如图 5-32 所示。若 y 值超过上述尺寸时,齿轮与轴以分开制造为合理。

(2) 实心式齿轮

当齿顶圆直径 $d_a \leqslant 160\text{mm}$ 时,可以做成实心结构的齿轮,如图 5-33 所示。但航空产品中的齿轮,虽 $d_a \leqslant 160\text{mm}$,也有做成腹板式的。

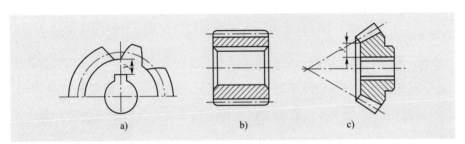

图 5-33 实心式齿轮

(3) 腹板式齿轮

齿顶圆直径 $d_a < 500\text{mm}$ 时,为了减轻重量和节约材料,可做成腹板式结构,如图 5-34 所示。这种齿轮通常是锻造或铸造的,腹板上开孔的数目按结构尺寸大小及需要而定。

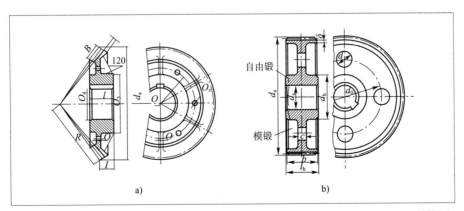

图 5-34 腹板式齿轮

4. 齿轮传动的润滑

齿轮传动时，相啮合的齿面间有相对滑动，因此就要发生摩擦和磨损，以致增加动力消耗，降低传动效率，特别是高速传动，就更需要考虑齿轮的润滑。轮齿啮合面间加注润滑剂，可以避免金属直接接触，减少摩擦损失，还可以散热及防锈蚀。因此，对齿轮传动进行适当的润滑，可以大为改善齿轮的工作状况，且保持运转正常及预期的寿命。

（1）开式及半开式齿轮传动，或速度较低的闭式齿轮传动，通常用人工周期性加油润滑，所用润滑剂为润滑油或润滑脂。

（2）通用的闭式齿轮传动，其润滑方法根据齿轮的圆周大小而定。

当齿轮的圆周速度 $v < 12\text{m/s}$ 时，常将大齿轮的轮齿进入油池中进行浸油润滑，如图5-35a）所示。这样，齿轮在传动时，就会把润滑油带到啮合的齿面上，同时也将油甩到箱壁上，借以散热。齿轮浸入油中的深度可视齿轮的圆周速度大小而定，对圆柱齿轮通常不宜超过一个齿高，但一般亦不应小于10mm；对圆锥齿轮应浸入全齿宽，至少应浸入齿宽的一半。在多级齿轮传动中，可借带油轮将油带到未进入油池内的齿轮的齿面上，如图5-35b）所示。

油池中的油量多少，取决于齿轮传递功率大小。对单级传动，每传递1kW的功率，需油量约为0.35~0.7L。对于多级传动，需油量按级数成倍地增加。

当齿轮的圆周速度 $v > 12\text{m/s}$ 时，应采用喷油润滑，如图5-35c）所示，即由油泵或中心油站以一定的压力供油，借喷嘴将润滑油喷到轮齿的啮合面上。当 $v \leq 25\text{m/s}$ 时，喷嘴位于轮齿啮入边或啮出边均可；当 $v > 25\text{m/s}$ 时，喷嘴应位于轮齿啮出的一边，以便借润滑油及时冷却刚啮合过的轮齿，同时亦对轮齿进行润滑。

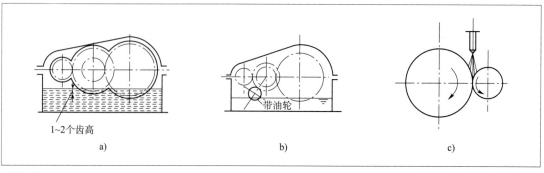

■ 图5-35
齿轮传动的润滑方式

5. 齿轮传动的维护

正常维护是保证齿轮传动正常工作、延长齿轮使用寿命的必要条件。日常维护工作主要有以下内容：

（1）安装与跑合

齿轮、轴承、键等零件安装在轴上，注意固定和定位都符合技术要求。使用一对新齿轮，先做跑合运转，即在空载及逐步加载的方式下，运转十几小时至几十小时，然后清洗箱体，更换新油，才能使用。

（2）检查齿面接触情况

采用涂色法检查，若色迹处于齿宽中部，且接触面积较大，如图 5-36a）所示，说明装配良好。若接触部位不合理，如图 5-36b）、c）、d）所示，都会使载荷分布不均。通常，可通过调整轴承座位以及修理齿面等方法解决。

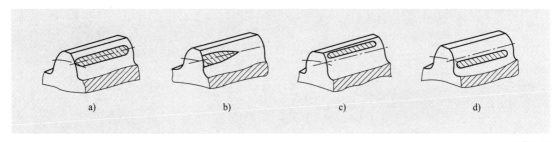

图 5-36 齿轮载荷分布

（3）保证正常润滑

按规定润滑方式，定时、定量加注润滑油。对于自动润滑方式，注意油路是否畅通、润滑机构是否灵活。

（4）监控运转状态

通过看、摸、听，监视有无超常温度、异常响声、振动等不正常现象。发现异常现象，应用时检查加以解决，禁止其"带病工作"。对于高速、重载或重要场合的齿轮传动，可采用自动监测装置，对齿轮运处理、行状态的信息搜集故障诊断用报警等，实现自动控制，确保齿轮传动的安全、可靠。

（5）装防护罩

对于开式齿轮传动，应装防护罩，保护人身安全，同时防止灰尘、切屑等杂物侵入齿面，加速齿面磨损。

课后练习

1. 带传动依靠传动带与带轮间产生的_____来实现运动和动力的传递。
2. 带传动不发生打滑的条件是_____。
3. 传动带的失效形式是_____、_____。
4. 带传动张紧的目的是_____。
5. 标准渐开线齿轮的五个基本参数是_____。
6. 一对渐开线直齿圆柱齿轮传动的正确啮合条件是_____。
7. 一对渐开线直齿圆柱齿轮传动的连续条件是_____。
8. 齿轮的失效形式有_____、_____、_____、_____、_____等。
9. 蜗杆传动用于传递两轴_____之间的运动和动力。

请完成分组训练 5
见本教材配套分组训练活页。

模块六

连接

▣ 模块描述

　　城市轨道交通车辆是由若干机械零件组成的一个整体，机械零件之间需要连接在一起并相互配合，城市轨道交通车辆才能够正常工作。机械零件之间的连接可以分为可拆连接和不可拆连接两种。可拆连接指的是连接后再次拆开后不会损坏连接的两个机械零件，有螺纹连接、键连接、销连接等几种形式。在城市轨道交通车辆上，各组成部分间的连接与固定均采用螺栓连接。不可拆连接指的是只有毁坏机械零件才能分离的连接，有铆接、焊接、胶接等几种形式，可用在城市轨道交通车辆的车门、转向架上。

　　本模块主要介绍城市轨道交通车辆上螺纹连接、键连接、销连接的类型、特点、应用场合以及螺纹连接的预紧和防松处理方法；同时简单介绍铆接和焊接在城市轨道交通车辆上的应用。

◎ 知识目标

1. 了解螺纹连接的类型，掌握螺纹连接预紧和防松处理的方法；
2. 了解键连接和销连接的类型、特点和应用。

✿ 能力目标

1. 熟悉常用的螺纹连接件；
2. 能够运用所学知识对城市轨道交通车辆各机械零件的连接方式进行分析。

素质目标

1. 培养分析问题、解决问题的能力；
2. 培养严谨的工作态度。

重点知识架构

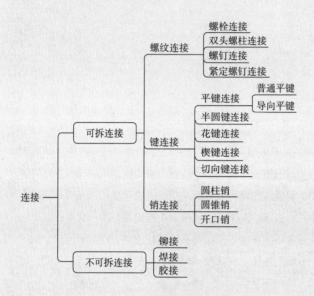

导学先行

模块六
课程导读

同学们可扫描二维码，观看本模块导学讲解，完成课前自主预习。

螺纹连接 单元一

螺纹连接是利用螺纹零件，将两个以上零件刚性连接起来构成的一种可拆连接，其应用广泛。

一、螺纹的基础知识

1. 螺纹的基本要素

螺纹的牙型、公称直径、螺距（或导程）、线数和旋向称为螺纹的五要素，它们确定了螺纹的结构和尺寸。

螺纹连接由外螺纹与内螺纹旋合而成，其中，在圆柱体或圆锥体表面上形成的螺纹称为外螺纹；在内孔表面上形成的螺纹称为内螺纹。

（1）牙型

通过螺纹轴线断面上的螺纹轮廓外形称为牙型。常见的螺纹牙型有三角形、管形、矩形、梯形和锯齿形等，如图6-1所示。常用普通螺纹的牙型为三角形，牙型角为60°。

■图6-1 常用普通螺纹牙型

（2）公称直径

如图6-2所示，螺纹直径可以分为大径、中径和小径。

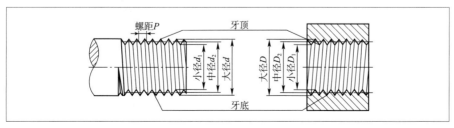

■图6-2 螺纹的直径

大径是螺纹牙型上最大的直径,即与外螺纹牙顶或内螺纹牙底相重合的假想圆柱面的直径。内、外螺纹的大径分别用 D 和 d 表示。螺纹的规格由公称直径表示,除管螺纹外,公称直径通常是指螺纹大径。

小径是螺纹牙型上最小的直径,即与外螺纹牙底或内螺纹牙顶相重合的假想圆柱面的直径。内、外螺纹的小径分别用 D_1 和 d_1 表示。

中径是某个假想圆柱或圆锥的直径,它的母线通过牙型上沟槽和凸起宽度相等的地方。内、外螺纹的中径分别用符号 D_2 和 d_2 表示。

（3）螺距

螺纹上相邻两牙在中径线上对应两点之间的轴向距离称为螺距,用 P 表示;同一条螺纹线上相邻两牙在中径线上对应两点之间的距离称为导程,用 P_h 表示。

（4）线数

形成螺纹的螺旋线的条数称为线数,用 n 表示。如图 6-3 所示,由一条螺纹线形成的螺纹称为单线螺纹,由多条螺纹线形成的螺纹称为多线螺纹。线数 n、螺距 P 和导程 P_h 之间存在以下关系:

单线螺纹:$P_h = P$。

多线螺纹:$P_h = nP$。

（5）螺纹旋向

螺纹旋紧的方向称为旋向。如图 6-4 所示,逆时针旋紧的螺纹称为左旋螺纹,螺纹特征为左高右低;顺时针旋紧的螺纹称为右旋螺纹,螺纹特征为左低右高。

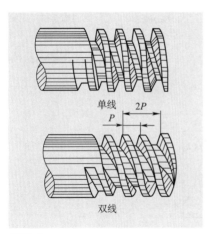

■ 图 6-3
单线与双线螺纹

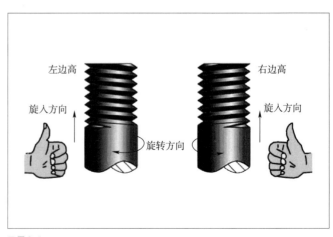

■ 图 6-4
螺纹旋向

螺纹连接中相互旋合的内螺纹和外螺纹，它们的牙型、直径、螺距、线数和旋向必须完全相同，否则将无法旋合。

2. 螺纹分类

（1）按标准化程度分

螺纹按其参数的标准化程度分为标准螺纹、特殊螺纹和非标准螺纹。

其中，牙型、公称直径和螺距3个要素均符合国家标准的螺纹称为标准螺纹；只有牙型符合国家标准的螺纹称为特殊螺纹；只要牙型不符合国家标准的螺纹均称为非标准螺纹。

（2）按螺纹的用途分类

螺纹按用途不同可以分为连接螺纹（也称为三角形螺纹，包括普通螺纹、管形螺纹和英制螺纹）和传动螺纹（包括矩形螺纹、梯形螺纹和锯齿形螺纹）。前者用于连接，后者用于传递动力和运动。

? 思考讨论

分析：
常见的螺纹旋向为左旋还是右旋？并举例说明。

二、螺纹连接的类型

螺纹连接是利用螺纹零件构成的可拆连接，其结构简单、拆装方便、成本低、广泛用于各种机械设备中。

连接螺纹一般采用自锁性好的普通螺纹，普通螺纹的牙型角为60°。根据螺距不同螺纹分为粗牙螺纹和细牙螺纹。通常情况下，采用粗牙普通右旋螺纹，因细牙螺纹经常拆装容易产生滑牙现象。但是细牙螺纹螺距小、小径和中径较大且自锁性好，所以细牙螺纹多用于强度要求较高的薄壁零件或受变载、冲击及振动的连接中，如轴上零件固定的圆螺母。

1. 螺纹连接的基本类型

螺纹连接有螺栓连接、双头螺柱连接、螺钉连接和紧定螺钉连接四种类型。

（1）螺栓连接

如图6-5所示，螺栓连接用于连接两个较薄零件。在被连接件上开有通孔，普通螺栓的杆与孔之间有间隙。通孔的加工要求低，结构简单，装拆方便，应用广泛。铰制孔螺栓孔与螺杆常采用过渡配合。

这种连接能精确固定被连接件的相对位置，适于承受横向载荷，但对孔的加工精度要求较高，如城市轨道

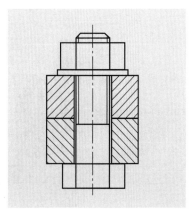

■ 图6-5
螺栓连接结构图

交通车辆各组成部分间的连接与固定均采用螺栓连接。如图 6-6 所示，城市轨道交通车辆车体是由车顶、侧墙和底架等组成，它们之间是由螺栓连接的。

（2）双头螺柱连接

如图 6-7 所示，双头螺柱连接是螺柱一端旋入被连接件中，不再拆下。

适用于被连接件之一较厚、难以穿孔并经常拆装的场合，拆卸时只需拧下螺母。

（3）螺钉连接

如图 6-8 所示，螺钉连接不需要螺母，直接将螺钉拧入被连接件体内的螺纹孔中。

其结构简单，但不宜经常装拆，适用于受力不大或不经常拆卸的场合。

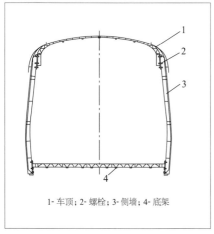

1- 车顶；2- 螺栓；3- 侧墙；4- 底架

■ 图 6-6
车体组成

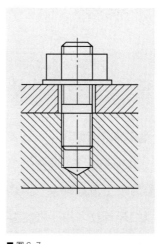

■ 图 6-7
双头螺柱

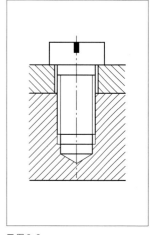

■ 图 6-8
螺钉连接

■ 图 6-9
紧定螺钉连接

（4）紧定螺钉连接

如图 6-9 所示，紧定螺钉是利用螺钉末端顶住零件表面或顶入对应的凹坑中以固定两个零件的相对位置，并传递一定大小的力和力矩。

常用于固定、调节零件位置。

2. 螺纹连接件

螺纹连接件是指起连接和紧固作用的零件。

如图 6-10 所示，常用的螺纹连接件有螺栓、双头螺柱、螺钉、螺母、垫圈等。

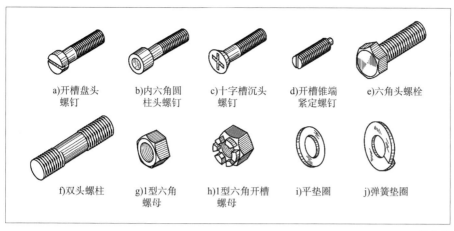

▌图6-10
常用螺纹连接件

三、螺纹连接的预紧与防松

1. 螺纹连接的预紧

在工程实际中，大部分螺纹连接在装配过程中需要用力拧紧，使螺纹连接件在工作前承受预紧力的作用，这个步骤称为预紧。预紧的目的在于保持连接件的正常工作，提高螺纹连接的可靠性、紧密性和防松能力。

预紧时需要控制预紧力的大小，因为预紧力过大时容易造成螺纹失效、过小时达不到预紧的效果。工程实际中，一般根据操作经验来控制预紧力的大小，但对于某些重要的螺纹连接，则需要通过测力矩扳手或定力矩扳手来严格控制预紧力。

2. 螺纹连接的防松

连接螺纹都能满足自锁条件，且螺母与螺栓头部的支承面处的摩擦也能起到防松作用，故在静载荷的作用下，螺纹连接不会自动脱落。但在有冲击、振动或变载荷作用，以及温度变化较大的场合中，螺纹连接中的预紧力可能瞬间减小或消失，从而引起螺纹连接的失效，甚至造成严重事故。因此，使用螺纹连接时必须采取适当的防松措施。

螺纹连接防松的方法，按工作原理不同可分为摩擦防松、机械防松、永久性防松三大类。

（1）摩擦防松

①弹簧垫圈

如图 6-11 所示，弹簧垫圈材料为弹簧钢，在装配后垫圈被压平，其弹力能使螺纹间保持压紧力和摩擦力。其结

▌图6-11
弹簧垫圈

构简单，广泛应用于一般连接中。

②自锁螺母

如图 6-12 所示，自锁螺母一般制成非圆形收口或开缝后径向收口，当螺母拧紧后，收口张开，利用收口的压力压紧螺纹。其结构简单，防松可靠，可多次装拆而不降低防松性能。

③对顶螺母

如图 6-13 所示，利用两螺母的对顶作用使螺栓始终受到附加的拉力和摩擦力。此种防松措施适用于平稳、低速和重载的连接。

■ 图 6-12
自锁螺母

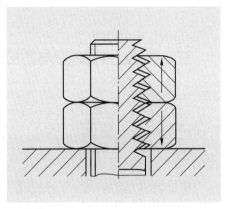

■ 图 6-13
对顶螺母

（2）机械防松

常用的机械防松零件包括槽形螺母与开口销、止动垫片、串联钢丝。

①开槽螺母与开口销

如图 6-14a) 所示，开槽螺母拧紧后，开口销从螺母的槽口与螺栓尾部的孔中穿过，具有很好的防松效果。

②止动垫片

如图 6-14b) 所示，将垫圈套入螺栓，并使其下弯的外舌放入被连接件的小槽中，再拧紧螺母，最后将垫圈的另一边向上弯，使之贴紧螺母。其结构简单，使用方便且防松可靠。

③串联钢丝

如图 6-14c) 所示，使用低碳钢丝穿入各螺钉头部的孔内，将各螺钉串联起来，使其相互约束，使用时必须注意钢丝的穿入方向。

此种防松措施适用于螺钉组连接，防松可靠，但是拆装不便。

图6-14 机械防松方式

（3）永久防松

螺纹连接的永久防松用于装配后不再拆开的连接场合，常用方式有冲点、点焊、胶合等。

①冲点和点焊

如图6-15a)、b) 所示，螺母拧紧后，在螺栓末端与螺母的旋合缝处冲点或焊接进行防松。此种防松措施可靠，但拆装后不能重复使用，适用于不可拆卸的特殊连接。

②胶合

如图6-15c) 所示，在旋合的螺纹间涂以胶黏剂，使螺纹紧密胶合。此种措施防松可靠，且有密封作用。

? 思考讨论

分析：
还有哪些螺纹连接防松的方法？

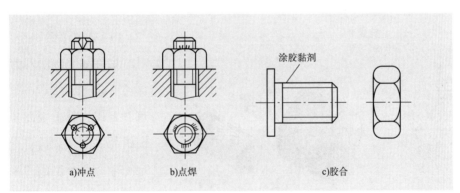

图6-15 永久防松方式

单元二 键连接、销连接

一、键连接

键连接主要应用在轴上,对轴上零部件(如齿轮、带轮等)进行周向固定,以传递转矩,还有的键可起到轴向固定和导向作用。这种连接结构简单、工作可靠、装拆方便,因此在机械中应用很广泛。

键的种类很多,按照结构形式的不同,可以分为平键连接、半圆键连接、花键连接、楔键连接和切向键连接等。

1. 平键连接

平键连接是依靠两个侧面作为工作面,靠键和键槽侧面的挤压来传递转矩的键。

根据用途的不同,可以分为普通平键、导向平键和滑键。

(1)普通平键

如图 6-16a)所示为普通平键连接的剖面图,可以看出,其上表面与键槽的底面之间留有一定空隙,两个侧面为工作面,故对中性好、结构简单、拆卸方便。

根据形状不同,平键可分为圆头平键(A型)、方头平键(B型)和单圆头平键(C型)三类,其中圆头平键的应用最为广泛,如图 6-16b)

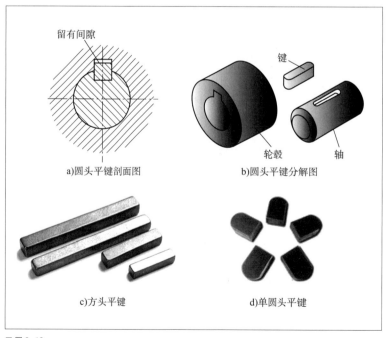

■ 图 6-16
普通平键

为圆头平键的分解图。方头平键则需要螺钉固定,如图 6-16c) 所示。单圆头平键多用于轴端连接,如图 6-16d) 所示。

(2) 导向平键与滑键

导向平键和滑键用于动连接,轴与轮毂之间能相对轴向移动。

导向平键和滑键装卸方便、工作可靠,多用于高精度连接,如变速器内滑动齿轮与轴的连接。

如图 6-17 所示为导向平键连接,由于尺寸较长,一般用螺钉将键固定在轴上,工作时,轮毂可沿键沿轴向移动。

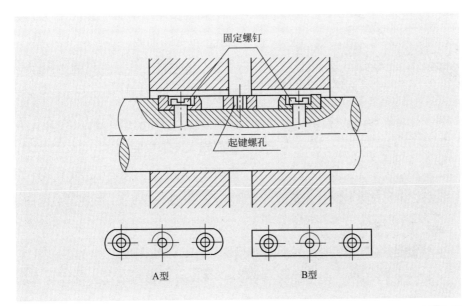

■图6-17
导向平键连接

如图 6-18 所示为滑键连接,滑键固定在轮毂上,随轮毂在轴上键槽内移动。

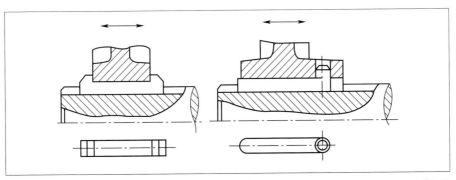

■图6-18
滑键连接

2. 半圆键连接

如图6-19所示，半圆键的两个侧面为半圆形，工作时靠两侧面受挤压传递转矩，键在轴槽内绕其几何中心摆动，适应轮毂槽底部的倾斜角度，因而具有良好的装配性。但弧形键槽对轴的强度削弱较大，故多用于轴端、轻载的场合。

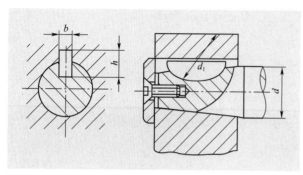
■ 图6-19
半圆键剖面图

3. 花键连接

花键由多个键齿和键槽在轴和轮毂孔周向分布而成，如图6-20所示。

花键连接工作时依靠键齿侧面与键槽侧面的相互挤压传递运动和转矩。花键连接的特点是：键齿均匀分布，工作面积大，承载能力强，且受力均匀；齿槽浅，轴上应力集中小；轴上零件导向性好，定心精度较高。但花键加工难度大，需要专用设备，故制造成本高。

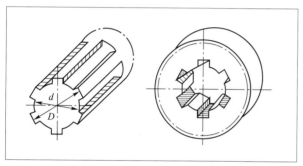
■ 图6-20
花键连接

4. 楔键连接

楔键连接中，楔键的上表面和键槽都开有1∶100斜度。

按照结构不同，楔键连接可分为普通楔键连接和钩头楔键连接，如图6-21a)、b)所示。

楔键的上、下面为工作表面，左、右侧面平行，并与轮毂间有间隙。装配时依靠外力压进键槽，通过上、下面分别与轮毂和键槽工作面间的摩擦传递转矩，并能承受较小的轴向力。

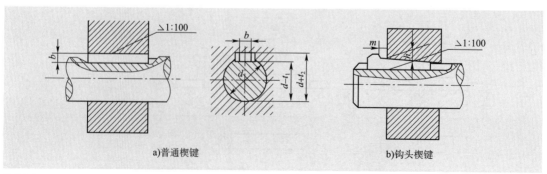

a)普通楔键   b)钩头楔键

■ 图6-21
楔键

由于装配楔键时会产生偏心，降低了定心精度，故楔键连接适用于低速、轻载、旋转精度要求不高的场合。

5. 切向键连接

如图 6-22 所示，切向键由一对斜度为 1∶100 的楔键沿斜面拼合而成，其工作面为拼合后相互平行的两个窄面，单个切向键只能传递单向转矩。传递双向转矩时，必须使用一对方向相反、在周向呈 120° 布置的切向键。

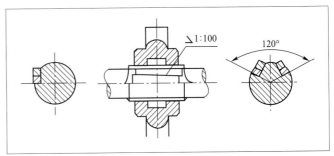

图 6-22 切向键

由于切向键连接对轴强度的削弱较大，故多用于直径大于 100cm 的轴，如飞轮、带轮轴等。

二、销连接

销连接能实现轴与轴上零件的连接，还可固定零件之间的相互位置，起定位作用。

如图 6-23 所示的城市轨道交通车辆中央牵引装置，其结构是中心销上端用螺栓固定在车体枕梁上，下部插在能传递纵向力的牵引梁孔中，能够自如地垂向运动和回转。

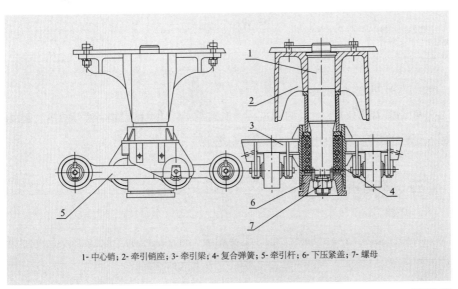

1-中心销；2-牵引销座；3-牵引梁；4-复合弹簧；5-牵引杆；6-下压紧盖；7-螺母

图 6-23 城市轨道交通车辆中央牵引装置

根据销的形状,可以分为圆柱销、圆锥销和开口销。

1. 圆柱销

圆柱销外形如图 6-24 所示。

圆柱销依靠少量过盈固定在孔中,对销孔的尺寸、形状、表面粗糙度等要求较高,销孔在装配前需铰削。通常,被连接件的两孔应同时钻铰。装配时,在销上涂上润滑油,用铜棒将销打入孔中。经过多次拆装后,连接的坚固性及精度将会降低,所以只能用于不经常拆卸处。

2. 圆锥销

如图 6-25 所示,圆锥销有 1∶50 的锥度。

装配时,被连接件的两孔也应同时钻铰,但必须控制孔径,钻孔时按圆锥销小头直径选用钻头,用 1∶50 锥度的铰刀铰孔。铰孔时用试装法控制孔径,以圆锥销自由插入全长的 80%~85% 为宜,然后用软锤敲入。

圆锥销装拆比圆柱销方便,多次装拆对连接的紧固性及定位精度影响较小,因此应用广泛。

拆卸带内螺纹的圆柱销和圆锥销时,可用拔销器拔出,有螺尾的圆锥销可用螺母旋出,通孔中的圆锥可以从小头向外敲出。

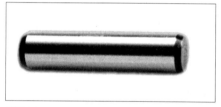

■ 图 6-24
圆柱销

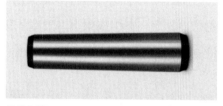

■ 图 6-25
圆锥销

3. 开口销

如图 6-26 所示,开口销经常与带孔螺栓和六角开槽螺母配对使用,把销插入螺栓的孔与螺母的槽中,以防螺母松脱。

三、不可拆连接

1. 焊接

焊接主要利用局部加热(有时还要加压)的方法使两个或两个以上的金属构件在连接处形成原子间的结合而构成不可拆卸的整体。

焊接结构具有质量小、施工方便、生产效率高和成本低等优点,因而焊

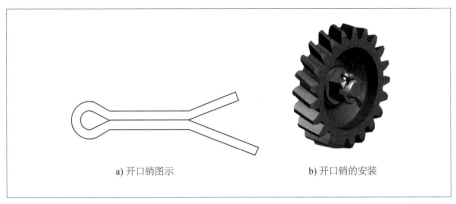

a) 开口销图示　　　　b) 开口销的安装

■ 图6-26
开口销

接在机械加工及设备制造等领域具有广泛的应用。

2. 铆接

铆接是利用铆钉将两件或两件以上的工件(如钢板、型钢等)连接成不可拆卸整体的方式。

铆接基本工艺过程为：先在被连接件上加工预制孔，放入具有钉杆和预制头的铆钉，再利用铆枪施压在另一端制出铆头。

铆接结构具有降低构件强度、引起构件变形、增加结构重量、疲劳强度低等缺点，但铆接的工艺过程简单，连接容易实现自动化，能适应多种不同材料之间的连接，因此铆接在航空、汽车、家电、建筑、五金等行业有着广泛的应用。

3. 胶接

胶接是用胶黏剂直接涂在被连接的零件表面上，固化后将其黏合为一体的连接方式。

胶接具有密封、降噪、防腐及防止异响等特点。

胶接长期以来用于木材、橡胶、塑料等材料的连接。近几十年来随着胶黏剂和粘接技术的发展，胶接已广泛应用于钢铁、轻金属等材料的连接。

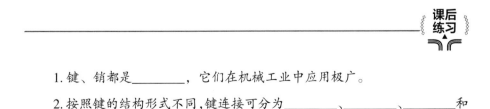

课后练习

1. 键、销都是_____，它们在机械工业中应用极广。

2. 按照键的结构形式不同，键连接可分为_____、_____、_____和_____。

3. 销连接主要用于固定_____之间的相互位置。

4. 螺纹紧固件多为_____的通用零件,在机械工业中应用广泛。

5. _____键连接,既可传递转矩,又可承受单向轴向载荷,但容易破坏轴与轮毂的对中性。

6. 半圆键在轴上的键槽_____,对轴的_____较大,所以只适用于轻载连接。

7. 按齿形不同,花键分为_____和_____,其中_____花键最常用。

8. 圆柱销和圆锥销的作用有_____、_____和安全保护三种。

9. 键连接的主要用途是:_____、传递运动和_____。

10. 普通平键的工作面是_____面,楔键的工作面是_____面。

11. 普通平键的三种形式为_____、_____、_____。

12. 平键连接中_____、_____用于动连接,当轴向移动距离较大时,宜采用_____。

13. 平键的长度通常由_____确定,横截面尺寸通常由_____确定。

14. 半圆键装配_____,但对轴的强度_____。

15. 圆键的_____为工作面,当需要用两个半圆键时,一般布置在轴的_____。

请完成分组训练6
见本教材配套分组训练活页。

模块七

支承零部件

模块描述

轴是机械中的重要零件之一,广泛应用于城市轨道交通车辆中。轴要实现其功能,需轴承、联轴器、离合器等零部件的配合,它们统称为支承零部件。例如,在城市轨道交通车辆牵引电机与齿轮箱之间的凸缘联轴器等。了解并掌握轴及支承零部件的相关知识,对城市轨道交通车辆的使用及维护有重要的意义。

本模块简要介绍轴、轴承、联轴器、离合器的类型以及在城市轨道交通车辆上的应用。

知识目标

1. 了解轴的分类及轴的材料;
2. 掌握滑动轴承的结构和类型;掌握滚动轴承的类型、代号及应用;
3. 掌握联轴器、离合器的类型、结构和应用。

能力目标

1. 能够识别不同类型的轴承;
2. 能够识别不同类型的联轴器、离合器。

素质目标

1. 培养分析问题、解决问题的能力;
2. 培养严谨的工作态度。

重点知识架构

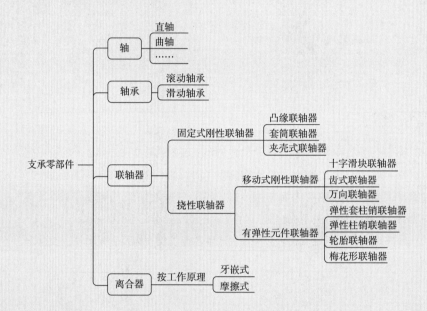

模块七
课程导读

导学先行

同学们可扫描二维码,观看本模块导学讲解,完成课前自主预习。

轴、轴承 单元一

一、轴

轴是组成机械的重要零件之一，各类进行回转运动的传动零件都是通过轴来传递运动和动力。通常，轴与轴承、机架一同支承着回转零件，再通过联轴器或离合器实现运动和动力的传递。

1. 轴的分类

可以从轴所受载荷的不同、轴的形状及轴的应用场合等方面对轴进行分类。

（1）按轴所受载荷的不同，可将轴分为心轴、传动轴和转轴。

①只承受弯矩，不传递转矩的轴称为心轴。

心轴又可分为工作时轴不转动的固定心轴和工作时轴转动的转动心轴两种。心轴主要用于支承各类机械零件。

②只传递转矩，不承受弯矩的轴称为传动轴。

传动轴主要通过承受转矩作用来传递动力。

③既传递转矩又承受弯矩的轴称为转轴。

各类传动零件主要是通过转轴进行动力传递。城市轨道车辆轮对中的车轴即是转轴，如图7-1所示。

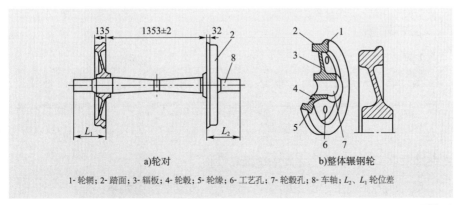

■ 图7-1
城市轨道交通车辆的轮对（单位：mm）

（2）按结构形状的不同，可将轴分为光轴、阶梯轴、实心轴、空心轴等。

由于空心轴的制造工艺较复杂，所以通常主要在轴的直径较大并有减重要求的场合，设计空心轴。

（3）按几何轴线形状的不同，可将轴分为直轴和曲轴等，如图 7-2 所示。

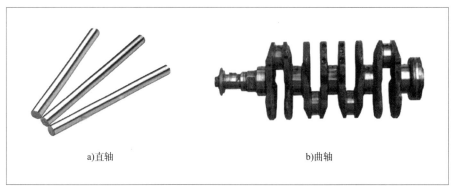

a）直轴　　　　　　　　　　　b）曲轴

■ 图 7-2
直轴和曲轴

分析：
轴的选材可以使用铸铁吗？

2. 轴的常用材料

由于轴在工作时通常受到交变应力的作用，轴最常见的失效形式是因交变应力作用而产生断裂，因此轴的材料应具有一定的韧性和较好的抗疲劳性能，这是对轴的基本要求。

轴的常用材料是含碳量适中的优质碳素结构钢。对于受载较小或不太重要的轴，也可用普通碳素结构钢。对于受力较大，轴的尺寸和重量受到限制，以及有某些特殊要求的轴，可采用中碳合金钢。合金钢对应力集中的敏感性高，所以采用合金钢的轴的结构形状应尽量减少应力集中源，并要求表面粗糙度值低。

二、轴承

1. 滚动轴承

滚动轴承一般由内圈、外圈、滚动体和保持架组成。内圈装在轴颈上，与轴一起转动。外圈装在机座的轴承孔内，一般不转动。内外圈上设置有滚道，当内、外圈之间相对旋转时，滚动体沿着滚道滚动。保持架使滚动体均匀分布在滚道上，减少滚动体之间的碰撞和磨损。

城市轨道车辆采用滚动轴承轴箱装置，其主要作用如下：

（1）轴箱装置的作用是将轮对和构架联系在一起，使轮对沿钢轨的滚动转化为车辆的平动，并把车辆的重量及各种载荷传给轮对。

（2）保证良好的润滑性能，减少磨耗，降低起动及运行阻力，防止燃轴。

一般城市轨道交通车辆使用的滚动轴承，按照滚动体的形状可分为：圆柱滚动轴承、圆锥滚动轴承、球面滚动轴承三种，如图 7-3 所示。

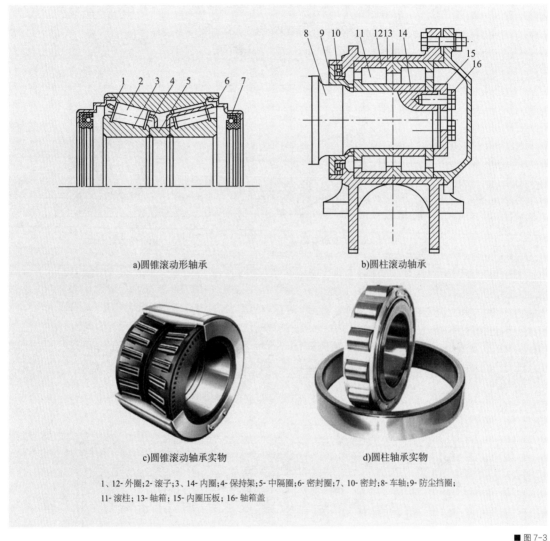

a)圆锥滚动形轴承　　b)圆柱滚动轴承

c)圆锥滚动轴承实物　　d)圆柱轴承实物

1、12-外圈；2-滚子；3、14-内圈；4-保持架；5-中隔圈；6-密封圈；7、10-密封；8-车轴；9-防尘挡圈；11-滚柱；13-轴箱；15-内圈压板；16-轴箱盖

■ 图 7-3
滚动轴承

2. 滑动轴承

（1）径向滑动轴承

①整体式滑动轴承

整体式滑动轴承结构如图 7-4a) 所示，由轴承座和轴承衬套组成，轴承座上部有油孔，整体衬套内有油沟，分别用以加油和引油，进行润滑。

这种轴承结构简单、价格低廉，但轴的拆装不方便，磨损后轴承的径向间隙无法调整。应用于轻载低速或间歇工作的场合。

② 对开式滑动轴承

对开式滑动轴承结构如图 7-4b) 所示，由轴承座、轴承盖、对开式轴瓦、双头螺柱和垫片组成。轴承座和轴承盖接合面做成阶梯形，为了定位对中，此处放有垫片，以便磨损后调整轴承的径向间隙。

对开式滑动轴承装拆方便，应用广泛。

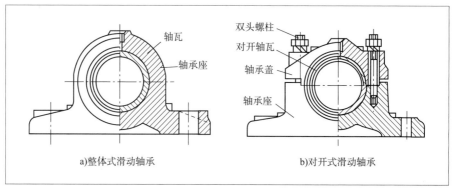

■ 图 7-4
滑动轴承

③ 自动调心轴承

自动调心轴承结构如图 7-5 所示，其轴瓦外表面做成球面形状，与轴承支座孔的球状内表面相接触，能自动适应轴在弯曲时产生的偏斜，可以减少局部磨损。适用于轴承支座间跨距较大或轴颈较长的场合。

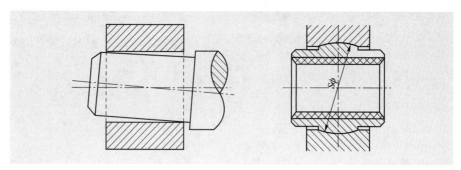

■ 图 7-5
自动调心轴承结构

（2）推力滑动轴承

推力滑动轴承又称为止推滑动轴承，可承受轴向载荷，其主要由轴承座、套筒、径向轴瓦和推力轴瓦组成。推力滑动轴承承载能力高；工作平稳可靠、噪声低；径向尺寸小；精度高；流体润滑时，摩擦、磨损较小；油膜有一定的吸振能力。

推力滑动轴承的推力面可用轴的端面或轴环的轴肩，常见推力面的形式有实心、空心、单环形和多环形四种，如图 7-6 所示。

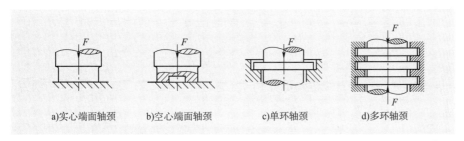

■ 图 7-6
推力滑动轴承

单环式利用轴颈的环形端面止推，结构简单，广泛应用于低速、轻载的场合。多环式不仅能承受较大的向载荷，有时还可以承受双向轴向负荷。

如图 7-7 所示，是城市轨道交通车辆的横向布置电机架悬挂装置。

■ 图 7-7
横向布置电机架悬挂装置

请分析：
在此电机悬挂装置中，有哪些轴和轴承装置？主要作用是什么？

单元二 联轴器和离合器

在各种机械中,经常需要将不同机构的轴连接起来,以传动运动和动力。机械中的这种连接称为轴间连接。

轴间连接需要用到联轴器和离合器。联轴器和离合器是连接两轴,使其一起回转并传递转矩的机械装置。联轴器和离合器的不同之处在于:当两轴用联轴器连接时,须在机器停转后才能将它们拆卸和分离;而当两轴用离合器连接时,可在机器运转过程中随时使二者分离或接合。

一、联轴器

联轴器主要用于连接两轴,由于制造和安装的误差以及承载变形、受热变形和基础下沉等一系列原因,都可能使两轴的轴线因不重合而产生某种形式的相对位移,如图7-8所示。这就要求联轴器在结构上具有补偿轴线一定位移量的能力。

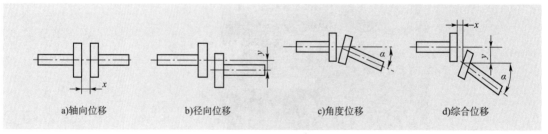

■ 图7-8
轴间的相对位移

联轴器的种类有很多,按是否含弹性元件可分为刚性联轴器和挠性联轴器。

刚性联轴器又可分为固定式和移动式两类。其中,移动式刚性联轴器能够补偿两轴间的相对位移,而固定式则无法补偿。挠性联轴器可利用内部的弹性元件补偿轴间相对位移,同时还有缓冲减振的功能。

1. 固定式刚性联轴器

常用的固定式刚性联轴器有凸缘联轴器、套筒联轴器和夹壳联轴器等。

（1）凸缘联轴器

凸缘联轴器是应用最广泛的一种刚性联轴器，依靠螺栓连接两个带凸缘的半联轴器，而半联轴器与轴之间采用键连接，从而实现两轴之间的刚性连接。

凸缘联轴器对两轴的对中精度要求较高，一般采用两种对中方式：一种是用配合螺栓对中（GY 型），如图 7-9a) 所示，两个凸缘半联轴器上的螺栓孔需铰制，工作时依靠螺栓的剪切和螺栓杆与孔壁间的挤压传递转矩；另一种是用凸肩和凹槽进行对中（GYS 型），如图 7-9b) 所示，它利用普通螺栓连接，工作时依靠两个半联轴器间的摩擦力传递转矩。这种对中方式的对中精度高，但装拆时，轴需进行径向移动。

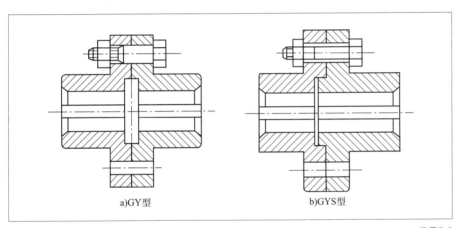

a) GY型　　　　b) GYS型

■ 图 7-9
凸缘联轴器

凸缘联轴器结构简单、连接可靠、刚性好，安装和维护方便，工作时能传递较大的转矩，但对于两轴的对中性要求较高。故凸缘联轴器多用于转速不高、载荷变化平稳及对中精度良好的场合。

在城市轨道交通车辆中，牵引电机输出轴与齿轮箱中主动齿轮的齿轮轴间的连接，采用的就是凸缘联轴器，如图 7-10 所示。

（2）套筒联轴器

套筒联轴器与所连接的两轴端之间分别

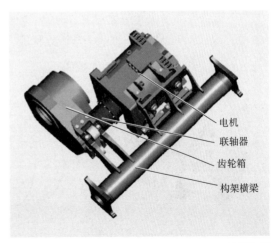

■ 图 7-10
牵引电机与齿轮箱之间的凸缘联轴器

用键或销连接成一体,从而将两轴紧固在一起,如图 7-11 所示。其中,采用键连接时,轴可传递较大的转矩,但轴向需用紧定螺钉进行固定;采用销连接时,轴只能传递较小的转矩。

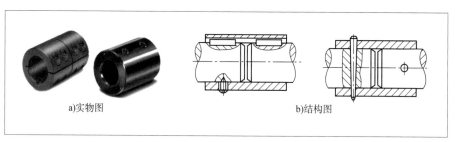

图 7-11
套筒联轴器

套筒联轴器的结构简单而紧凑,容易制造,但装拆不方便,两轴的对中精度要求较高,故适用于低速、轻载、安装精度较高的场合。

图 7-12
夹壳联轴器

（3）夹壳联轴器

夹壳式联轴器由两个半圆筒形的夹壳及连接它们的螺栓所组成,如图 7-12 所示。

这种联轴器靠夹壳与轴之间的摩擦力或键来传递转矩,主要用于低速、工作平稳的场合。

2. 移动式刚性联轴器

常用的移动式刚性联轴器有十字滑块联轴器、齿式联轴器、万向联轴器等。

（1）十字滑块联轴器

如图 7-13 所示,十字滑块联轴器由两个在端面开有凹槽的半联轴器和两端各有凸榫的十字滑块构成,凹槽的中心线与两轴的轴线重合。

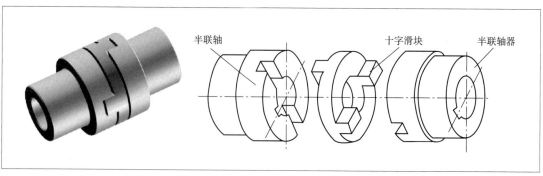

图 7-13
十字滑块联轴器

运转时，若两轴轴线有径向位移，滑块上的两个凸榫可在两个半联轴器的凹槽中滑动以补偿两轴线的径向位移。

十字滑块联轴器具有结构简单、制造方便、可补偿两轴间综合偏移等优点，但十字滑块会产生偏心转动，故适用于低速、无剧烈冲击、轴线相对位移较大的场合。

（2）齿式联轴器

如图 7-14 所示，两个有内齿的外壳，两个有外齿的套筒，两者齿数相同，外齿做成球形齿顶的腰鼓齿。套筒与轴用键连接，两外壳用螺栓连接。两端密封，空腔内储存润滑油，能补偿轴不对中和偏斜。

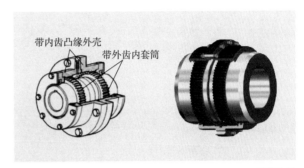

图 7-14 齿式联轴器

齿式联轴器工作可靠、安装精度要求不高、传递转矩大、能补偿综合位移，如图 7-15 所示；但结构复杂、制造成本高。故适用于需频繁起动、经常正反转的重型机械中。

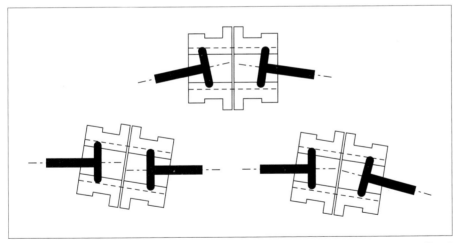

图 7-15 齿式联轴器补偿综合位移

（3）万向联轴器

如图 7-16a) 所示，万向联轴器由两个叉形套筒和一个十字轴组成，叉形套筒与两轴间一般采用销连接，且套筒可绕十字轴转动，从而允许两轴间产生较大夹角。单十字万向联轴器工作时，由于夹角的存在，当主动轴做等角速度转动时，从动轴将做变角速度转动，从而在传动时引起附加载荷。为克服这一缺点,可将两个单十字万向联轴器串联起来,得到双十字万向联轴器（图 7-16b）,这样能够保证两轴同步转动。

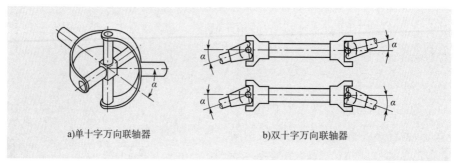

■ 图 7-16
万向联轴器

万向联轴器结构结构紧凑、维护方便,因而广泛应用于汽车、多头钻床等机器中。

3. 弹性联轴器

常用的弹性联轴器有弹性套柱销联轴器、弹性柱销联轴器、轮胎联轴器和梅花形弹性联轴器等。

（1）弹性套柱销联轴器

如图 7-17 所示,弹性套柱销联轴器是用带弹性套的销柱代替了连接螺栓。弹性套的材料大多采用橡胶。

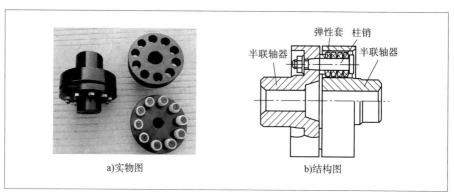

■ 图 7-17
弹性套柱销联轴器

弹性套柱销联轴器具有结构简单、装拆方便、制造容易等特点,能补偿一定的两轴线间相对偏移,多用于起动频繁或经常正、反转,传递中小转矩的中、高速轴。

弹性套柱销联轴器的尺寸参数已经标准化,具体可查阅现行国家标准

《弹性套柱销联轴器》(GB/T 4323)。

(2)弹性柱销联轴器

如图 7-18 所示,弹性柱销联轴器中安装有若干尼龙材料制成的柱销,以实现两轴间运动和转矩的传递。为防止柱销从半联轴器凸缘孔中滑出,柱销两端须安装挡板。应注意使销柱与挡板间留出一定间隙。

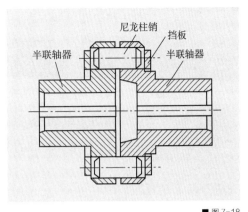

图 7-18
弹性柱销联轴器

弹性柱销联轴器具有微量补偿两轴线偏移能力,能传递较大的转矩,结构简单、制造容易、柱销更换方便。但是弹性柱销工作时受剪切,工作可靠性差,仅适用于要求很低的中速传动轴系,不适用于可靠性要求较高的工况,例如起重机械提升机构的传动轴系,不宜用于低速承重及具有强烈冲击和振动较大的传动轴系,对于径向和角向偏移较大的工况以及安装精度较低的传动轴系亦不应选用。

(3)轮胎式联轴器

如图 7-19 所示,轮胎式联轴器中间为橡胶制成的轮胎环,用止动垫片与半联轴器连接。轮胎环内侧用硫化方法与钢质骨架粘接成一体,骨架上的螺栓孔处焊有螺母。装配时用螺栓与两半联轴器的凸缘连接,依靠拧紧螺栓使轮胎与凸缘端面之间产生的摩擦力来传递转矩。

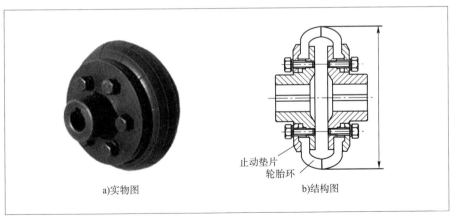

图 7-19
轮胎式联轴器

轮胎环工作时发生扭转剪切变形,故轮胎联轴器具有很高的弹性,补偿两轴相对位移的能力较大,并有良好的阻尼,而且结构简单、不需润滑、装拆和维护都比较方便。其缺点是承载能力不高、外形尺寸较大,随着两轴相对扭转角的增加使轮胎外形扭歪,轴向尺寸略有减小,将在两轴上产生较大的附加轴向力,使轴承负载加大而降低寿命。适用于起动频繁、正反向运转、有冲击振动、有较大轴向位移、潮湿多尘的场合。

(4) 梅花形弹性联轴器

如图 7-20 所示,梅花形联轴器通过半联轴器与轴相互配合,可以做成圆柱形或圆锥形,中间的弹性元件形状似梅花,故得名。

■ 图 7-20
梅花形联轴器

梅花形弹性联轴器在传递转矩的过程中只受到挤压力,而不受到旋转件通常所受的转矩,在使用过程中不易磨损,使用寿命大幅提高,广泛应用于汽车、机械等行业。

梅花形弹性联轴器能补偿两轴相对偏移,具有减振、缓冲的性能,径尺寸小,结构简单,不用润滑,承载能力高,维护方便,但更换弹性元件需轴向移动,适用于连接同轴线、起动频繁,正反转变化、中速、中等转矩等传动轴系和要求工作可靠性高的工作部件。不适用于低速重载、轴向尺寸受限、更换弹性元件后两轴对中困难等部位。

二、离合器

离合器是用来连接两轴,以传递运动和转矩,且在机器运转过程中能随时使两轴进行接合或分离的一种机械装置。离合器也可用于过载时的安全保护或者补偿所连两轴的相对位移。离合器要求工作可靠、接合与分离迅速而平稳、动作准确、操作方便省力、维修方便。

离合器按控制方法可以分为自动式离合器和操纵式离合器。自动式离合器包含超越离合器、离心离合器和安全离合器。操纵式离合器包括机械离合器、电磁离合器、液压离合器和气动离合器。根据离合的原理可以分为牙嵌式离合器和摩擦式离合器。

1. 牙嵌式离合器

如图 7-21 所示，牙嵌离合器是由两个端面带牙的套筒所组成，其中套筒 1 紧配在轴上，而套筒 2 可以沿导向平键在另一根轴上移动。利用操纵杆移动滑环可使两个套筒接合或分离。为避免滑环的过量磨损，可动的套筒应装在从动轴上。为便于两轴对中，在套筒 1 中装有对中环，从动轴端则可在对中环中自由转动。

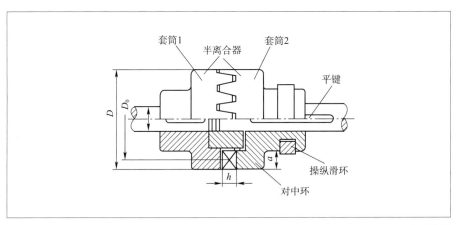

■ 图 7-21
牙嵌式离合器结构

离合器牙的形状有三角形、梯形和锯齿形。三角形牙传递中、小转矩，牙数为 15～60。梯形、锯齿形牙可传递较大的转矩，牙数为 3～15。梯形牙可以补偿磨损后的牙侧间隙。锯齿形牙只能单向工作，反转时由于有较大的轴向分力，会迫使离合器自行分离。各牙应精确等分，以使载荷均布。

牙嵌离合器结构简单，外廓尺寸小，能传递较大的转矩，故应用较多。但牙嵌离合器只宜在两轴不回转或转速差很小时进行接合，否则牙齿可能会因受撞击而折断。

牙嵌离合器可以借助电磁线圈的吸力来操纵，称为电磁牙嵌离合器。电磁牙嵌离合器通常采用嵌入方便的三角形细牙。它依据信息而动作，所以便于遥控和程序控制。

2. 摩擦式离合器

摩擦式离合器是通过摩擦盘接触面之间的摩擦力来传递运动和动力的。

圆盘摩擦离合器有单片式和多片式两种。

摩擦式离合器由主动部分、从动部分、压紧装置、分离机构和操纵机构五部分组成。主动部分和压紧机构是保证离合器处于接合状态并能传递动力的基本结构。而分离机构和操纵机构主要是使离合器分离的装置。

常用的摩擦式离合器为多片摩擦离合器,其结构如图 7-22a) 所示。外轮毂 2 通过花键连接外摩擦片 6（图 7-22b）,并可与主动轴一起转动；套筒 4 上通过花键连接内摩擦片 7（图 7-22c）,并可带动从动轴一起转动。当滑环 9 向左移动时,杠杆 10 通过压板 5 将内、外摩擦片压紧,离合器进入接合状态,两组摩擦片之间的摩擦力使主动轴和从动轴一起转动。

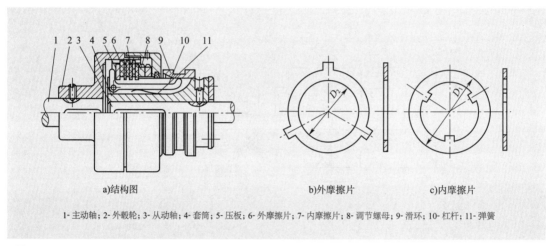

a) 结构图　　b) 外摩擦片　　c) 内摩擦片

1- 主动轴；2- 外毂轮；3- 从动轴；4- 套筒；5- 压板；6- 外摩擦片；7- 内摩擦片；8- 调节螺母；9- 滑环；10- 杠杆；11- 弹簧

■ 图 7-22
多片摩擦离合器

请分析：
地铁车辆哪些部位用到了联轴器和离合器？

与牙嵌式离合器相比,摩擦式离合器能在任何转速差时实现两轴的接合或分离,并能有效减小接合时的振动和冲击,并在转矩过大时通过打滑实现过载保护,其缺点主要是结构复杂,制造成本高,工作时容易造成发热和磨损。摩擦式离合器适用载荷范围大,应用广泛,例如,在汽车传动系统中,通常采用摩擦式离合器实现发动机转轴与变速器输入轴之间的接合与分离。

1. 离合器按其工作原理可以分为_____、_____和_____。
2. 联轴器的作用是_____,离合器的作用是_____。
3. 常用的联轴器的类型有_____、_____、_____、_____。
4. 牙嵌离合器适合用在传力_____,接合_____的场合。
5. 离合器的操纵环必须安装在与_____轴相连的半离合器上,这是因为_____。

6. 刚性凸缘联轴器两种对中方法为_____、_____。

7. 当受载较大,两轴较难对中时,应选用_____联轴器来连接;当原动机的转速高且发出动力较不稳定时,输出轴与传动轴之间应选用_____联轴器来连接。

8. 传递两相交轴间运动而又要求轴间夹角经常变化时,可以采用_____联轴器。

9. 摩擦离合器靠_____来传递转矩,两轴可在_____时可实现接合或分离。

温馨提示

请完成分组训练 7
见本教材配套分组训练活页。

城市轨道交通机械基础
CHENGSHI GUIDAO JIAOTONG JIXIE JICHU

参 考 文 献

[1] 徐坚. 城市轨道交通机械基础 [M]. 北京：机械工业出版社，2016.

[2] 潘国萍. 机械基础 [M]. 北京：人民交通出版社股份有限公司，2016.

[3] 王婷，李萌，陈友伟. 机械基础 [M]. 北京：兵器工业出版社，2015.

[4] 康一. 机械基础 [M]. 北京：机械工业出版社，2017.

[5] 唐迎春，柳亚平. 机械基础 [M]. 武汉：华中科技大学出版社，2019.

[6] 周克媛. 机械基础 [M]. 3 版. 北京：人民邮电出版社，2017.

[7] 周家泽. 机械基础 [M]. 3 版. 西安：西安电子科技大学出版社，2014.

[8] 施红英. 机械基础 [M]. 武汉：武汉大学出版社，2010.

城 市 轨 道 交 通 机 械 基 础
CHENGSHI GUIDAO JIAOTONG JIXIE JICHU

城市轨道交通车辆识图与标注

班级：　　　　　姓名：　　　　　学号：

1. 图 b) 中的零件尺寸标注有错误，请在图 a) 上标注正确尺寸。

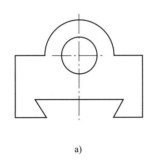

a)

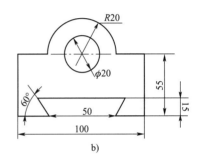

b)

2. 按 1∶1 的比例完成下图中的圆弧连接。

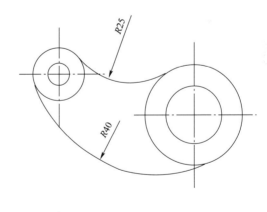

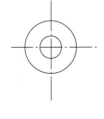

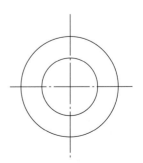

3. 根据两视图及立体图，补画第三视图。

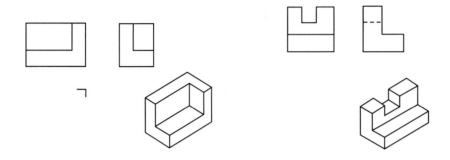

4. 根据已知视图，补画三视图。

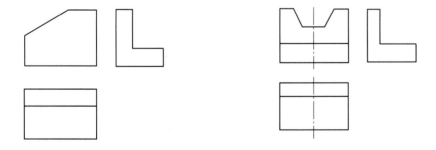

5. 用 1∶1 的比例绘制下列零件的三视图，并标注尺寸。

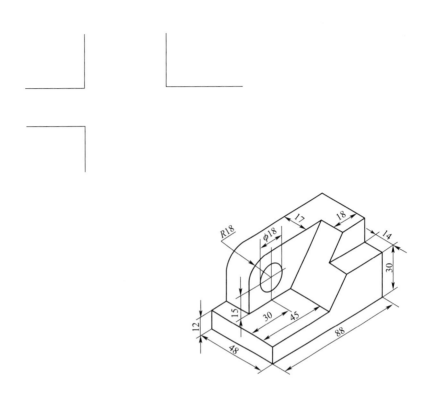

6. 使用 A3 图纸，用适当的表达方式将下图中的轴承座表达清楚。

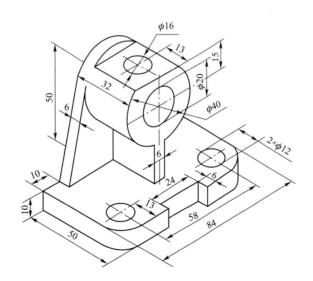

7. 根据下图所示装配图中的配合代号，请小组配合查表得到偏差值，标注在零件图上，并且回答下列问题：

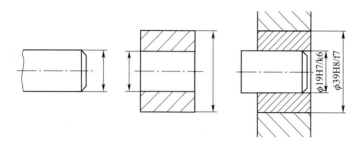

（1）$\phi 39H8/f7$ 是齿轮和轴套的配合代号，其中公称尺寸为_____，孔的公差带代号为_____，孔的基本偏差代号为_____。轴的基本偏差代号为_____，轴的标准公差等级为_____，该配合属于_____制_____配合。

（2）$\phi 19H7/k6$ 是轴和轴套的配合代号，其中公称尺寸为_____，孔的公差带代号为_____，孔的基本偏差代号为_____。轴的基本偏差代号为_____，轴的标准公差等级为_____，该配合属于_____制_____配合。

另外，请每个小组再分别写出两种以上间隙配合、过盈配合、过渡配合的配合代号。

8. 试分组讨论并解释下图转轮手柄所标注的各个几何公差的含义。

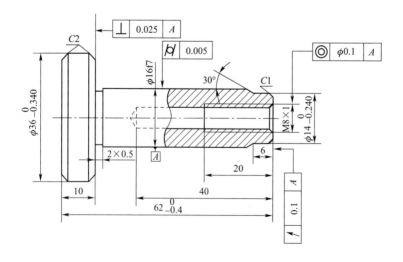

9. 进行“举一反三”大比拼。请分组具体举例说明互换性原则在实际生产或生活中的应用。

成绩核定

题　　目	组　　别					
	第 1 组	第 2 组	第 3 组	第 4 组	……	合　　计
第 1 题						
第 2 题						
第 3 题						
第 4 题						
第 5 题						
第 6 题						
第 7 题						
第 8 题						
第 9 题						

总结与反思：

请沿虚线剪下

总结与反思：

城市轨道交通车辆受力分析

班级：　　　　姓名：　　　　学号：

1. 讨论并说明城市轨道交通车辆轴重转移的原因。

2. 讨论发生扭转变形和弯曲变形时，杆件的受力情况有何区别。

变形类型	杆件的受力情况
扭转变形	
弯曲变形	

3. 分析在城市轨道交通车辆静止、牵引、制动工况下轮对的受力状态。

状态/工况	轮对的受力状态
静止状态	
牵引工况	
制动工况	

成 绩 核 定

题　目	组　别				合计
	第1组	第2组	第3组	……	
第1题					
第2题					
第3题					
……					

总结与反思：

城市轨道交通车辆金属材料辨析

班级：　　　　姓名：　　　　学号：

1. 根据所学的知识，试讨论强度、塑性、硬度、冲击韧度和疲劳强度的区别。

2. 某车辆厂需制造一批传动箱齿轮，现有35钢、45钢和60钢，请分组讨论：

（1）优先选用何种牌号？并说明原因。

（2）若采用下述牌号，还需要进行何种热处理工艺？

工艺与牌号

工　　艺	35钢	45钢	60钢
采用热处理工艺			
热处理工艺作用			

3. 试讨论下述城市轨道交通车辆部件所使用的金属材料。

材料与部件

材　　料	部　　件		
	（车体底架）牵引梁	（车体底架）横梁	轮对

4. 进行"举一反三"大比拼。分组列举生产、生活中的实例，并分析、讨论金属材料牌号和性能特点。

成绩核定

题　目	组　　别				
	第1组	第2组	第3组	……	合　计
第1题					
第2题					
第3题					
第4题					

总结与反思：

城市轨道交通车辆平面机构辨析

班级：　　　　　姓名：　　　　　学号：

1. 城市轨道交通车辆的基础制动部分采用了平面机构。试讨论下图所示机构的构件和运动副情况，以及该机构是否具有确定运动。

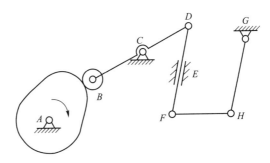

2. 根据所学知识，判定下图铰链四杆机构的类型。

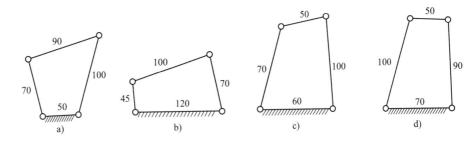

3. 进行"举一反三"大比拼。分组列举生产、生活中的实例，并分析、讨论平面四杆机构的类型。

成 绩 核 定

题　目	组　别				合　　计
	第1组	第2组	第3组	……	
第1题					
第2题					
第3题					
……					

总结与反思：

城市轨道交通车辆机械传动辨析

班级：　　　　姓名：　　　　学号：

　　1.城市轨道交通车辆齿轮传动箱采用的齿轮根据要求采用不同的材质和热处理工艺。试讨论城市轨道交通车辆乃至大型工业中常用的齿轮材料（调质钢、渗碳钢、铸钢和铸铁、有色金属）适合加工哪种类型齿轮？

常用材料与齿轮类型

项　目	材　料			
	调质钢	渗碳钢	铸钢和铸铁	有色金属
齿轮类型				

　　2.试讨论带传动、链传动、齿轮传动之间的区别。

各传动方式区别

项　目	方　式		
	带传动	链传动	齿轮传动
区　别			

成 绩 核 定

题　目	组　别			合　计
	第1组	第2组	……	
第1题				
第2题				

总结与反思：

城市轨道交通车辆机械连接辨析

分组训练 ❻

班级：　　　　姓名：　　　　学号：

1. 城市轨道交通车辆采用了多种形式的螺纹连接防松形式。试讨论螺纹连接防松的主要方式和应用。

螺纹连接防松的主要方式和应用

项目	摩擦防松		机械防松		永久性防松	
种类						
应用						

2. 在城市轨道交通车辆的孔、轴配合中，采用了销连接和键连接。试讨论销连接和键连接的区别。

3. 举一反三：进行分组讨论，说出生活、生产中的可拆连接和不可拆连接。

成　绩　核　定

题　目	组　别				合　计
	第1组	第2组	第3组	……	
第1题					
第2题					
第3题					

总结与反思：

城市轨道交通车辆支承零部件辨析

班级：　　　　　姓名：　　　　　学号：

1. 在城市轨道交通车辆的牵引电机和齿轮箱之间，采用了联轴器的连接形式。试讨论联轴器和离合器的功能有何相同点和不同点？

轴间连接与功能

功　　能	轴间连接	
	联轴器	离合器
相同点		
不同点		

2. 常见的联轴器有夹壳联轴器和套筒联轴器。试讨论两者的优缺点。

夹壳联轴器与套筒联轴器优缺点

夹壳联轴器	套筒联轴器

3. 试讨论刚性联轴器的主要优缺点。

4. 下图为凸缘联轴器的两种对中方法，分组讨论其优缺点。

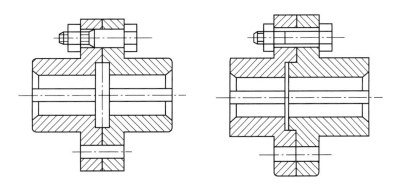

成 绩 核 定

题 目	组 别					合 计
	第1组	第2组	第3组	第4组	……	
第1题						
第2题						
第3题						
第4题						

总结与反思：